摩根解经丛卷

坎伯·摩根 著

钟越娜 译

哥林多书信

上海三联书店

目　录

保罗写给哥林多人的这两封信,是他所有作品里最引人注目的。
我们将谨慎地来一一研读。首先请看开宗明义的头两节:

"奉神旨意,蒙召作耶稣基督使徒的保罗,同兄弟所提尼,写信给
在哥林多神的教会,就是在基督耶稣里成圣,蒙召作圣徒的,以及所
有在各处求告我主耶稣基督之名的人;基督是他们的主,也是我们
的主。"

有一两件简单但是重要的事值得一提。保罗写这封信是在回复
早先哥林多人写给他的信。这是很明显的,因为第七章开头保罗写
道:"论到你们信上所提的事。"他并未一开始就答复他们信上提的问
题,因为他心中有更重要的事,必须先向教会交待。他首先对付他们
的光景,这是他早已留意到的。第一章第十至十一节里我们看到他
如何发现这些事实:

"弟兄们,我藉我们主耶稣基督的名,劝你们都说一样的话;你们
中间也不可分党,只要一心一意,彼此相合。因为革来氏家里的人,
曾对我提起弟兄们来,说你们中间有纷争。"

我们对革来氏所知不多,只知道她住在哥林多,是教会的一份
子,与保罗有交通。她曾写信告诉保罗关于教会的一些光景。所以
保罗在回答哥林多人提到的问题之前,先对付他所知道哥林多教会
里存在的一些事实。

我们首先留意这封信的结构;第一部分是从第一章到十一章;第
二部分是从第十二章到十六章。这两部分的区别很明显,但彼此也
有密切之关连。

第十二章开头说,"弟兄们,论到属灵的恩赐。"在英文圣经里,

"恩赐"（gifts）一词是用斜体字印刷（译注：中文圣经则在两字下面有小点），通常表示这一个词在希腊文里原无相等的字，是翻译的人为了达意而增加上去的。大多数时候这一类添加的字都非常有助于阐明原意，但有时也会造成妨碍。我认为此处的"恩赐"一词就加得有点画蛇添足，它使我们的注意力转离了使徒心中真正的想法。如果我们继续读第十二章，第四节说"恩赐原有分别"，那里的"恩赐"则用得恰到好处。但是此处的希腊文 pneumatika，直译成"属灵的事"才符合保罗的本意——"弟兄们，论到属灵的事。"那么在此前，保罗谈论的是些什么事呢？我敢说，是一些他很乐意去对付清楚的事。第十一章第三十四节说，"若有人饥饿，可以在家里先吃；免得你们聚会自己取罪。"可见他前面一直在对付他们的错处和不正确的习惯。但他接着说，"其余的事，我来的时候再安排。弟兄们，论到属灵的事……"他已经谈够了前面的话题。他从革来氏家听来的消息，和哥林多人在信上对他提出的问题（见第七章），显示他必须先对付他们中间那些混乱的事，纠正一切错误。他作完这一切之后，显然还有一些事是他不赞成的——"其余的事，我来的时候再安排。弟兄们，论到属灵的事……"

那么，他在第一部分所对付的是什么？他对付的是情欲的事，世上的事，属肉体的事，就是那些进入他们中间，破坏哥林多人见证的事。如今他似乎说，"让我暂时将这话题告一段落，来谈谈更崇高，更美，更正面的事"，就是"属灵的事"。这是一道清晰的分界限，将整封信划分为二。

因此我们可以说，哥林多前书分成两部分：第一部分论到属世的事，目的在矫正；第二部分论到属灵的事，目的在建立。他对付哥林多人，因为他们有责任去纠正失败之处，头十一章将理由叙述得很清楚。然后他引领他们到属灵的事上，我们将发现在属世和属灵的事之间，有着一种奇妙的平衡。

什么是属世的事？纷争，轻忽职守，生活中的难处，这一切都是情欲引起的。这三部分是头十一章主要的论题。待他转到属灵的事时，首先谈到合一的灵，其次是爱的不变法则，然后是复活得胜的福音,这三项属灵的事将纠正一切属情欲的事。

我们先来看本书的开头部分,是向读者介绍这封信的作者。

作者是谁?是保罗和所提尼。"蒙召作耶稣基督使徒的保罗。"在希腊文原文里没有"作……的"二字,是后来译者添加上去的。保罗不是说,他被召去作一个使徒,而是说他就是一个使徒。他在宣告他的职位和工作。他特别强调这一点。

接下去一节,"写信给在哥林多神的教会,就是在基督耶稣里成圣,蒙召作圣徒的。"保罗不断用这样的话作为信件的开头语,只有帖撒罗尼迦书、腓立比书、腓利门书例外。我们知道他在这三封信的开头省略这番话是有其原因的;但除此之外,他写的每一封信,包括哥林多书、以弗所书、歌罗西书以及其余的书信,不管在开头或结尾,都可以找到类似的话,申明他的权柄。毫无疑问的,保罗要不断地为他的使徒地位争战。他曾告诉人,他"如同未到产期而生的人一般"(十五8)。在许多人看来,保罗没有正统的使徒地位;但是他说,我是"奉神旨意,蒙召作耶稣基督使徒的"。不管他写信给这些人是要纠正他们,或指导他们,他都提醒他们他的身份。虽然有人对这事实心存怀疑,但他一开始就坚持这一点,"奉神旨意,蒙召作耶稣基督使徒的保罗。"

然后,很有趣的是,他介绍所提尼。他说,"同兄弟所提尼。"希腊文"兄弟"前有定冠词,"这兄弟"似乎要特别指明他的兄弟身份。他的名字在使徒行传第十八章第十七节又再度出现,当时他曾被众人揪打。我们不敢确定两处指的是同一个人。无论如何,这里保罗和他同时列名,作为这封信的发信人。他是他的"兄弟"。保罗将论到有关属灵的奇妙事务,但他和一个有着兄弟心肠的人同时具名。我毫不怀疑保罗曾和所提尼谈论过这封信,并征询他的意见。这卷书信是两人合作写的。

然后来看读者——"在哥林多神的教会。"我们这些处于基督徒时代、拥有新约的人,很熟悉这话的含义。但假设当时负责传递此信的人在抵达这城时将信遗失了,而信被一个哥林多市民拣到。由于当时写信的习惯是一开始就注明发信人和收信人,不像我们现在开头是"某某先生大鉴……",结尾才写上名字"某某敬上"。那人打开书卷,开始读下去。"蒙召作耶稣基督使徒的保罗。"嗯,我听过保罗的名字,他曾来过这里,我也听过有关耶稣基督的信息。但这个拾信的人若不是教会的人,一定会对接下去的话大感纳闷:"在哥林多神的教会。"那是什么意思?"神的教会"原文是神的聚会——在每一个希腊城市里都有聚会之处,套用现在的话,就是议会。它是希腊城邦里的政府组织,由市民代表组成,负责监督市政。奴隶无权担任这项职位,只有自由公民才可以参与其事。这位哥林多人当然知道哥林多的议会,但哥林多神的聚会又所指为何呢?他一定喃喃自语:"这到底是什么意思?这个人写信给神的聚会。我从未听过这类名词。"

但我们却知道保罗的意思。他写此信时心中想到的,不单单是古代希伯来人对教会的观念——会堂,聚会处,以及使徒行传所译的"旷野会"——而且也包含了希腊人的观念,就是一群人在某种权柄下形成的聚集,就是属神之人的聚集。这就是教会的意义。"我要把天国的钥匙给你;凡你在地上所捆绑的,在天上也要捆绑;凡你在地上所释放的,在天上也要释放"(太十六 19)。这是主的话,教会是道德的权威,可以捆绑,可以释放,她握有代表文士职位的钥匙。保罗就是写信给形成聚会的人,他们是属神之人的聚集,是在哥林多神的教会。

哥林多在当时是罗马帝国最大的城市之一,以它的财富、奢华、放纵而闻名,它拥有世上最顶尖的知识和哲学。他们所使用的语言在当时被认为是希腊语的最高层次。那时流行一句话"说话在哥林多",意思是哥林多人的语言极典雅精致,深富艺术品味。哥林多也是各种知识的枢纽;但本质上它是顽梗的、腐败的,充满淫乱秽行。

保罗写信给位于这样一个城市中的教会,"在哥林多神的教会。"有趣的是,他并未说"哥林多的教会",因为这种说法完全不符合圣经。教会是普世性的,而在不同的地点彰显出来。教会只有一个,但位于许多不同的地方。保罗是写给位于哥林多的神的教会。

从下一句里,我们看到自己也是收信人之一。这封信不是单单写给在哥林多的教会,而且也是给"所有在各处求告我主耶稣基督之名的人"。我深信保罗写这信时一定有一种感觉:这信将广被流传。所以他将收信人的范围扩大到神教会里的每一份子,就是在哥林多及世界各地凡求告主名的人。这些人是谁?他们是圣徒,是分别为圣的人。

这是一封奇妙的书信,由保罗发信,他将兄弟所提尼与他并列,寄给一处教会(就是在道德权柄下的聚集),组成教会的这一群圣徒带有一个福音的信息,要传给他们所住的那个充满引诱、欺骗、骄傲、痛苦的城市。他们被称为神的教会。他们在基督耶稣里被分别为圣,称为圣徒。这是一群在生命中与主联合的人,他们"蒙召作圣徒"。

要记住,这封信的运用范围极广。它不仅仅是写给那个许久以前曾鼎盛一时,如今一切繁华烟消云散只剩一堆废墟的城市,并且也是写给所有求告主耶稣基督之名的人。这是一封写给我们的信。

接下去的一段(3~8节),有三件事需要细加研讨:第一,使徒对哥林多教会的问安(3节);其次,他为他们而献上的感恩(4节);第三,他们的装备,这也是他感恩的缘由(5~8节)。

他的问安。他已称呼他们为神的教会,他们是成圣的人,接着就是他的问候,"愿恩惠平安,从神我们的父,并主耶稣基督,归与你们。"他用了两个词——"恩惠"和"平安",那是从"神我们的父,并主耶稣基督"所赐的。

"恩惠"是新约圣经里极宝贵的一词,我们几乎可以在保罗的每一封信的每一段落里找到它的踪迹。不论保罗在辩论、责备、教训或安慰人时,"恩惠"一词总是会出现。圣经其他作者固然也使用这词,但它似乎格外受到保罗的喜爱。

恩惠是什么?恩惠的全部意义都涵盖在保罗这句问安的话里。"恩惠"一词首先是指整个有关美和秩序的领域。它是一个智识的、艺术的用语,是与丑恶相对的美,与疾病相对的健康,与混乱相对的秩序;它的整个范畴都是美丽的。这是它的第一个含义。其次,在希腊文里这个字在演变的过程中,逐渐添上了新的意思,这也是我们的语言在发展过程中常见的现象;希腊文的"恩惠"后来的意思是指神这方面的心意——祂渴望将这些井然有序、美丽生动的事物赐给人。

那就是恩惠，是一种赐予。最后，是它在新约里的最终意义，这是其他希腊文里所未见的。新约的"恩惠"一词已不单单指美丽、秩序的领域，以及神愿将这一切赐给人的心意；它同时指神实现这心意的行动。那就是神的恩惠，神的行动。恩惠最终乃是神的行动——将祂所喜悦的一切美好事物，赐给原本有罪的男人，女人，任他们支配。那就是保罗一开头所用的问安语——"恩惠"。

"平安。"我们无法把它和恩惠的次序倒过来。这是圣经的特色。我们必须依照神所定的次序。"恩惠平安"这词的次序本身也具有意义。我们读到"主耶稣基督"时也当谨慎，不可说成耶稣基督主。同样的，"愿恩惠平安"一词次序也不可颠倒。平安是恩惠所产生的结果。神的行动为祂的儿女带来平安。"平安"也是我们最熟悉的用词之一。希腊文里"平安"一词有特定的时态，不是静止的，或中断的行动，或停留的状态。希腊文的"平安"（eirene）意指超越冲突的平安。它不是静止不动的，而是指劳苦、冲突的结束。这种平安只有透过恩惠才能临到。"恩惠与平安。"

"从神我们的父并主耶稣基督。"留意这里用奇妙的方式将这些名字连在一起。在所有恩惠的行动和其带来的平安里，这些名字都是紧紧相连的。恩惠已从神我们的父和主耶稣基督那里临到。请注意使徒的含义：本质的一致和行动的一致，"从神我们的父和主耶稣基督。"这是保罗对基督徒的问候。他不是期望他们能得到恩惠和平安，他乃是认识到他们已拥有了这些。恩惠平安也属于我们，属于基督徒，和神的教会，属于"所有在各处求告我主耶稣基督之名的人"。

然后是他的感恩。他以感恩的心想到他们。"我常为你们感谢我的神，因神在基督耶稣里所赐给你们的恩惠。"那就是感恩的理由。他的感恩主要是根据前面提到的事实：恩惠平安从神和基督耶稣归与他们。这里他没有说到平安，但已将它包括在内。他感恩是为了神在基督耶稣里所赐给他们的恩惠，也就是透过主自己（祂既是神，也是人）所彰显出的神恩慈之行动。基督是导管，透过祂，恩惠才能临到人类。藉着祂自己，和祂的死，我们蒙恩惠；这恩惠最大的价值在于我们得以被洁净，被神所悦纳，与祂的生命联合。因为祂是得胜的主,我们可以靠着祂得胜;因着祂的死,祂的生命,祂的同在,我们向罪死,在祂面前有圣洁的生命,并且透过我们与祂的关系而常常得胜有余。他不是为某一项的富足感谢,而是为肯定的事实感谢。他总是为神在基督耶稣里赐给他们的恩惠感谢,而不是为他们的表现感谢。在哥林多基督徒里面,有许多事是他无法为他们感谢的,但他为他们能够达到的潜在光景感谢。不论我们如何失败,在耶稣基督里我们都有成功的可能性。

然后是他们的装备。紧接着感恩之后,保罗指出所谓的恩惠是指哪些事,以及他们所作所行的。第五节以下提到的每一件事,都是在阐明这恩惠。他为这些事而感谢。如今他要说明这些事是什么。"又因你们在祂里面凡事富足,口才知识都全备;正如我为基督作的见证,在你们心里得以坚固;以致你们在恩赐上没有一样不及人的;等候我们的主耶稣基督显现;祂也必坚固你们到底,叫你们在我们主耶稣基督的日子,无可责备。"

他所为他们感谢的事是什么呢?第一,"你们在祂里面凡事富足。"第二,"你们在恩赐上没有一样不及人的。"第三,"祂也必坚固你们到底。"这里有回顾,有现状,也有前瞻。"你们……凡事富足"——这是回顾。"在恩赐上没有一样不及人的"——这是现状。"祂也必坚固你们到底"——这是前瞻。这一切都是从恩惠产生的结果。

首先是回顾,"你们……凡事富足。"多么美好!"富足"一词在希腊文里是"ploutizo",意指极为富有之人。我们成为富足!这乃是从神我们的父和主耶稣基督所赐的恩惠所导致的必然结果。

他们是在什么方面富足?乃是在"口才知识都全备"上。我们或许会以为,保罗是因他们在私人的、属世的事上之富足而感谢。不!"口才知识都全备。""口才"在希腊文里是"logos"。他们有丰富的财富,只待去领取。他们有一个信息,就是"道",但这智慧的言语不仅仅是供他们拥有而已,也要他们去说出来。他提到神的恩惠为他们成就的事,现在又提醒他们,他们必须为所领受的恩惠负责任,必须将这恩惠传讲给别人。

然后是知识,这不单指经验,也包括智识上的领悟。恩惠使我们富足,使我们拥有一个必须去传达的信息,并使我们能明白这信息。很多时候,我们可能传讲了信息,也看重这信息,但却未花时间去真正明白它。因此我们需要好好思想属神的事,试着抓住它们的含义。恩惠是任由我们支取的,它不仅提供信息,并且也照明人的心思、意念和理智,使我们能明白这信息。哥林多人的情形亦如此。保罗不是写到他们的生活如何蒙福,快乐,或者有属天的盼望等等。他对哥林多人说,藉着神的恩惠,他们成了富足人,那是哥林多城内其他富人所未曾拥有的财富。哥林多教会的财富蕴藏在所交托给他们的信息里。神已经使他们知识全备,光照他们的心,使他们能明白这信息的意义。这是回顾的部分。

他接着说,"正如我为基督作的见证,在你们心里得以坚固。"基督的见证在他们心里得到坚固。透过他们,基督被启示、彰显出来;基督的信息必须被宣告,不单单是用口,用智慧宣告,并且也表现在他们的生活里。人们相信,是因为他们看见你里面有基督耶稣的恩惠和平安。

回顾过去的历史,圣灵藉着使徒将教会启示出来,我们也看见基督在祂的教会里得着了什么。祂得到了见证,那是出于知识的领悟,这见证包含着一个伟大的信息,是关乎恩惠与神的作为。我们不可忘记这一点。新约的整个教训就是,神已经得着了,并且仍然在透过教会得着见证。教会是异象的工具,是彰显的媒介,是神在人中间工作的方法;若没有教会,祂就无法在世人中间作工。保罗在另一封书信里用一种醒目的表达法来说到教会:"神的基业"(见徒二十32)。神在圣徒里有基业,基督在教会里有基业。让我们心中记住哥林多,记住这个黑暗、富裕、腐败的城市。神在那里有一个教会,有一群圣徒。保罗向他们问安。他为他们感谢神,不是因为他们已经完全得着,而是因为他们在耶稣基督里,并通过耶稣基督已拥有这恩惠。他告诉他们这恩惠的意思是他们可以富足、全备。从这里我们看见基督在祂的教会里所得到的:祂在哥林多已拥有一批圣徒,在为祂作见证,在遵行这恩典的福音的一切。这恩典的福音最终必能在这一群属基督的人身上得到印证。

然后他谈到他们的现状。"你们在恩赐上没有一样不及人的。"他们拥有一切必要的恩赐。这里最重要的词是"恩赐",指圣灵的恩赐,是基督透过圣灵赐下的恩赐。他们拥有一切完成他们的功用所需之条件。他们有口才,有知识,在生活里已成为基督的见证。他们拥有在哥林多城内作工的一切必要条件。

最后是瞻望未来,"等候。"这个动词在希腊文里是指完全的期待,完全的确定。等候什么?等候我们主耶稣基督的显现,"祂也必坚固你们到底,叫你们在我们主耶稣基督的日子,无可责备。"因此他感谢神的这"恩惠",涉及他们的过去,他们已成了神教会的一份子;也涉及他们现在的富足,并且确立未来的盼望。

本章只集中研讨一节经文，因为这节经文太重要了，不容一笔带过。它实际上是这整卷书信的基础。前面八节经文中，我们已看到称呼，问安，感恩，以及哥林多人的装备。如今保罗写下这节惊人的宣告，"神是信实的，你们原是被祂所召，好与祂儿子，我们的主耶稣基督一同得份。"

即使我们将这句话从信中挪开，似乎也丝毫不影响全信的连贯性。然而它具有非凡的价值，全信由头至尾都是建立在使徒的这个宣告上。他后面所写的，包括头十一章的纠正，和接下去的建立（十二～十五章），都是从这句话所包含的伟大事实萌生力量的。

先来到这封信的结尾，第十五章最后一节，看看两者的关连。他在第十五章里开始为此信作结论。至于他尚未说完的部分，例如圣徒的捐项，劝勉，问安，则放在第十六章。但第十五章最末了一节经文说，"所以，我亲爱的弟兄们，你们务要坚固，不可摇动，常常竭力，多作主工，因为知道你们的劳苦，在主里面不是徒然的。"许多解经家对于这节经文为什么出现在这里，感到大惑不解。他们认为使徒说的"所以"，是指他前面刚刚提到的复活荣耀之日，那时死亡要被吞灭。我相信使徒说，"所以……你们务要坚固，不可摇动"时，心中确实想到复活的事。但我认为还不止这样。我个人相信这句话不单单指复活这一章奇妙的经文，并且"所以"一词可以遥遥接上第一章第九节。界于这两处经文中间的每一件事，纠正也好，建立也好，都是根据这两节经文。如果我们要找出他在第十五章第五十八节提出的最终论据，可以在第一章第九节里找到，"神是信实的，你们原是被祂所召，好与祂儿子，我们的主耶稣基督一同得份……所以，我亲爱的弟兄们，你们务要坚固，不可摇动，常常竭力，多作主工。"立刻我们就能发现这两节经文的关系，以及第一章第九节的深湛含义如何蕴藏在第十五章第五十八节的范围内。他呼吁哥林多的信徒，以及各地求告主名的人，务要坚固。神是信实的，所以你们务要坚固。在何事上坚固？在主的事工上坚固。神已使你与耶稣基督一同得份，因此你务要坚固，不可摇动，要多作主工。这两节经文界定了这卷书信，提供了最基本的保证，和最后的呼吁。

第一章第九节揭示了两个事实。第一，有关神的事实，"神是信实的。"第二，我们被召与祂的儿子，我们的主耶稣基督一同得份。接着我们要探讨这两个事实，只是将次序对换一下。

首先看这句叙述，"你们原是被祂所召，好与祂儿子，我们的主耶稣基督一同得份。"我们很快会被"一同得份"（fellowship）这词所吸引。这是多么熟悉的用词！我们不但耳熟能详，并且赋予它某种属灵的价值。约翰的三封书信都是关乎得份（又作相交）的事。他在第一章里清楚写到："我们乃是与父，并祂儿子耶稣基督相交的"（约壹一3）。那里的"相交"和此处的"一同得份"是同一个字。

相交是什么意思？这词的价值可以从一件简单的事实显明出来：在修正版的新约圣经里，同样的这个词，有许多不同的译法。它的希腊文"koinonia"是一个抽象名词。英文也有"koinonos"，是普通名词。它指的是什么？我们在指出"koinonia"和"koinonos"这两字的区别时，将会发现有一种品质是两者兼具的。"koinonia"有时被译成相交，捐项，相通，有一次甚至译成职分。它有时也译成供给或捐输。至于作为普通名词的"koinonos"，则译成有份，同伴，同领。

这个词包含的共同品质是什么？有时我们称之为交通或捐助。旧的译本曾一度译成供给，但修正译本则译成相交，捐项，职分，同领，同伴，有份。这一切译名都是根据希腊字"koinonia"或"koinonos"的上下文来表达其所具有的意义。简而言之，这字的字根是"koinos"，它最佳的意译见于使徒行传第二章第四十四节。那里记载了早代的信徒在五旬节之后聚在一起，"凡物公用。"那就是"相交"（koinonia）的意思。也就是说，除非每个人都享受到特权，否则没有一个人可以独享特权。他们凡物公用、分享。这也是分享一词的意义，不要觉得它过于简单。神是信实的，祂已召你"与祂儿子，我们的主耶稣基督一同得份"。我愿意大胆地采用使徒行传的说法这样说：神是信实的，祂已召你进入一个地位，就是与祂儿子，我们的主耶稣基督共享祂所拥有的一切。或许你会被这种说法吓一跳，但这正是这节经文的含意，凡物公用。

现在来看这个事实——合伙人。首先，"祂儿子，我们的主耶稣基督。"这种安排头衔的方式极有价值，在新约里饶富深意。请注意，保罗说"祂儿子"，将我们的主与祂的父连结起来。"祂儿子"即是指神的儿子。祂是谁？"耶稣"，就是藉着祂，将神自己，神的心意，神的作为彰显出来的那一位。"基督"，被膏的那一位，将神旨意在世上实行出来的那一位。"我们的主"，有完全权柄的那一位。祂就是与我们相交的合伙人。

这里提到的"你们"，必须用前面的经文来解释，"神的教会，就是在基督耶稣里成圣，蒙召作圣徒的。"这些人已蒙了恩惠和平安，凡事富足，口才知识都全备。"你们"不单单指哥林多人，也指各地求告主名的人，是一群人，"你们"，和祂，就是神的儿子，主耶稣基督。这里记载的乃是合伙的关系。

我们与基督一同得份。在我们现今的语言中，"一同得份"有两种不同的用法。一是商业用语，指两个人合伙作生意；一是属人际关系的范围。我年轻时常听到男人称自己的妻子为伙伴，或合伙人，如今已很少再听到了。常常是丈夫和妻子在事业上分头发展，互不相干。合伙是人类友谊最高的领域。我们今日用到这词时，想到的就是合作的生意或共同拥有的友情。这也正是此处经文的意思。我们被召与祂儿子我们的主耶稣基督合作事业，也被召与祂作朋友。

这种合伙的关系（不管在商业或友情的领域里），究竟是什么呢？它至少包含三件事：相互的兴趣，相互的贡献，相互的行动。

相互的兴趣。祂对我有兴趣，包括我这个人，我的灵，心思，身体；祂对我的发展深怀兴趣。我也对祂有兴趣，包括祂的奥秘和尊荣，祂旨意的奇妙和荣耀。相互的兴趣，那就是"一同得份"。

其次,更进一步的是相互贡献。祂的一切资源都是我的。有一句话极其伟大奇妙,令人敬畏:"神本性一切的丰盛,都有形有体的,居住在基督里面"(西十9)——在祂里面。祂所有的丰盛都任由我使用,包括祂的智慧,权能,祂透过整个受造物所显明的无限和丰富。祂的就是我的——这就是"一同得份"。反过来说,按照理想,我一切的资源也是祂的,包括我的个性,能力,财产,不管它们的情况如何,都是祂的。当然这样说是附带有条件的。但我必须说,我们的一切资源都应该是祂的。我们所有的一切都属于祂,正如祂所有的一切都属于我们。我们与祂一同得份。

此外,还有一层意思——相互的行动。这又是何等奇妙啊! 祂适应我们的软弱。不! 我不是说祂因而变得软弱。祂乃是管理我们,呼召我们与祂的目标契合。另一方面,我们也被提升,与祂的能力配合。这是一同得份的伟大奥秘之处。

祂适应我们的软弱,自己却不变为软弱。旧约有一处经文在解释上很容易产生疑难,"他们在一切苦难中,祂也同受苦难"(赛六十三9)。这话带来安慰。但经过审慎的研究,我个人相信这里的翻译有误,漏掉了一个字,正确的写法应该是,"他们在一切苦难中,祂却不受苦难。"我们会认为这样说就挪去了安慰的含义。真会如此吗?旧有的翻译固然美,但不妨思想另一种说法。他们在一切苦难中时,祂在那里,却未受苦难,未被击倒,没有被苦难削弱。"耶和华……并不疲乏,也不困倦"(赛四十28)。我们的主就是如此;祂适应我的软弱。祂等在那儿,一旦我步履蹒跚,祂立刻站在我身旁。我记得一位朋友曾在一次会议中说,如果神领我们进入艰难之境,祂一定会引我们出来;但如果我们自找麻烦,陷入自己造成的困境,我们就得设法自己出来。感谢神,这不适用于我的生活。我有不同的经历。确实,神若领我进入困境,祂一定会领我出来;但如果我因自己的愚昧身陷困境,祂仍然紧跟在我身边,要领我出来。一同得份就是相互行动;祂以一切的大能来调整我的软弱,而我也因着合伙的关系,在祂的能力扶持下被提升。祂不只是调整我的软弱,并且赐我能力可以作那原本不可能的事。

对我们而言,这是伟大的、基本的保证。我们蒙神所召,与祂儿子耶稣基督一同得份,就是在事工上、友情上与祂合伙。

再回到第一句话,"神是信实的。"这句子简单直率,更显明它的确定。它是永垂不朽的真理。"神是信实的。"我们必须明白使徒用"信实"(pistos)一词的含义,这是非常重要的。它不是说神是真实的,固然真实包括在祂的本性中。它也不是说神有信实。它真正的意思是什么? 或许可以译成可信靠的。神是值得信靠的,我们可以倚靠祂。祂召我们进入这种关系里。祂是可信靠的。"所以,我亲爱的弟兄们,你们务要坚固,不可摇动,常常竭力,多作主工。"祂是可信靠的。我们在这奇妙的事工上与神的儿子,耶稣,救主基督,君王,一同得份。我们在事工上、友情上都是祂的合伙人。我们毋需战兢。神绝不跌倒,永不失败。祂召了我们,祂是信实的。

所以这短短一节经文,就启示了教会的能力和责任。教会的能力是什么? 乃是她与主一同得份。那是教会得力的秘诀。教会的责任是什么?"你们务要坚固,不可摇动,常常竭力,多作主工。"我们不是要试着为了祂而去找一些事情作,乃是加入祂的事工。祂在世上的工是什么? 不论是什么,我们就应与祂合伙同工。这就是我们的责任。

基督在哥林多、在世界各地的事工,是由祂的教会来分担,因此教会是祂的合伙人,"我就常与你们同在,直到世界的末了"(太二十八20)。

　　保罗写完一般性的开场白之后，就开始论到他从革来氏家听来的那些事。钦定译本记载，这些事是向他"宣告"的。修正译本则作："革来氏家里的人曾对我表示。"两种译法差别甚微。希腊文里这字的意思是，说清楚。这些事是革来氏家里的人向保罗明白说出的。译成"表示"比"宣告"要好，但可能还无法涵盖整个意思。希腊文这字是指清楚的说明，以别于一般可能沦落为谣言的传说。保罗不是在对付传言，而是在对付千真万确的事实。他对所发生的事一清二楚，就是带着这样的认识，他开始了要讨论的主题。

　　他将笔锋转向他们中间有纷争的这件事。"革来氏家里的人，曾对我提起弟兄们来，说你们中间有纷争。"希腊文的"纷争"一词可以译成争吵，争辩。不仅只是意见不合，这些不合已经形成了争吵，争辩。译成"纷争"也是差强人意。在哥林多教会中，这一群被召作圣徒，又被神所召与祂儿子一同得份的人，竟然花费时间在争吵上。教会因此四分五裂，党派林立。

　　第十至十七节，保罗论到这事实，虽然并未充分、完全解决它。这一部分的讨论一直延续到第三章；第四章则是结论。整大段经文（第一章第十节到第四章）都与哥林多教会中的纷争事实有关。此处的经文（10～17 节）是广泛地论及这主题，全段可分成三部分。第十节是劝告。第十二节描述可怕的事实。他告诉他们实际的情况，也就是他从革来氏家听到的详细、完整之报告。接下去（13～17 节）是概括地讨论这件事，并且较充分地作出说明。

　　首先，他劝诫他们。他写下了神是信实的，又召他们与祂儿子一同得份的那些话之后，就用急切的语气说，"弟兄们，我……劝你们。"

让肉体主宰其思想。他们以纷争为荣。这是属肉体的,不是属灵的。世上有两个层次存在,一是肉体,一是灵;每一个人在基督徒的生活和经历中,不是被那个,就是被这个层次所控制。我可能被本性中较低的层次,就是肉体所控制;我也可能被本性中较高的层次——灵——所控制,就是与神的灵相交。这些人已经堕落到生活中较低的层次里。他们作事不是被属灵的价值和观念所驱策,乃是受肉体、世俗的欲望所指使。这就是整个问题的根源。

再来看第十二节,它是在解释第十七节,"基督差遣我,原不是为施洗,乃是为传福音。"请留意其中的对比,"并不用智慧的言语,免得基督的十字架落了空。"稍后保罗还会提到"基督的十字架",并论到"十字架的道理"。此处他是说"智慧的言语"。这正是哥林多人的特色,也是引起纷争的因由。研读哥林多前书的人,都不得不承认,哥林多这个城市的精神已渗入了教会。这一直是教会的危机。常有人说,传道人应该把握住时代的精神。我完全反对。我们的工作不是去抓住今世的精神,而是去矫正它。把握、受其奴役,是和矫正它有天渊之别的。哥林多教会的人不应该受这城市的影响,反而应当去影响这城。"智慧的言语"是极特殊的用词,毫无疑问的,那是指哥林多里面的各种哲学派别。这城充满各类学说,真是百家争鸣,鼎盛一时。他们争辩字句,人文观念,或者套用学院派的用语说,他们热衷于无止境的字义之争。保罗知道这一切,他看见这种精神已侵入教会,他们为字句起纷争,以偏概全。他们在教会里仍自称是基督徒,拥有基督徒的真理,但却彼此争吵,分党结派,只一味强调偏执的道理,却忽略了整个真理的价值。这就是哥林多教会的光景。有人说,我们相信保罗。另一群人说,我们是属亚波罗的。还有人说,不! 我们是属矶法的。最后也有人说,我们是属基督的。那些说"我是属保罗"的人接受了保罗的福音。他建立了这个教会,他们就对这个建立人一片忠心。另一群人说,不! 保罗建立这教会之后,是亚波罗来作教导,他深受希腊文化的熏陶,有独特的观点,我们与其说属保罗,倒不如说属亚波罗。还有一个小团体说,不对! 我们最好回到中心——耶路撒冷。我们是属彼得(就是矶法)的。还有另一个小团体——我不知道他们是否人数最少，但我相信他们是引人注目的一群——说，我们是属基督的。

保罗说，你们都错了。你们所强调的是错误的，你们竟因偏重某一人而致纷争。保罗，亚波罗，矶法，当然都不错，基督更是如此。但并不能为了强调其中一个，而废除其他。他们都错了。问题是这些人围绕在看来似乎正确的重点四周，但当他们以部分取代全部，使他们在心意上不能与其他人交通时，他们就使神的教会受了亏损。

最后，保罗提出纠正，稍后他还要更详细地对付这问题。他说，"基督是分开的吗？"这话尖锐无比。他已经在开头时提了九次祂的名。他在这段话里又提主名。如今他问道：基督是分开的吗？任何的纷争都有错误的因素存在。任何事若破坏基督和祂信息的合一，这其中必有问题。"基督是分开的吗？"

接着他大方地以自己为例，"保罗为你们钉了十字架吗？"这多么吸引人！他们信仰的基础是基督的十字架。如今他们将信仰建基于何处？"保罗为你们钉了十字架吗？"他把这个问题留给他们。

他又问第二个问题，"你们是奉保罗的名受了洗吗？"十字架是他们信仰的根据。奉祂的名受洗不是指水洗，水洗是一个记号，是神圣的，但奉主名受洗是指受圣灵的洗。你们是奉保罗的名受洗吗？你们在水中受洗，就是受洗进入基督，父，圣灵的名里面。如果说十字架是基督徒信仰的根据，那么受圣灵洗就是所有人进入基督徒生命的必经之路。他们如何与这样的生命接触？难道是因他们奉保罗的名受了洗吗？

然后是有趣的论述："我感谢神，除了基利司布并该犹以外，我没有给你们一个人施洗。"接着他立刻想起另一个例外，司提反家的人。他说，是的，我为这些人施洗。此处保罗是指水洗而言，这是加入教会的仪式之一。他们不是由他施洗，也不是奉他的名受洗。他们是奉基督的名受洗，接受了生命的恩赐，圣灵的恩赐，并且从此展开他们作基督徒的经历。

因此我们看到基本的合一。第一，是十字架，也就是他们信仰的根基。第二，圣灵的洗。他们都被同一个灵施洗，进入共同的交通和经历里。

　　保罗以这一句话总结一切,"基督差遣我,原不是为施洗,乃是为传福音;并不用智慧的言语,免得基督的十字架落了空。"不是用智慧的言语,不是用你们从哥林多学来的那一套小学,作字义之争,因为那样只有败坏基督徒的信息。保罗说,我奉差遣传福音,不是采取那导致你们纷争的方式,"免得基督的十字架落了空。"下面我们将看到他更详细地论及这一点。此处他标明了一个对比,一方是咬文嚼字,斤斤计较于字义,另一方是基督十字架合一的信息。

在哥林多的教会已被分成几个派别。教会中有了分裂。分裂意谓有破裂，缺口。外衣还在那儿，只是有了破绽。如果照"分裂"的本意讲，他们尚未发展到这地步。惟一的迹象是，他们中间有了纷争，这是分裂的一个征兆。他们激烈争吵，而且似乎乐此不疲。这是多么遗憾的事！因为这样会妨碍他们的事工。他们在哥林多，与基督一同得份，在事工上、情感上都是祂的合伙人。如今他们应该向哥林多人所作的见证，却因他们内部的纷争而受到拦阻。

保罗已对纷争的问题作了初步的讨论，现在他继续论到同一主题。他深深感到这是一件重大攸关的事，所以不惜花四章的篇幅来对付。

本段一开头说，"因为十字架的道理。"明眼人一看就知道，这话与前面提过的一些事密切相关。在此之前，使徒声明他受差遣不是为施洗，乃是为传福音。他又提及传福音的方法，"并不用智慧的言语，免得基督的十字架落了空。"这话标明了使徒心目中一个鲜明的对比："智慧的言语"和"基督的十字架"。两者互相对立。使徒未采用第一个方法"智慧的言语"；他的负担——传福音——是以一个伟大的信息为中心，那就是"基督的十字架"。这两件事并列，但包含着相对的方法和信息。此处"智慧的言语"用的是复数，暗示着分裂，差异。"基督的十字架"用的是单数，表明合一和完整。

因此使徒在这里讨论的主题是智慧。希腊文的"sophia"意指智慧或哲学。我们常常提到旧约里的智慧书卷，并且在里面发现到希伯来的哲学，这是完全正确的。此种思想贯穿这整段经文。从第一章第十七节到第三章末了，智慧（sophia）一词至少出现十六次。这里使徒是论到那从哲学探讨和辩论而来的智慧。另一方面,他也论到启示的智慧。这两种理念贯穿整段经文。我的同工钟马田医生(Dr. Lloyd Jones)说,近来这一股趋向于现代主义的潮流,不但损坏神的教会,并且几乎摧毁活的福音;而现代主义的源流,可以追溯至人类开始由启示转向哲学的那一刻。哥林多教会的情形亦相仿。虽然钟马田提到的是几十年前兴起的一个运动,但这里我们看见,此运动早在哥林多教会中已萌芽了。就这方面而言,日光底下确实没有新事。这也是我不愿意称其为现代主义的一个原因。它本是古代的产物,只是重新被挖掘出来而已。此处我们就发现了它的踪影,它根本的差异是,一个是从哲学来的智慧,一个是从神的启示来的智慧。

"Sophia"(智慧)一字仅见于圣经或先贤的著作。它有一个形容词子句:"今世的智慧"。这里我们看见两种智慧,一是今世的智慧,一是神的智慧。这两者是互相对立的。古代的教师最初被称为"sophist",就是智者的意思。有趣的是,曾有一阵子他们不愿意再被称为智者,这证明他们还有某种程度的谦逊,因为他们自称为"喜爱智慧的人"。到了今天,"sophism"的含义已经退化,沦为诡辩之意。

本段经文中有四件事值得注意。第一,使徒宣告十字架的道理之影响(18 节)。第二,他指出世上的智慧之无用(19～20 节)。第三,他说明神用什么来供应这个哲学破产的世界(21～24 节)。最后,他在结论时作了一个惊人的对比——我们常常怀疑,却又不得不承认的真理。

首先是十字架的道理之影响。十字架的道理,是指经由十字架所启示出的整个真理。道理就是真理,但不仅仅是真理,而是被启示、被彰显出来的真理。希腊文这字的意思即是如此。它用在圣经里,"十字架的道理"就是指成形、蕴含在十字架里的真理,而这真理已被宣告、启示出来了。保罗告诉我们其果效。"在那灭亡的人为愚拙。""愚拙"一词在希腊文里的含义更尖锐,我们可以译成"愚笨"或"荒谬"。在那灭亡的人看来,这道理是荒谬可笑的。

这是什么意思? 由于他们将灭亡,所以这道理对他们而言是愚昧、荒谬的? 不! 他们灭亡,是因为他们视十字架为愚拙、荒谬的。

他们灭亡的原因，是他们的态度。这些人拒绝探讨任何与他们自己的思想、哲学相对立的事物。他们有自己的一套哲学，凡是这套哲学领域以外的事物，他们绝不考虑。这种态度是愚笨的，因此他们将灭亡。

"在我们得救的人，却为神的大能。"再度，我们看见救恩的秘诀。由于那些拒绝听从人思想范围以外事物的人，他们轻看十字架为愚昧，因此对注意十字架和其信息的人，十字架就是拯救的大能。我们不得不引用这节伟大的经文："神爱世人，甚至将祂的独生子赐给他们，叫一切信祂的，不至灭亡，反得永生"（约三16）。男人和女人只要相信，注意并思考十字架的道理，信靠十字架，就会知道十字架正大有能力地在他们里面动工。这是神的大能。请留意这中间的差异。对自以为是的人，十字架是愚拙的；对得救的人，十字架是能力，可以产生行动，导致结果。如此，保罗将十字架的道理与智慧的言语作了对照。

使徒接下去在第十九、二十节里指出世上智慧的无用。很有趣的是，他引用了以赛亚的话。我们不妨翻开以赛亚书第二十九章，先知说出了有关列国的信息之后，转过来对付神的选民。他以京城的立场称呼这个国家："唉！亚利伊勒，亚利伊勒，大卫安营的城。"第十三、十四节我们读到：

"主说，因为这百姓亲近我，用嘴唇尊敬我，心却远离我；他们敬畏我，不过是领受人的吩咐。所以我在这百姓中要行奇妙的事，就是奇妙又奇妙的事；他们智慧人的智慧，必然消灭，聪明人的聪明，必然隐藏。"

以赛亚笔下的这些人究竟是怎么回事？他们远离神，却仍称祂的名，自称是虔诚的，心却远离祂，专注在他们自己的看法和观念上。神说，祂要消灭智慧人的智慧。保罗引用这段话来描述哥林多人，他们的光景正相符。他们只注意人的思想，当代的哲学，并且在教会里制造字义之争，各自拥护保罗或亚波罗或矶法，甚至坚称只有自己的这一派才是真理。

保罗于是用讽刺的语气问他们，"智慧人在哪里？"换句话说，智慧人有什么用？他们作了什么？到达了什么地步？"文士在哪里？"这是特别指犹太人的态度。"这世上的辩士在哪里？"指的是希腊人的态度。这些有什么用？在神的管理下，世上的智慧都变成了愚拙。这些人轻看十字架，视之为愚拙。神藉着祂所成就的，和十字架的道理，证明他们的想法多么愚笨荒谬。保罗写给罗马人的信中就说，"自称为聪明，反成了愚拙"（罗一22）。

他现在要告诉他们，神面对这世界智慧破产的现象所提出的解决之计。第二十一节他特别强调这一点。神仍然在掌权，治理。"世人凭自己的智慧，既不认识神。"世上一切的哲学都无法发现神，认识神。这是他的指控，这世界的智慧已经破产了。

有任何解决之道吗？有，神已经拣选了愚拙人，藉着他们传讲的信息，拯救那些信的人。再来比较一下那些无用的哲学，世俗的虚谈，和所谓的智者和哲学家。他们没有找到神。他们找不到祂。针对着这世界智慧和哲学的破产，神差来祂的儿子，藉着十字架，祂传达出一个信息、道理和宣告，"愚拙的道理"；这就显出了神的智慧。我们怎么知道？因为它能拯救，有行动，有果效，并能改变凡相信的人。

使徒接着提到相反的要求。犹太人是要神迹，希腊人是求智慧。我们主在世上的时候，他们曾多少次向祂求神迹！结果十字架对他们不是一个神迹，反而成了绊脚石。绊脚石是使人跌倒的。这些犹太人总是求物质范围里的神迹，而丧失了对属灵事物的领悟。他们听到十字架是拯救人类的方法，就跌倒了。这对他们是一种冒犯。

至于希腊人，十字架对他们而言是愚拙的。然而这十字架的道理却成为神的能力和智慧。

使徒在最后一句话里总结了一切。"神的愚拙总比人智慧；神的软弱总比人强壮。"我们很自然会感觉到，使徒仍在审视两种不同的人：犹太人和希腊人。福音在犹太人为绊脚石，在希腊人为愚拙。为什么？在希腊人看来，道成肉身的事是愚昧可笑的，荒谬的，超过他们理解的范围。这个道成肉身的人，根据保罗和其他人所描述的，应该是道道地地的人；而这人行事处世一点也不论及哲学。如果说，这人是神，简直愚不可及。若告诉他们，十字架是使人道德更新、生活得力的惟一法则，他们更认为荒谬无比。这是当代人对十字架的态度。但保罗说，在希腊人思想下所视为愚拙的，却胜过人的聪明。神藉着启示，彰显了最高的、至终的智慧。

至于犹太人，却视十字架为软弱的证明。他们知道耶稣，听过祂的事迹。他们说，不错，但祂毕竟被鞭打，被击败。十字架是挫败的记号。你们说，十字架是通向得胜和生命之道，我们无法了解。我们跌倒了。我们无法跟随这十字架。使徒说，是的，然而神在十字架的软弱远比人强壮。

这是多奇妙的对比！看看这些人，这些智慧的言语，我们看到了什么？对心灵力量的需求，暗示，辩论，争辩，结论，如此而已！这是人的方法。神嘲笑人的这种愚昧无知；祂要给人伟大的十字架，作为一个启示、信息和大能。

这段话的主旨是：世上一切的哲学都是无用的，麻痹人的。从前如此，现在也如此。哲学的功能是建基于启示，而启示是从十字架来的。人若来到十字架面前，相信它，他们就得拯救，因为他们将发现，十字架本是神的大能。

保罗继续教导关于他们中间的纷争，和随之而起的危险，以及哥林多教会的功能；如今他提醒他们，人以为的智慧是多么无能为力。这就是最后一段（26～31节）的要旨。

整段话的宗旨可以在最后两节里清楚显明出来："一切有血气的，在神面前一个也不能自夸。""夸口的，当指着主夸口。"使徒用的"夸口"一词有深刻含义。它指明一个事实：那些哥林多人指着别人的名——保罗，亚波罗，矶法，或基督——而自夸，沾沾自喜。

他提醒他们蒙召的事实。"弟兄们哪，可见你们蒙召的。"这很自然使我们想到书信的开头，"给在哥林多神的教会，就是在基督耶稣里成圣，蒙召作圣徒的。"那是他们的呼召，他们的名字，他们的身份。他们是圣徒。现在他说，"可见你们蒙召的。"看看你们的背景，教会，和所蒙的拣选。他要他们看什么呢？"你们蒙召的，按着肉体有智慧的不多,有能力的不多,有尊贵的也不多。"

　　保罗要求他们观察的,是一件醒目的事实。我们也当将这事实铭记于心,另一方面也不为之泄气。我们可以想像,或许哥林多教会里的人有时候难免感到失望。似乎保罗察觉到这一点,所以要求他们面对事实。有不少教会认为,如果他们中间有一些受高等教育的知识分子,教会就会更强壮。使徒说,"不多。"他不是说,"一个也没有。"很多教会以为,他们若有一些"有智慧的"人,即高级知识分子,和"有能力的"人,即精明能干之士,和"尊贵的"人,即出身高尚的人,教会的景况就会好转。许多世纪以来,人的本性丝毫未改。保罗要他们纵目四顾,看看这样的人"不多"。教会历史总是从底部开始,逐渐向上伸展,从未自高往低处发展。它总是由"不多"的智慧人,和单纯的百姓开始。"父啊,天地的主,我感谢你,因为你将这些事,向聪明通达人就藏起来,向婴孩就显出来"(太十一 25)。这是主的话,是不变的真理。使徒如今也同样提醒他们。他不是说,照世人的标准,没有智慧人,没有能干的人,和尊贵的人。但他说,"不多。"他三次重复这话。

　　基督教会一直是如此。它从未由精英分子开始。记得我小时候,有些人就是用教会散会时停在门口的华丽马车之数目,来衡量这教会的影响力。我一再听到人们说,今天外面有十辆,十二辆,二十辆马车。唉!这显示说话的人何等堕落,他们已从基督教最高的真理堕落到低下的物质主义之层次!

　　于是使徒在属肉体的观念和神的供应两者之间,作了鲜明的对比。这是非常吸引人,寓意深刻的一段经文。"神却拣选了世上愚拙的,叫有智慧的羞愧。"叫那些强壮的,就是世人所看重的自惭形秽。"神也拣选了世上卑贱的,被人厌恶的,以及那无有的,为要废掉那有的;使一切有血气的,在神面前一个也不能自夸。"

　　留意这几节经文暗示的对比。首先是有智慧的,强壮的,尊贵的,这些都受人敬重,被予以高度的评价。其次是这世界看为愚拙的,软弱的,可厌恶的,这些与世人所看重的事全然相反。

　　这世界的一切看法,都是由当代的哲学衍生出来的。我们必须记住，保罗写这封信的时候，哲学和宗教已经式微，濒临死亡。他们的哲学曾盛极一时，但到了那个时代，所谈论的不过是死去之人的看法，如果说除了死人的意见之外，别无可谈的，那么这哲学已经凋零，一如死去的人了。这就是哥林多人的光景。从阿那克萨哥拉（Anaxagoras）（译注：希腊哲学家，约主前 500～430 年）以后，哲学曾有一段风光的日子，此后却沉寂了两千年，后来出了培根（Bacon）和笛卡儿（Descartes），直到现在。当时人们以得意、兴奋的心情谈论哲学，并兴起字义之争，连带的，教会也受到波及。

请注意其中的对比。"神却拣选了世上愚拙的。"那是说，当代世人轻看，认为愚拙的人。我们也可以将它应用到我们自己身上。那个世代看轻许多愚拙的人，他们认为其中最愚拙的人就是基督徒，因为基督徒的中心信念是：十字架是人类得救的惟一法子。这在希腊人看来，实在愚不可及。神却拣选了基督徒，好叫这些热衷于讨论、争辩，急于找出真理和生命奥秘的人羞愧。

神拣选了世上软弱的，那是指什么？那个世代最软弱的就是它的道德标准。当时的道德标准极其低落。如果说哥林多人的特色是口才、知识都全备，那么同时，它也以道德腐败、纲纪荡然无存著称。道德标准被轻视，被认为是愚拙、软弱的。但神拣选了软弱的，就是公义，真理，正义，和道德标准，叫那不义的人羞愧。

另外，神也拣选了世上卑贱的，被人厌恶的；其原本被那些教师、争论者所鄙视，但神拣选了这些被看轻、被厌恶的，就是单纯，圣洁，美丽，真实的事物。

接着的话令人讶异，"以及那无有的。"无有的事所指为何？就是未来的领域，死后的生命。哲学家会说，不！不！让我们只谈实际的事。让我们只论及事实，和可触知的、可眼见的东西。我们正置身于缤纷的世事里。至于死后的生命，根本不存在，我们毫不考虑。然而神拣选了这些在人的智慧看来一无价值的事，因为人的智慧被这世界和物质所束缚，他们予以高度评价的事，在神看来却是愚拙、软弱、低贱、虚浮的。

于是来到这节灿烂的经文："使一切有血气的，在神面前一个也不能自夸。"接下去是对比,"但你们得在基督耶稣里,是本乎神,神又使祂成为我们的智慧,公义,圣洁,救赎;如经上所记,夸口的当指着主夸口。"

从神的立场看,一切智慧的言语都不能产生果效。但有一种智慧是属于神的。只要你在耶稣基督里,这智慧就属于你,你可以任意使用。此处我有一点看法,可能不一定广被学者和教师所接受。我相信这里讲的一切都可归纳在"智慧"二字里。有人说,保罗此处是在描述,耶稣可以成为我们的四种事物,"智慧,公义,圣洁,救赎。"这样说固然不错,但我的了解是,所有事物都包括在"智慧"一词里。因此智慧一词所包含的就启示在接下去的话里:公义,圣洁,救赎。希腊文原文略有分别,它用了两个不同的连接词。在智慧和公义中间,用的连接词是"te",意思是"两者皆"(both);至于公义与圣洁,圣洁与救赎之间,用的两个连接词都是"kai",意思是"和"(and)。因此看来是四件事,其实是两组——智慧单独成一组;公义、圣洁、救赎是另一组。保罗想要表达的是,与一切假智慧相对的,是神的智慧,在耶稣基督里,神的智慧就成为我们的智慧。一切智慧都在祂和祂的话语里面。智慧是什么?保罗用三个美妙的词来分析它:"公义,圣洁,救赎。"

公义是什么?有些字简化以后反而更有力量。公义一词即是如此。简而言之,公义就是义。指完全符合标准的事。标准是什么?标准只有一个,就是神自己,这是世人尚待学习的。人类生命中的公义,或义,就是完全符合神在基督耶稣里所启示的标准。奇妙的是,保罗这里说到神使基督成为我们的公义——那就是智慧的根源和基础。

他又说到圣洁。圣洁是什么?那是指分别出来,成为洁净。我不打算在这个题目上作任何神学或教义上的争论,许多教会往往因这题目而纷争。关于圣洁的问题,有两派不同的说法。我们常听人说到"第二次的祝福"。我完全不同意。有些人经历"圣洁"之后就到处宣告他们已得到圣洁,并且趾高气扬,四处炫耀。我不想和任何人争辩。我们是可能由于突然临到的启示、光照,而进入成圣的经历里；而事实上，我们重生的那一刻，就已成为圣洁了。我们相信耶稣，成为祂身子（即教会）的一份子，那一霎时之间，基督的这一切都成为我们的了。

然而这其中是有顺序和过程的。公义，是的，我们立刻就称义。圣洁，是的，是渐进的。最后是救赎。这有点特别。我们很容易想把救赎放在最前面，但保罗却用它作终结。事实上，这里的救赎有不同的含义，它是指人类最终脱离了一切束缚。这个特殊的希腊字在新约一共出现十次，每一次都是指着未来，而非现在或过去。"我们得救，现今比初信的时候更近了"（罗十三 11）。在这种意义下，基督成为我们的救赎，确保我们最终逃避一切束缚和限制，完全进入救恩真正的意义里。那时祂要更新我们卑贱的身体，使我们与祂荣耀的身子相似。这一切都等在那儿，都已为我们预备妥当。

哦！这些聪明人的争论是何等幼稚，无聊！他们忽略了人生命的整个事实。但神使我们这些在基督耶稣里的人有智慧，公义，圣洁，救赎。以前的人常讲到归于义，这正是我们在基督耶稣里的光景，在祂里面我们被归属于公义。当我们相信祂并得重生的那一刻，我们就归于义了。我们不可能全然公义，完全清洁。但凭着信心，我们能将祂的义化为己有。它已归于我们。这种归属的行动是在对付人性最重要的部分——灵。成圣是渐进的。在成圣的过程中，基督不是归与，而是分赐；这是渐进的，所对付的是人的心思，将人的心意转变，满有祂的形像。最后是救赎，注目那最终的事物。这时基督是注入，最终要对付我们的身体。这是最末了的事实，祂要更新我们卑贱的身子，好与祂荣耀的身子相似。

这是神的智慧，与人的智慧相对立；我们在基督里，它就成为我们的智慧。基督将公义归属我们，将圣洁分赐我们，将救赎注入我们。使徒讲这一切，目的在替徒劳无益的事和真正的能力之间画出一道分野。人类的哲学缺乏属灵或道德的力量。相信哲学家也不得不承认这一点。哲学本身也不敢宣称它具有属灵和道德的能力。哲学忽略，甚至可以说鄙视神的智慧。但十字架的道理，就是神对人所发的智慧言语，却对付了人的灵和道德。那是神的智慧运用到人的灵,人的心思意念,和人的身体上。这使我们不禁想起那些基督徒的愚昧,他们本当用嘴唇和生命来见证这些伟大的事实,但他们不但不去作见证,反而浪费时间在无益的争论上。

第一段(二 1～5)虽然简短,却格外具有价值和意义。保罗继续在对付纷争的问题,但他为了说明起见,开始由一般的事物转向个人方面。在这几节经文里,他一共用了四次"我",和两次"我的"。他心中想到两件重要的事,一是教会的信息,一是教会传达信息的方法。此处他用一种极有趣的方式说明这两件事。

他替真与假之间,画下一道明显的分界线。世上的智慧和争辩代表假的事物;使徒和教会蒙召去传扬的十字架之道理代表真的事物。他对假的事只一笔带过,却用较多的笔墨来描述真的事物,就是信息和传信息的方法。使徒心中想到的虚假之事,是智慧的言语和一般的哲学,这一切都是从物质世界的观点产生的。一切的争辩和讨论都是虚假的,所有的哲学都是由人的想法互相接触而产生,哲学也在哥林多造成各种不同的学派,他们互相争鸣,企图将他们的所见所得教导人。这整段经文中,保罗就在指明,这种对付生命的方法是何等虚假,无用。

有趣的部分在于使徒启示了真信息是什么,这信息已托付给他和教会了。他也关心如何使别人知道这信息。

首先谈到基督徒的信息。头两节显示,保罗感觉这信息已托付给他和教会了。使徒将信息给他们,好使教会也能传达这信息。保罗在以弗所书里谈到教会的恩赐时说,"祂所赐的有使徒,有先知,有传福音的,有牧师和教师,为要成全圣徒"(弗四 11～12),而非"为了主的事工",不是说神赐下恩赐是要使这些有恩赐的人得以作祂的事工,而是"为要成全圣徒,各尽其职"。整个教会都包括在这事工里。整个教会都受托,去启示这美妙的信息。

　　我们特别被两个子句所吸引。第一个句子是,"神的奥秘。"第二个句子是,"耶稣基督并祂钉十字架。"钦定本译作"神的见证",修正译本改为"神的奥秘"。究竟手抄本原作"见证"(marturion)呢?还是"奥秘"(musterion)呢?我们没有肯定的依据。毕竟这不重要,因为二者的意思相近。我个人是倾向于相信保罗写的是"奥秘"。我们若采用"见证",就必须用第一章第六节"基督作的见证,在你们心里得以坚固"来解释。这样我们就看见它是指完备的福音,就是教会被召去为基督作的见证。

　　如果保罗用的是"musterion"(奥秘),那么我们解释时必须根据他的作品中这个字在其他处的用法,以期前后一致。他写给提摩太的信说,"大哉,敬虔的奥秘……就是神在肉身显现,被圣灵称义,被天使看见,被传于外邦,被世人信服,被接在荣耀里"(提前三16)。那是敬虔的奥秘。不管"见证"也好,"奥秘"也好,保罗指的都是真理的内容,教会有责任将这真理向世界宣明。再看这段提摩太书的上下文。"我指望快到你那里去,所以先将这些事写给你;倘若我耽延日久,你也可以知道在神的家中当怎样行;这家就是永生神的教会,真理的柱石和根基。大哉,敬虔的奥秘,无人不以为然"(提前三14～16)。

　　教会是真理的柱石和根基,是向这世界传达真理的机构,她的责任就是让世人明白真理。

　　不论保罗是用"见证"或"奥秘",他想到的都是同一件事,就是基督徒的信息。"弟兄们,从前我到你们那里去,并没有用高言大智对你们宣传神的奥秘。"他从雅典到哥林多,去宣讲神的奥秘,即指基督徒的信息。

　　留意保罗接下去所说的,"因为我曾定了主意,在你们中间不知道别的,只知道耶稣基督,并祂钉十字架。"这句话素来受到最多的误解和误用。我个人相信,保罗的重点是放在"你们"一词上,就是哥林多人。这是给哥林多的信息,因为这城的腐化已蔓延至教会。不论是当时或现代,对任何世俗化的城市而言,基督徒所能给的第一个信息,就是基督的十字架。十字架是给哥林多的信息,是伟大信息的基础,但不是最终的内容。敬虔的奥秘最终的一点不是十字架。让我们引用保罗写给罗马人的话，"基督既从死里复活"（罗六9）。基督徒信息最终的要点是复活。或许那时人们还未预备好接受这一个积极、荣耀的说法。可能亚波罗曾向他们提起，我们无从知道。但保罗来了，他说我无法给你们整个信息。"我曾定了主意，在你们中间不知道别的，只知道耶稣基督，并祂钉十字架。"神的"奥秘"是整个基督徒的信息，但因考虑到哥林多人的光景，保罗只能向他们传讲最基本的一部分："耶稣基督，并祂钉十字架。"

　　但在释经家中间流行的一种解释是，保罗因为在雅典的事工失败了，所以他离开雅典到哥林多之后，就决定不再采用他在雅典所用的方法。但是，保罗的雅典之行真是失败的吗？为什么人们这样说呢？首先，我们读保罗在雅典的那篇伟大讲论，其显露的滔滔辩才真是无与伦比；不仅是辩才，另外还有论理、哲学、宗教、神学等各方面都相当出色。他失败了吗？我们回到使徒行传，以矫正人们这种只着重统计数字的心态。这种态度使神的教会受到了多么严重的伤害！使徒行传记载，"但有几个人贴近他，信了主，其中有亚略巴古的官丢尼修，并一个妇人，名叫大马哩，还有别人一同信从"（徒十七34）。那就是我们仅有的名单，有少数几个人，和丢尼修，一个妇人，和其他几人，如此而已；他们不过是一个没没无闻的小团体。但翻开教会历史，我们发现什么？接下去的一个世纪里，雅典的教会产生了 Publius，Quadratus，Artistides，和 Athanagorus 这些大有灵力的人。到了第三世纪，雅典的教会则以和平与纯洁著称。至于第四世纪，雅典教会又产生了巴西流（Basil）和贵格利（Gregory）等圣徒。反观哥林多教会又如何呢？保罗定意对他们除了耶稣钉十字架不传别的，这教会现状如何？她已消失，毁灭，丧失了她的见证，迄今找不出任何信仰伟人的姓名是和哥林多教会有关的。神的整个奥秘之信息，无法在这个被世俗污染的哥林多传开。保罗来到那里说，不，我还不能传讲基督徒信息的全部事实。"我曾定了主意，在你们中间不知道别的，只知道耶稣基督，并祂钉十字架。"那是针对异教世界最基本的信息。人心的情欲必须面对十字架的信息。

　　现在来看使徒如何提到传扬这信息的方法。他否定两种方法，注意他两度用"不"这个字。"弟兄们,从前我到你们那里去,并不是(中文圣经作"没有")用高言大智。"第四节又说,"我说的话讲的道,不是用智慧委婉的言语。"他来到这大城,却未用高言大智传讲他的信息。这一点必须用当时的情景来解释。哥林多以她的辩才、美丽、文学和哲学名闻当世。有一句流行的俗语一直传到后代。如果一个人说起话来词藻华美,风格卓绝,人们就会说他在使用"哥林多的字眼"。那正是言辞出众的象征。使徒说,我弃绝这些。我到你们中间,不是用无碍的辩才和生动的词句来传讲信息。

这是至关紧要的。几年前一位广受敬重的学者,对我谈起另一位传道人时说,"他是一个很不错的讲员,可惜他牺牲了先知的角色,而宁愿去作艺术家。"每个传道人都当慎思此话。我们可能因太过着重言辞的优美动听,而丧失了真理的影响力,变成了艺术家,而不是这世代的先知。这就是保罗的意思。他弃绝这方法。他不是带着高言大智到他们中间。

另一种方法是什么?"不是用智慧委婉的言语。"即使在朝向他主要的目标——传达信息——的过程中,他也不采用这方法。他弃绝它。但不要以为保罗欠缺说服、辩论的能力。完全不是这么回事。使徒行传第十七章第十七节记载,他在会堂里与人"辩论"。另外以弗所书中我们读到他"劝"他们。保罗是长于辩论的,他有雄辩之才。从他的作品中,我们无法否认这一点。但他在传信息时,却不信靠自己的口才和本领。他弃绝"智慧委婉的言语"。

那么他作了什么呢?有两个词足以描述他的方法。第二节,"对你们宣传神的奥秘。"第四节,"我说的话,讲的道"不是用智慧委婉的言语。他的方法是,"宣传"和"讲道"。或者说,用讲道来宣传。宣传就是宣告——"kataggelo",充分地宣告,不是含含糊糊地带过。他很谨慎地在言词中清楚宣告神的奥秘,神的话语。然后是讲道——"kerusso",这字和传福音"euaggeliso"不同,是指像先锋一样宣讲。这是王的使者用的语言和方法。他前往哥林多,藉着讲道来宣讲神的话;他所宣告的事,带着无可辩驳的权柄。他给哥林多的,就是耶稣基督并祂钉十字架的信息。这是保罗的方法。

　　接着是他那惊人的双重告白。首先留意他个人的自觉。从某种意义上讲，这话从保罗的笔端流露出来，着实令人吃惊。他说，"我在你们那里，又软弱，又惧怕，又甚战兢。"那不是指他的信息，而是指他自己。软弱，是指心灵或身体的力量。那是他对自己的感觉。他这种软弱、惧怕的感觉深到一个地步，他缺乏自信到一个地步，以至于战兢发抖。这是他讲道时得力的秘诀。

　　然而，他另外还有一种连带的自觉，这是他很确定的。不论他感到多软弱，多惧怕，多战兢，有一件事他清楚知道，就是他所作的乃是"圣灵和大能的明证"。明证就是显明出来。他宣讲神的奥秘，圣灵就来与他的软弱、惧怕、战兢合作。圣灵与他同工，用大能将他信息中的真理向听见的人显明出来。每一个传道人都应该记住这事。如果我认为传福音是全凭自己的口才和能力，我早就不干了，因为我无法胜任。使徒就是这个意思。但我知道，我若顺服圣灵，当我出去宣讲这福音时，圣灵就与这信息同在，证明这信息；那不是我的工作，乃是祂的。我的责任只是宣传，讲道。

　　每一件事总结起来，都在说明他的信息和方法，因此他们的信心当建立在神里面，而不是人的智慧上。这就是他们所犯的错误。他们企图把信心建立在保罗，或者亚波罗，或者矶法身上。不！让我们脱离环绕在四周的智慧言语，将信心植根在神里面。

　　下一段（6～16节）篇幅虽短，却寓意深刻，特别对身负传讲神奥秘重任的传道人和教师，更是意义重大。

　　第一个词很醒目，"然而"。它指明一个事实：保罗现在要另起一个话题，但并非与他先前说的毫不相关，或完全相对。这只是表明他接续前面说的；他还有一些事要提。使徒似乎这么说：我已经写了一些话，但是别急，那还不是所有的真理，"然而"。他唤起他们的注意力，要他们暂时停顿一下。他没有用高言大智向他们讲道，没有带着辩论的方法到他们那里去。这些都是真实的，"然而……"。

　　因此，他将要说一些至关紧要的事。他前面讲的都对，然而基督徒的信息并非没有智慧。他们住在一个百家争鸣，哲学派别林立的城市中，结果他们在教会里也效法哥林多人的样子，分裂成许多小派，各自拥护保罗，或亚波罗，或矶法，甚至基督。保罗反对这整件事，但是他也不要他们争辩说，基督徒的信息毫无智慧。"然而在完全的人中，我们也讲智慧，但不是这世上的智慧，也不是这世上有权有位将要败亡之人的智慧；我们讲的乃是……神奥秘的智慧。"不要认为基督教是与哲学、智慧脱节，完全逸出人理智范围的。它有自己的智慧，自己的哲学。确实，保罗在这里指出，基督徒的哲学是最终极的哲学。它不能被别的哲学所试验。"我们也讲智慧。"一切在智慧和哲学领域里的讨论，争辩，都不能将我们带到任何地方；然而我们也不缺少智慧，"我们也讲智慧。"这是整个真理。保罗对哥林多的信徒，各世代的教会，以及人类一切的哲学说，他们不能试验基督徒，但基督徒可以用最中心的哲学——神的哲学——来试验他们的哲学。

这整段（6～16 节）是在替那种智慧或哲学下定义。它很自然地分成几个小段。第一，保罗指出基督徒的哲学不是这世上的哲学（6～9 节）。然后他说明基督徒的哲学就是圣灵（10～11 节）。最后他指明辨别这一切事的原则（12～16 节）。

基督徒的智慧存在于教会中；教会是它的托管者，也有责任将它宣讲给世人知道。这是保罗说的第一件事。这智慧从何处而来？它的本源是什么？是圣灵。这些事如何区别？我们所根据的真正原则是什么？

先看第六、七、八节，我们读到"世上"一词——"不是这世上的智慧"，"不是这世上有权有位……"，"神在万世以前"。然后是第十二节，"我们所领受的，并不是世上的灵，乃是从神来的灵。"这些"世上"是有区别的。第六、七、八节里用的是"aion"，指世代；但第十二节用的是"cosmos"，指的是世界。这两个希腊字意义迥异。第一个字"aion"，是指一段时间。第二个字"cosmos"，指事物的物质次序。记住这个区别，我们就能明白保罗所说的。他说这智慧不是世上的智慧。这世上的智慧是人在有限的一段时间内，从有限的思想所产生的结果。它受到世代的束缚，被时间所限制。那是世上的智慧。保罗说那不是我们的智慧。

　　当然,基督教的一个基本特质就是它不受世代的束缚,它超越各世代的限制。它是属于一切世代的。我们想到哥林多,它盛极一时的哲学如今已由衰微而消失。我们观察人类哲学的诞生,人们如何企图用自己的智慧去发现宇宙的真理。几千年以来,各类哲学纷繁林立,蔚为大观。但我们不得不说,哲学已经衰微了。今日哲学领域中已无任何新的东西。但在过去两千多年里,人们一直在研究哲学,每一学派都试着替一个问题找答案。这问题是什么? 就是彼拉多问耶稣的,"真理是什么呢?"培根的真理论集一开头就说,"真理是什么呢? 彼拉多嘲弄地提出这问题,却未等着要答案。"我不认为那天彼拉多带有嘲弄的意味。我相信彼拉多发现自己正面对着一个令他吃惊的人物,当他听到这人说,祂来是为给真理作见证时,就不自禁地从内心涌出这个当代哲学最基本的课题:"真理是什么?"

　　试观哲学发展的历史,每一个新兴的系统,都是在开创一个新世代,同时也受到那世代的限制。这就是所有人类哲学的特质。保罗说,我们的哲学不受世代的束缚,也不属这世代。他不是单指他所生存的那世代,并且指被时间局限住的一切人类思想。"然而……我们也讲智慧,但不是这世上的智慧。"

　　如果那不是世上的智慧,不是世上有权有位、自认为能代表一代思潮之人的智慧,不是将要败亡之人的智慧,那又是什么呢? "乃是神奥秘的智慧。"那是基督徒的哲学,是神的智慧。我们如何知道呢? 正如琐法问约伯,"你考察,就能测透神吗?"(伯十一 7),这正是人类哲学破灭的原因。人一直在探索,企图去找答案。但使徒说,这乃是"神奥秘的智慧"。

　　我们现在面对一个词——"奥秘",那是什么呢? 每一个人都可以理智地回答这问题。我们拿起报纸,读到一些事情是人无法解释的,我们就会说,这真是奥秘! 我们无法明白! 但是新约圣经里的"奥秘"一词绝非此意。希腊文这字是"musterion",它在新约出现了二十七次。有三次是分别出现在马太、马可、路加福音,是我们的主亲口说出的。三位福音书作者不约而同地记载了主如何将"奥秘"与祂的比喻相连结。祂向众人说了比喻之后,就对门徒说,"天国的奥秘,只叫你们知道……所以我用比喻对他们讲"(太十三 11、13)。此后奥秘一词未再出现于福音书。保罗是惟一在书信中使用这词的,他前后用了至少二十次。约翰也在启示录里使用了四次。因此,这词是保罗特别喜欢用的。它是从希腊哲学派别出来的,说到神秘的事,或科学,称之为奥秘。保罗紧抓住这字,他说,"我们讲的乃是……神奥秘的智慧。"但他赋予这词一个崭新的含义。"奥秘"的希腊字是从一个与嘴有关的字演变来的,原意是闭上嘴。但保罗从未这样用它。那原先沉默的,变成有声的。原先不被人知晓的,如今已为人所知。新约里的奥秘总是指原先无法被人类知识所发现的事物,因着启示,而使人的理智得以明白。奥秘就是指那被启示出来,叫人的心意、智识能了解的事物。

我们有一智慧,有一哲学,是不属这世代的。它不受时间的限制,不因世代结束而消失。它属于所有世代,因它属于神。但这是一个奥秘,已经被彰显出来。他说这世上有权有势的不能明白。他们若明白,就不会把荣耀的主钉十字架了。但这奥秘最惊人之处在于十字架,它显明了有权有位之人的黑暗,并成为人类光明的中心。神的智慧在十字架上向人启示出来了。

保罗又说到这大奥秘的目的,"这智慧世上有权有位的人没有一个知道的;他们若知道,就不把荣耀的主钉在十字架上了。"留意他接下去引用的话,"神为爱祂的人所预备的,是眼睛未曾看见,耳朵未曾听见,人心也未曾想到的。"这段话引自以赛亚的预言。若翻开以赛亚书,我们会发现那里是在指明一个事实:神为等候祂的人作工。以赛亚说,那些眼未曾见过,耳未曾听过,人心未曾想到的事,乃是神为等候祂的人所预备的。保罗沿用了这说法。人的眼睛从观察中未能见到的事,已经启示出来;耳朵从周遭声音里听不见的字句,已经带出这真理。它们未进入人的心中;感觉和情感的天性永远无法识透这深奥的真理。这是神的奥秘,如今这智慧已彰显出来。

请特别注意另一个字。第十节开头,"但是……"(中文圣经无此二字)。我常听基督徒用这段话来指天堂。其实我们无权这样作。他们说到天堂的荣美,"是眼睛未曾看见,耳朵未曾听见,人心也未曾想到的。"他们说，当然啦，我们无法知道这些事，它太美妙、深奥了。保罗说，"但是只有神藉着圣灵向我们显明了。"你能够明白。世上有权有势的人不知道，他们的眼不能见，耳不能听，心不能想像；但是神已将这奥秘向我们启示了。

我们来看这不属世代，只属乎圣灵的智慧。那参透万事的是圣灵。这段经文是何等宝贝！"圣灵参透万事，就是神深奥的事也参透了。"谁能明白这深奥的奥秘，和神的存在及祂旨意的奇妙？"除了神的灵，也没有人知道神的事。"但神的灵已将神的事启示出来。这智慧已对我们揭明。所有眼不能见，耳不能听，人心不能想到的事，都已由圣灵向我们启示了。

保罗接着指出分辨的原则。我们所领受的，不是世上的灵，不是受制于物质的灵，那种灵只能倚赖详细的考察。我们都对科学稍有认识，并且予以相当的尊敬，不敢超越它的范围。它所说的都是以物质的宇宙为基础。然而我们所领受的远超过这些。我们不是领受那被世界所局限的灵，乃是神的灵，好叫我们知道祂开恩赐给我们的事。

"我们讲说这些事"，指我们的见证。如果我们真是基督徒，就已领受了圣灵。我们若被召作圣徒，圣灵就是我们的，其结果是产生见证；我们被召去作见证，"我们讲说这些事。"

接下去是，"将属灵的话，解释属灵的事。"这是了解神的智慧最重要的原则。若不是这样，我们就会听见有人说他是属保罗的，有人说他是属亚波罗或矶法的。但如果我们用属灵的话来解释属灵的事，就能看清何者是圣灵所印证的，而确保真理的平衡。这在今日也是一项重要的原则。有些基督徒，他们的虔诚是无庸置疑的，但他们太执着于真理的一面，而对其他面视而不见，结果那个观点最后不但对他一无助益，反而成了妨碍。我们当用属灵的话解释属灵的事，因为保罗说，"属血气的人不领会神圣灵的事。""属血气"是什么意思？它的希腊文是"psuchikos"，指有心思意念的人。一个只有心思意念的人是和灵没有任何关系的，他被物质的世界所包围，被人类的思想所局限。"属血气的人不领会神圣灵的事，反倒以为愚拙。"他看不见属灵的事；这点我们前面已经提过。

"属灵的人能看透万事，却没有一人能看透了他。"我们若是看透属灵的事，属血气的人就无法看透我们。他会以为我们是愚昧的，他一点不能明白我们。这是屡见不鲜的！"谁曾知道主的心，去教导他呢？"

结尾简短而扼要。"但我们是有基督的心了。"道出了整个事实。"心"在希腊文是"nous"，仅指知识或感觉。我们有基督的感觉，基督的心意，基督的观点。这句话不可和保罗在腓立比书里说的另一句话相混淆，"你们当以基督耶稣的心为心"（腓二5）。两处的"心"不是同一个字。腓立比书那里是指心意的运用，它与情感、鼓舞、自我倒空有关。此处是指理智上的了解，亦即指智慧而言。

使徒总结一切：然而，不要误以为我们没有哲学。我们有智慧，是神奥秘的智慧。再度引用保罗的话，"大哉，敬虔的奥秘，无人不以为然；就是神在肉身显现，被圣灵称义，被天使看见，被传于外邦，被世人信服，被接在荣耀里"（提前三16）。这是奥秘的整个模型；如果除此以外还有什么奥秘的话，那就是我们有基督的心。

再回到引言部分。基督徒的信息是最终的哲学。感谢神，我们的福音是如此简单。但不要忘了，这简单的福音蕴含了最崇高、深刻的内容。它植根在神深奥的事里，它的简单是因为它能藉着耶稣基督彰显出来，以致年幼的孩童也能听见、明白，并且喜爱、接受，直到岁月的齿轮在他们的生命中碾过时，他们也能和牛顿（Isaac Newton）一样说，"我好像一个小孩子，站在海边捡拾散布四处的小圆石，将它们拿在手中把玩，而我前面就是翻腾的海浪。"

保罗常被称为人类心灵的伟大医生。在讨论本段经文时,我也将采用这个比喻。作为一个医学界的门外汉,我认为医生的工作包括两件最重要的事:第一,明白病因;第二,提供治疗方法。这说法若正确的话,那么保罗就堪称人类心灵的伟大医生了。他是如此了解人类生命和历史的沉疴,并且清楚知道解救的方法。

保罗的书信也一再印证了这一点。或许有时候我们也被允许作一些没有凭据的猜测。我常想,难道保罗一点未受路加的影响吗?路加显然受惠于保罗不少,他常与保罗一道旅行。而在保罗的书信中,我们也一再看到他使用医生的术语,下面这段经文即是一例。我们将从这个观点着手。

保罗仍然在对付哥林多教会的纷争,和各地信徒之间的纷争,因为这封信不单单是写给哥林多教会的,也是写给你我的。保罗已在开头阐明这一点,他的对象包括普世性的教会。本段经文里,他揭露纷争的基本原因,提出他所根据的理由,指明如何去纠正错误。那正是医生的方法。我采用了他们的几个术语。首先,诊断(1～4节),在同一段经文中,我们将看见所举出的症状,证明诊断的正确。其次,向他们显示如何治疗这疾病(5～8节)。保罗这位医生是在对付一种疾病,它正摧毁着哥林多教会和其他教会的影响力。他首先诊断,找出一切麻烦的根源和性质,然后指出症状,来印证他的诊断,最后述说纠正的方法。

我已数次使用的"诊断"一词,它如今已成为医学界的专门用语,在别的行业里再也听不到人使用了。它是什么意思?指透彻、完全的了解。有趣的是,希腊文这字"diagnosis"只在新约出现过一次,而且根本与医生无关。当非斯都将保罗带到亚基帕面前时,非斯都告诉亚基帕,此案是如何悬疑难决,他不知该如何处理。他说保罗已要求"听皇上审断"(徒二十五21)。钦定译本作保罗请求上诉,让"奥古斯都来听讼"。修正译本采用"diagnosis"的另一义"决定"。我想两种译法都不正确。它的本意不过是让皇上来调查他的案子,因为每一个罗马公民都可以直接上诉皇帝,由皇上来审断。它的意思是详细、彻底的了解。

保罗如何说到他先前已经提及的纷争问题? 首先,他称他们为"弟兄们"。"弟兄们,我从前对你们说话,不能把你们当作属灵的,只得把你们当作……在基督里为婴孩的。"他是写给他的弟兄、和他同作信徒的、基督里的婴孩。婴孩表示生命。他不是写给一群死人,对他的话毫无领会的人。弟兄们,你们是婴孩。你们有生命,已经被生下来。他从这里开始讲下去。

这些人是怎么回事?"不能把你们当作属灵的,只得把你们当作属肉体的。"此处有一基本真理。他不是写给基督徒圈子以外的那些属世之人。他是写给基督徒,就是已经重生,有新生命的人。他说,是的,他们是婴孩,但也是弟兄。他们的问题在于他们不是属灵的,而是属肉体的。

这句话颇耐人寻味。属灵和属肉体有何区别? 打开帖撒罗尼迦书,那里记载了新约中最美妙的一段经文,保罗在那里将人性作了一番分析。他当然了解人和人的天然状态。他祈祷他们的"灵,与魂,与身子得蒙保守,在我们主耶稣基督降临的时候,完全无可指摘"(帖前五23)。或许在某种意义上而言,人不是三个部分,而是两个——灵与身子。魂是什么? 是感觉,心思。希腊文有三个字——"pneuma"指灵,"psyche"是魂或心思,"soma"是身子。这是人的整个存在。人有三个状态,或者说三个层面、方面或实体。人最重要的部分不是身子,不是心思,而是灵。神是灵,人是照神的形像造的,人必须用灵来拜祂。对每一个人,包括教会内或教会外的人来说,最重要的事实是人有灵。这世界却忘记了这一点。

其次是身子,它和灵都同样是确定的事实;但身子是灵的工具。

透过身子，灵可以接受别人，与别人接触。透过身子，灵可以将它自己向别人表达出来。在神的理想中，身子是次要的。

魂是什么？是意识，心思，智力。虽然智力不是由身子，而是由灵负责掌管。素负盛名的外科医生凯力（Howard Kelly）每天早上都和他十岁的女儿一同读希伯来文圣经，有一次他告诉我，"他们都说人的记忆和意识是存在于大脑中。才不是这么回事呢！它们是存在于人的灵里。人的脑可以作为中介，产生功用，但知晓事物的是我，而不是我的脑子。"他又举出一个令人毛骨悚然的例子。他告诉我，有一个人在意外事件中严重受伤，凯力医生割去了他脑子的一大半，他复原之后，记忆力丝毫未减。或许作医生的会对此作一番激辩，但我完全相信这是可能的，人的意识是存在于灵里的。

圣经如何说到人？它说，人是神用尘土造的。那是指人的身子，但人不只有身子；神又将气息吹入他的鼻孔。气息（ruach）是生命之气，就是灵，因此人变成有灵的活人。这里我们看见三件事：灵，魂，体。人不是受人格中较低的层次——肉体——所控制，就是被较高的层次——灵——所控制。如果我堕入物质的层次，沉溺其中而不知悔悟，那么我的一切思想都是属肉体的，世俗化的。另一方面，如果我将我的整个人格提升至属灵的层次，那么我的思想就是属灵的，被灵所控制。此处我所谓的"灵"不是指神的灵。当然，神的灵可以进入基督徒的经历里。当我向过犯罪恶死去的那一刻，神的灵就来了，给我新的生命，那时圣灵的生命要占有我的灵，我的一切就服在圣灵的管理之下。

因此，我们看见这样的反应：人或由灵，或由身子控制；于是人的心灵或魂就受其影响，不是堕入较低的、属肉体的层次，就是升入较高的、属灵的层次。保罗写信给哥林多人时说，我要告诉你们，你们这些哥林多人的问题所在。我不能把你们当作属灵的——你们不是活在这领域里——而是把你们当作属肉体的。哦！你们只是小孩，是婴儿。你们已经重生，有了生命，但你们纵容自己属肉体的天性。他在罗马书里也这样说过，"因为随从肉体的人，体贴肉体的事；随从圣灵的人，体贴圣灵的事。体贴肉体的就是死，体贴圣灵的乃是生命平安"(罗八5)。

整个问题关键在此。这些人已领受了生命的恩赐。他们在基督里仍是婴孩,但被生命较低的层次所控制;他们的思想被肉体的、物质的、世俗的事物所控制。这是很严重的诊断,也是罕见的。我不知道哥林多信徒当时的病因是否是这样的,但谁能怀疑这诊断的正确性呢?

好吧!保罗,拿出证据来!他果然提出了证据。首先,他们是"婴孩",是未发育完全、不成熟的。他们尚未充分长成。保罗已经说过,"在完全的人中,我们也讲智慧"(林前二6)。这些人尚未到此地步。他们的进展停顿在一处,以至于不能照计划发挥其功用。拿孩子作例。一个婴孩是非常可爱讨喜的,但一个孩子若长到十六岁还是这个样子,我们就要说他是未发育的,不成熟的,还未长大,不能发挥功用。这正是哥林多人的问题。保罗不单在讲哥林多人和他们的平安、喜乐和福气。他想到哥林多这个大城,神曾说祂有许多百姓在这城中未受到教会的影响,因为教会里面的人在彼此纷争。他们的功用是什么?神呼召他们与祂儿子耶稣基督一同得份。那是他们在哥林多的功用。但他们未尽其职。原因何在?生长停顿。为什么?

于是另有两个症状出现——"嫉妒,纷争"。嫉妒指个人的骄傲,若别人不同意他,就立刻愠恼怒恨。"纷争"是一个强烈的词,指激烈的争吵。那是嫉妒自然产生的结果。这些人原当与基督耶稣一同得份,他们却彼此争吵,分裂成小团体,各自以为是他拥护保罗、亚波罗或矶法。

保罗说他们"照着世人的样子行",偏执于像保罗、亚波罗这样的教师;这一切证明他们仍活在较低的肉体层次中。我们不妨自省一下。许多人说,我知道属肉体是什么意思,就是耽于情欲。那又是什么意思呢?我们可以道出各样的事,成立各种社团,定规不作这个,不沾染那个,但仍然触摸不到"属肉体"最深一层的意义。凡是阻拦人将中心放在基督和祂十字架的事,都是属肉体的。它们会妨碍生长,阻止教会发挥其功用,而这一切都是因人屈服于本性中较低的层次——肉体——而产生的结果。这就是保罗对哥林多教会的诊断,和用来证明其诊断的症状。

那些各自拥护保罗和亚波罗的人又如何呢？他说，"亚波罗算什么？保罗算什么？"他告诉我们他和亚波罗是谁。他们是服事主的人；"执事"一词的意义不同于我们现今的用法，它原是指跑腿的人（diaconoi），就是服在权柄下，听命于人，被打发到各处遵命办事的人。

他们作些什么？保罗说，在哥林多教会里，他是"栽种"的人。栽种的工作固然重要，但生命的原则并非存在于栽种的人里面，而是在他所撒下的种子里。将种子栽种在土里是很重要的工作，但这个栽种的人本身不能将生命赋予种子。他只能将种子置于土里。我不是在贬低其重要性。如果我被容许去撒种，我会深以为荣的。但我也只能作到这一步。至于亚波罗呢？保罗说他"浇灌了"。那是指什么？浇灌是极好的，任何作物要生长发育都不能缺少它。但成长的奥秘是存在于种子本身。它需要被种在土里，需要被浇灌。然而将来收成时所显露的生命不是在栽种的人或浇灌的人里面。不是泥土，也不是水；生命是在种子里。

由这个比喻，我们想到整个大自然。我们看到，叫万物生长的，不是犁田的人，不是撒种的人，不是收割的人，乃是神。这是自然界的真理，也是放诸四海皆准的道理，在救恩的事上亦是如此。他们的事奉是团队事奉，各人要照各人作的工得赏赐。他们是执事，奉行神的命令；至于神，祂的工作是"叫他生长"。回到新约，有话说，"种子就是神的道"（路八 11）。保罗说，我栽种了。亚波罗来，他浇灌了，但神叫他生长。是神的行动促使种子生出第一片嫩叶，然后生出穗来，最后结出子粒。人的工作固然重要、美好，但他与最后的收成无关。想想看那些哥林多人，他们竟然围绕着栽种者和浇灌者，自成许多小集团，却还沾沾自喜。

保罗结尾时这样作结论，"我们是与神同工的。"多么惊人的宣告！更有意思的还在后头，"你们"——那些基督徒，只能吃奶、不能吃饭、生长停顿的婴孩，"你们是神所耕种的田地，所建造的房屋。"强调之重点在"神的"二字。你们是神所耕种的田地。我们不禁想到主

的话,"我是真葡萄树,我父是栽培的人","你们是枝子"(约十五1,
5),是神耕种的田。祂正看顾着你们。祂在耕种,在预备生命的力
量,有一天这生命要结出果实来荣耀祂。你们也是神建造的房屋。
我们将在下一章里看见,保罗又提起建房子的比喻,并且作了一番解
释。但是目前的问题是,他们由于意见分歧,而嫉妒纷争;这一类的
事都不是属灵的,而是属肉体的,属世界的。

　　第十至十五节里,保罗仍然在对付哥林多教会中的纷争问题。
他显然对这种现象有极深的感触。本章开头九节指明这些纷争的根
源,宣告说这是属肉体的,导致每个团体各自拥护不同的对象。其实
他们拥护的每一个人都是有价值的,这些人所作的工都是重要的,观
点都是正确的。但是这些人若单独存在,他们的信息就不完全。只
偏执一隅,就可能妨碍对整个事实的认识。这个事实就是神的教会
和她所蒙的呼召,不管这教会是书信开头所提名的哥林多教会,或凡
在各地求告主名的。保罗看见教会的整个意义。教会全部的价值不
仅仅因他们的纷争而受拦阻,并且受到了伤害、损坏。

　　前一段经文的结尾是,"我们是与神同工的;你们是神所耕种的
田地,所建造的房屋"本段(10～15节)。里保罗重提建房子的比喻,
并且加以发挥,指出介于与神同工之人,和神的建筑,两者之间的
关系。

　　他说,"你们是神……所建造的房屋"时,想到的是整个教会。这
话可能有两种意义,一指神建造的工作,一指神的所有权,祂所建立
的东西是属于祂的。两种意义都正确,无可置疑。祂是建造者,祂也
拥有祂所建造的房屋。教会是神的工,也是祂的产业。

　　教会是祂的工,祂透过人而行动,这些人就是保罗所描述的神之
工人,仆人,执事(diaconoi)——直译是跑腿的仆役,他们只遵命行
事,绝不问"为什么?"。神藉着保罗所谓的"执事"而工作。本段经文
中有三件清楚的事。第一,他指明这些执事之间的合作关系。第二,
他显示在建造时,同工可能有不一样的工作成效。有的人可能是执
事,工人,但他建的工程却毫无价值。另一方面,他也可能建出真正
的工程来。最后,保罗指出人的工程将在最后显露出来,只是那试验

的日子尚未临到。

请留意本段的开头。"我照神所给我的恩。"他看出自己欠恩典的债。保罗作了什么？"我照神所给我的恩，好像一个聪明的工头，立好了根基，有别人在上面建造。"这是一种分工合作的观念。保罗说，他好像聪明的工头，立下了根基。工头的意思是建筑师，负责监督工程的人。保罗又谨慎地指出根基是什么——是"耶稣基督"。他在前一章说，他已定意在他们中间不知道别的，"只知道耶稣基督，并祂钉十字架。"由于他们的光景，他只能向他们传讲初步的信息。他们是属肉体的，活在罪的辖制下，他只能教导他们这些。这就是他事工的起头。他说，这就是根基，"那已经立好的根基就是耶稣基督，此外没有人能立别的根基。"这话好像一把钥匙，启开了许多门。其他多处经文似乎都发光照耀在这伟大的宣告上——神是建筑者，神在建造！祂是最崇高的工人。它要为整个工程负责。神是建造者，那已经立好的根基就是耶稣基督。

保罗从雅典下到哥林多，我们看见他在那里所作的。他讲道和教导，首先他"辩论，劝化"。后来西拉和提摩太来与他会合，那时他被圣灵和祂的道所感动，就迫切宣告这道。这里有两种不同的讲道方式。有时遇到难处、抗拒，他就辩论、劝化。有时他又大大被神的灵所激动，就放口宣讲神的道。不管在哪一种情形下，"道"都是一样的。他宣讲耶稣基督。我们从圣经记载得知，管会堂的基利司布和全家都信了；许多哥林多人也信了。保罗说，"我……立好了根基。"那是一切的起源，而根基就是耶稣基督。仔细研读他笔下写成的十二卷书信，会发现他说这话的意思。我们的整个信心之事实，和整体的信仰，都是建立在耶稣基督上面。保罗此处说，他开始了这工作，他立下了根基，别的人在上面建造。这中间毫无冲突。他现在未提到别的人名，不论是亚波罗或矶法，或其他的人，他们都在同一根基上建造。他们所作的一切，都是神的工程；他们一起工作，以实现神的计划和旨意；这是他们从未丧失的目标。

我们立刻看见，哥林多教会的问题是，对神建造的心意之认识，因着他们的纷争而丧失了。他们失去了整体的异象，被一些偏执的观念所困扰；所以偏见不但无济于事，而且会形成阻碍。建筑房子需要各种工人，有木匠，石匠，铅管工，装修工。假设正在建筑时，一小群人聚集说，我们是属木匠的，我们与石匠毫不相干。我不必继续这项假设下去，就可看出这一类的分党结派是何等无稽！他们在建房子时必须同心合力，每个人心中都存着同样的目标。石匠无法看到房子的全貌，但他在那些能观全貌的人指导之下，等于对自己手中的工程有具体的概念。多年前附近有人大兴土木，展开一项庞大的工程，聘雇的工人就达数百之多。有一个男孩前来应征，被录用了。他光着脚，衣衫褴褛，正打算去上工，却被一个工头拦住，问他说，"过来！你在这里干什么？"男孩回答说，"你难道不知道，我是工作人员吗？"我喜欢这个故事。他也是工作人员！那个男孩已经体认到工程的浩大，因此他的职分虽然微小，却是至关重大的。

这就是哥林多人所丧失的。他们由于偏执己见，而丧失了伟大的异象。保罗指出，工头（他自己）和其他的人，不论是亚波罗或矶法，或别人，都是在上头的指导之下工作，眼光都投注在那最终的目标上。"我们是与神同工的，你们是神……所建造的房屋。"

接下去的一段非常详细。我们应该在独处时察考它，特别是神将这神圣的事工托付我们时，"各人要谨慎怎样在上面建造。"我们若要在这根基上建造，就必须谨慎，记住这根基。意思是说，我们可能建造出一无所值的东西。保罗指出两种方式。一种是永久性的——金，银，宝石。一种是可朽坏的——草，木，禾秸。谨慎你所建造的。要记住，除了耶稣基督，人不能再立别的根基。

我不禁问自己，我如何去建造那永恒的东西？我如何用金、银、宝石在这根基上建造？有价值的、永恒的建造是指能发展、运用一切包括在耶稣基督里的事物。这并非一桩小事。这是任何蒙神呼召从事圣工的人终其一生的工作。没有人能真正完成它；但这是有价值的建造。同样的，我们要问，那无用的建造是什么？就是一切限制、抵触有关耶稣基督的永恒真理之事物。任何教导若使基督徒怀疑福音的权柄，和主的旨意，以及主的爱，降低祂在我们心中的地位，那都是无价值的建造。那是草、木、禾秸的建造。

　　我建议各人在独处时思想这段经文，这整段话只有一个主题——耶稣基督。耶稣这名字有奇妙的含义——耶和华拯救。这名字从哪里来的？耶稣就是约书亚。回到历史上，我们发现摩西曾替何西阿取名为约书亚，让他继承自己的未竟之志，接续他的工作。这名字其实是两部分：约——书亚，是将希伯来名字"何西阿"，和希伯来人对神的称呼"耶和华"之一部分，合并而成的，意思是耶和华拯救。约书亚的父母当时在埃及为奴，孩子出生后，他们就给他起名何西阿，意思是拯救。这是一件美事。这一对为奴的希伯来夫妇心中存着一种盼望和期许，孩子的名字透露了他们属灵的盼望。摩西说，祂是拯救，但我们将把拯救与神其他的名字连在一起——耶和华，约书亚，耶稣。

　　至于"基督"（christus）在希腊文里则相当于希伯来的"弥赛亚"。这位耶稣是弥赛亚，是神的使者，是人，是到世上来建立神的王权和国度的那一位。祂是耶稣，"你要给祂起名叫耶稣，因祂要将自己的百姓从罪恶里救出来"（太一21）。那就是建造的根基，教会正建在其上。保罗说，除此没有别的根基。教会不能建在别的根基上。但我们可能建出不值得的建筑。我们若只奉祂伟大的名，却与这名所代表的真理相抵触，我们以为自己在建造，其实不过是用一堆草、木、禾秸建造。我们也能奉献整个生命在这神圣的事工上，宣讲祂名所代表的单纯真理，那么我们就是在用金、银、宝石建造，是不能朽坏的。

　　因此保罗看见那事实——试验的日子。"那日子要将它表明出来。"这是对未来的眺望。那是最终的结局。他越过神藉着祂工人所建造的过程，看见有一天试验将到，要显明各人的工程；有些人的建筑一文不值，有些人却贵重无比。那是用火试验的日子。我们读这段话时，很自然会想起新约对我们主的描述。约翰在拔摩岛上曾描述他所见到的景象，其中一句是，"祂……眼目如同火焰"（启一14）。记住这话，再来看保罗在哥林多后书说的，"我们众人必要在基督台前显露出来，叫各人按着本身所行的，或善或恶受报"（五10）。常有人引用这段经文，将其应用到各地的人，其实不然。我们知道将来有一个白色的大宝座，是最终的审判台，但此处所指的并不是这个白色大宝座。这里的审判台是"bema"，"众人"指一切相信的人和工人；所有相信的人都应该是工人。因此，"我们众人要在基督台前显露出来，叫各人按着本身所行的"，不管"或善或恶"，是金、银、宝石，或草、木、禾秸，都要"受报"。我们受的试验就是"bema"，是基督的审判台，祂要用火来试验。

综合这一切，我们看见一幅惊人的画面，对我们的心也是一种安慰，因为最后我们都将站在祂面前，祂的眼目要细察我们所作的事。保罗说，当祂定睛注视、搜索，用火试验时，一切不配的东西，如草、木、禾秸，都要被烧毁灭尽。至于那些有价值的金、银、宝石，火会对它们造成什么影响？只会使它们炼得更纯净。那就是试验的一日。

这个比喻对所有服事主的人都有影响。到那一日，真正的工人要得赏赐。未尽职的虽然也要得救，却"像从火里经过的一样"。他的工程被烧毁。这整个观念证实了我们熟悉的那首诗歌："岂可空手回天家？"人确实有这个可能性。值得安慰的是，他仍然可以得救，只是像从火里经过一样。

本段经文教导我们，一切的服事——保罗的也好，亚波罗的也好，矶法的也好，我们的也好——最重要的是工程，神的工程，祂的建筑，神的教会。这是何等奇妙的观念！我们是与神同工的！但愿每一位传道人、教师都记住这点，谨慎我们所建造的，认清楚如果我们只唱独脚戏，只传讲真理的片面，并为此纷争结党，是愚不可及的，终将丧失整个工程的荣耀。

第十六、十七节虽然被分成另一段，却与前面的连成一气，组成极富意义的一段经文。一开头的话"岂不知"，显示使徒心中仍想着教会的失败，教会未能发挥其功能，或者说未能认出真理。我们可以立刻揣摩出写这话的人之语气。你难道不知吗？你看不见这醒目的事实吗？另一方面，若你真知道，为何不实行呢？你是否故意置之不理，以致最后丧失了能力？你不知道吗？"岂不知。"

前段（10～15 节）讨论到服事主的人之事工，与神的旨意之间的关系。保罗提到有关教会的两个描述："你们是神所耕种的田地，所建造的房屋。"然后他说明第二个描述，指出在这项工作上，什么是神的工程,并指出神的工人是与神同工的。他说到自己,亚波罗,矶法,和其他在教会服事的人;他对这些人作了一个辉煌的宣告,你们"是与神同工的"。

任何工程都有一个目标。或许有些工程是没有目标的,但保罗心中想的是,一般说来如果一个工程开始动工,一定是为了某一个目的。哥林多人不仅仅误解了教会的功用,误解了传道人的功用,并且忘记了教会真正的意义。因此保罗喊出来,"岂不知?"他用这短句来引起他们的注意。本段经文(16~23节)可分成几个小段落,首先是单独成立的两节(16、17节),叙述神的建筑,在建造的行动中祂的工人是与祂同工的。其次是根据建造的事实提出警戒(18~21a)。最后以一段美妙荣耀的话作结论(21b~23)。

"岂不知"你们是神与祂的同工合作建造的吗?"你们是神的殿。"我们必须把这句话和前面他所写过的连在一起读,必须回到头一章,那里的基本论据非常重要。"神是信实的,你们原是被祂所召,好与祂儿子,我们的主耶稣基督一同得份。"这就是基础。在这句话里,我们发现哥林多教会及全世界各地教会真正的功能是什么。教会为何存在?这些人集合成为一个团体,目的何在?神已经使我们与耶稣基督一同得份,就是在工作上、交通上、情感上与祂合伙。那是"一同得份"的意义。我们享有祂同在的特权,负有服事的责任,教会理当承担起这事工。

然后进一步来看,祂在这世上的工作是什么?祂在这里作什么?祂为自己寻求什么?回过头来听听耶稣如何说到祂的工作。观察祂在肉身的日子里如何工作。我们听到祂说,祂在那段时期如何受限制。我们看见祂经过死的洗礼,最后带着得胜出来,继续先前的事工。因此路加记载耶稣接下去的事工时说,"我已经作了前书,论到耶稣开头一切所行所教训的"(徒一1)。而不是耶稣过去所行所说的。请不要误读这节经文。祂"开头"所行的。那是指什么?表示祂仍继续在作。回过头读读圣经所记载祂的工作是什么,包括祂一切大能的工;或许路加福音能提供最鲜明的图画。在那里我们看见主的工。教会是与祂同工的,以实现她的责任;教会与祂一同得份。

　　然后保罗突然说，"岂不知?"难道你们不知道自己的地位? 不知道教会真正是什么? "岂不知你们是神的殿，神的灵住在你们里头吗?"我们都是门徒，是相信的人，但我猜想如果这个真理今日也挟着雷霆万钧之势临到我们，它也会对每一个生命产生巨大的影响。想想看，"你们是神的殿。"新约里译成"殿"的有两个字，一个是"hieron"，是当时存在的圣殿，指整个建筑，包括四周的范围。那是一个堂皇华丽的建筑，费了四十六年的时间建造，而犹未完成，尚须大约十年的工夫。另一个字是"nahos"，不是指圣殿和它的四围、庭院，而是指内部的至圣所。保罗此处用的就是这个字。我们的主在世时，遇到人向祂的权柄挑战，祂也用到同一个字，"你们拆毁这殿，我三日内要再建立起来"(约二19)。祂说的是神居住的内室。你们拆毁了那内室，但我三天内要重建起它。那是"殿"的意义。

　　让我们回顾一下古代神的圣所。旧约记载了它的形式，它被称为会幕。那是敬拜神的地方。和君王或祭司职分的设立一样，会幕也是因人类的软弱而设立的，但会幕传达了神的理想。回想旷野的会幕，它有外院和庭院。穿过外院就是圣所。再进去则是至圣所。圣所里面有香坛，放置陈设饼的桌子，以及金灯台;至圣所里面有法柜，和遮着法柜的基路伯，以及神临在的荣光。那就是"nahos"一字的含义。它对百姓有何意义? 乃是代表神显现的地方，是神活动的中心。保罗说，岂不知你们就是神的殿吗? 那是教会真正的意思。教会是神显现的中心，神透过她向世人彰显祂自己。

　　我们看到这扇门再度打开了。在祂的圣洁，公义，无限的怜悯，丰盛的慈爱，永恒的爱里，祂在教会中彰显出祂自己。

　　彼得说这话时，也是同样的意思:"你们是被拣选的族类，是有君尊的祭司，是圣洁的国度，是属神的子民，要叫你们宣扬那召你们出黑暗入奇妙光明者的美德"(彼前二9)。你们岂不知教会是圣所，是神显现的地方，是神行动的中心? 有基路伯遮掩的法柜是神治理的宝座，也是祂显荣耀的地方。岂不知你就是那至圣所吗? 保罗说，难道你忘了吗? 那是有关教会的重要真理。

　　为了强调这点，他又加上一句，"神的灵住在你们里头。"你们是神的灵居住之所。稍后他又将这话运用到教会每一个肢体上，"岂不知你们的身子就是圣灵的殿吗？"（林前六 19），用的是同一个字。但此处他是对整个团体说的，他们因联于基督，已经成为一个团体了。岂不知你们就是神的殿？岂不知圣灵住在你们里面，因此你们有毁坏它的危险？这里的"毁坏"一词用得并不十分适合。耶稣说"拆毁这殿"时用的是另一词，意思是弄散，破坏。但此处的"毁坏"是指伤害，损坏。保罗清楚声明，任何人若破坏、拦阻、伤害这殿，神都要毁坏他。仔细审查每一个字，就会发现这是一段寓意深刻的经文。这就是教会，因为"神的殿是圣的"。

接下去是劝诫。"人不可自欺。"请留意两种不同的表达方式："在这世界……有智慧。""这世界的智慧。"第一句是指按世代标准看来，在世上堪称为聪明的人，他们自以为是这世代的智慧之人。下一句"这世界的智慧"，是指物质的智慧。两者合并起来，就揭露了这世代的危险。这世界的智慧纯属这世代，是属物质的，忘记了属灵的事。保罗提醒他们要谨防这一点，一个人若自以为聪明，以依照这世界的标准算为智慧的事沾沾自喜，就让他变作愚拙吧！让他陷于无知吧！因为世界的智慧完全局限在物质范畴内，无法超越其界限，看到更远更深的事；这样的智慧在神看是愚拙的。我的一个朋友用"低能"一词来解释"愚拙"。希腊文这词的音译就是低能（moron）。低能者的定义是，只具有十二岁儿童心智能力的成人；他们是未充分发展、长成的人。一切低能者的聪明在神说来都是愚拙。这正是哥林多人的光景。他们自以为聪明，情愿听从学者的理论，却不持守保罗、亚波罗、矶法所传的信息。他们彼此纷争，自成许多小团体，就好像小孩子的行径。事实上，保罗已经说了，他们是婴孩，尚未长大成人，还未朝着属灵的成熟地步迈进。哦！今日教会中也有许许多多这样的低能儿。我们必须认清，我们是神的殿，这殿会因为人那无可言喻的愚拙，只听从世上的智慧，而遭到损害。让这样的人成为愚拙吧！但愿没有人将荣耀归与人。

保罗用最后这一段简短而精彩的话，来提醒这一切对他们的意义。他们说，我是属保罗的，我是属亚波罗的，我是属矶法的。他说，你们为何自夸所拥有的呢？"万有全是你们的。"事实上,他是在作三重的说明:"万有全是你们的;你们是属基督的;基督又是属神的。"他首先说明,"万有全是你们的。"他的解释非常美妙;或者保罗,他是第一个带福音信息到你们中间的,他是你们的,他一切的信息都是你们的;或者稍后才来的亚波罗,他是你们的,他的所有信息都属于你们;或者矶法,不论他和他的工作有何价值,这一切都是你们的。他又接着说,这世界和世界的智慧也是你们的;虽然你们的思想可能受制于物质,这整个世界仍是属于你们的。"温柔的人有福了,因为他们必承受地土"(太五5)。你相信这话吗？我曾听派克(Parker)博士用例子解释这节经文。"我的事工是从班伯利(Banbury)展开的,我在当地的房子,楼上窗户正俯瞰着一处有钱人的广大产业。真正享有这产业的其实是我。虽然我未拥有方寸土地,但实际上整片土地都是我的。那位富有的业主每年来一次,住上十天,然后就用锁锁上。我却日复一日享受着它提供的美景和辽阔视野。温柔的人必承受地土,真是如此啊!"这世界是你的。花朵是你的。"万有全是你们的。"它们是你父亲的。它们属于那住在圣所里的一位,因此也是属于你的。不只这世界,并且生命也是你的。保罗未特别指出是哪一种生命,只简言"生"。然而死也是你的。死不能控制你,是你主宰死。死是你的。然后他纵目四顾,"现今的事",它们都是你的;以及"将来的事",你们所预期的事,它们也是你的,"并且你们是属基督的;基督又是属神的。"

岂不知你们是神的殿,是祂的居所吗？让我们来倾听这三个字:"岂不知?"你是否忽视了这个事实,或者已经遗忘了它,或者对它毫无回应,以致它不能在你的生活中活出能力来？难道你不知道吗？如果这个事实被人知晓、记念,哥林多教会和其他任何教会就不会有纷争。由于未能体会到教会是圣灵的殿,以至于我们中间有嫌隙,纷争,我们的能力也为之麻痹。"岂不知?"但愿我们认识到这事实:教会是永生神的殿!

　　第四章是替前面论到纷争的话作一总结。哥林多的教师们——保罗，亚波罗，矶法——不知不觉成了导致这些纷争的主因。毫无疑问的，纷争是在这些教师们毫不知情的情况下围绕着他们产生的。保罗稍早曾提到四个小派别。有人说他们是属保罗的，有人说是属亚波罗的，有人自称是属矶法的，另有人说他们是属基督的。

　　如今保罗提到其中的两位教师——他自己和亚波罗，他们两人在哥林多教会的历史上都是举足轻重的人物。保罗栽种了，亚波罗浇灌了。从使徒行传简短但完整的记录里，我们知道这两个人对哥林多教会的建立有深远影响。没有任何记录显示彼得曾访问哥林多。他可能曾去过。另外还有一些教师兴起，在教会担任教导的工作。

　　保罗现在讲的这一切，同样可以运用到一切教师。他不过是举出自己和亚波罗为例证。第六节清楚道出他所想讲的，"弟兄们，我为你们的缘故，拿这些事转比自己和亚波罗，叫你们效法我们不可过于圣经所记。"保罗拿他和亚波罗作例子来说明一些原则，对于哥林多信徒，和各世代各地方的信徒而言，这些原则都是至为重要的。他们必须清楚明白有关这些教师的真理，这样才会知道他们自己与教师之间正确的关系。对于教师的正确观念可以使他们免于自高自大，并避免分党结派。如果哥林多人早留意"圣经所记"之事，就不会有那样的纷争了。事实上，保罗说他们一切的纷争都是起因于他们未认识先前所记的那些事所揭露的原则。

　　他指的是什么？当然不是他自己的书信。显然他是指已经写给希伯来人的经文，虽然哥林多人不是希伯来人，但这些希伯来信徒在他们事工一开始的时候就使用圣经,正如主自己作的一样。保罗在这里暗示,他现在要提出的原则是所有先知、先见、诗人的作品中共有的原则,可以运用到每一个教会。

本段(1～5 节)特别是为服事主的人写的,但它也适用于所有教会,因为它不仅论到传道人的职事,清楚说明其性质,并且指出教会里的人对这职事应有的态度。它可分成明显的三部分。第一、二节宣告有关这职事的事实。第三、四节指出传道人经历的基本事实所造成之结果。第五节里他提到这职事最终要面临的试验。

这几节经文对那些蒙召的人,如保罗,亚波罗,或基督赐予特别恩赐的人(不论是使徒,先知,传福音的,牧师,教师),尤其具有非凡的价值。我们不能否认,教会有其职事,因为神已经将恩赐给与某些人,使他们有能力去作某些事工。保罗写给以弗所人的书信更清楚地说到,"祂所赐的有使徒,有先知,有传福音的,有牧师和教师"(弗四 11)。问题是,有的时候我们会认为每一个人都应该作一点使徒,一点先知,一点传福音的,一点牧师,一点教师;一个传道人应该十八般武艺样样精通。套句俗话说,他可能成了"事事通,无事精"。我相信即使到了今日,神还是赐下一些使徒,传福音的,先知,牧师和教师。不要让任何具有使徒恩赐的轻看传福音的。所有恩赐都是神给的。保罗和亚波罗在哥林多操练这些恩赐。在某种意义上而言,亚波罗可能不像保罗那样是一个牧师,兼教师和使徒。纷争的缘由是有些人欣赏保罗;其他人说,他还不错,但我们情愿要亚波罗。这种情形屡见不鲜,今天仍存在于我们中间。

因此保罗在本段末了指出有关这些人的事实,同时也反映出教会对这些人应有的态度。先看第一、二节,叙述简单而优美,"人应当以我们。"让他衡量我们,看清我们的真相。他们用一种方法衡量保罗,又用另一种方法衡量亚波罗和矶法。"人应当以我们为基督的执事,为神奥秘事的管家。所求于管家的,是要他有忠心。"这节经文奇妙地揭示了传道人真正的地位。他是什么?是基督的执事,是神奥秘事的管家。神对他只有一个要求,就是忠心。

使徒这里使用"执事"一词,是很有趣的。从字面上看,这词无法表达太多的意义,它不过是指差役,仆人,服于权柄之下的人。请留意这个希腊字在新约圣经中的翻译。它大半被译为"差役",就是指仆人,执事。耶稣站在彼拉多面前时,曾用这词说到围绕祂四周的人,"我的国若属这世界,我的臣仆必要争战"(约十八36)。路加在他的福音书序言部分说,他所写的是"照传道的人从起初亲眼看见"的,此处"传道的人"亦是和前面的"臣仆"同一词。使徒行传第十三章记载,保罗和巴拿巴被打发出去传道,有约翰作他们的"帮手",用的也是同一词。另外在使徒行传第二十六章,保罗述说他的生平和神在他一生中所作的事。他说:"主说,我……要派你作执事作见证。"这里的"执事"在希腊文里与上述几项均属同一字。

　　因此,"执事"字面的意思是听从命令行事的人,他毫不犹豫地奉命行事,绝不发问,而且只向差他的那一位报告。"人应当以我们为基督的执事。"事实上,保罗说,保罗和亚波罗都不是你们的执事。他在另一处经文里说,"自己因耶稣作你们的仆人"(林后四5)。他们是因基督的缘故作执事。他听命于主的指示。我若听命于祂,必须常与祂保持联系,寻求祂的旨意。我不能跑到祂前头,或者远远落在后头。我必须每天与我的主接触。我不过是一个仆人,但我是基督的仆人,执事。我只需要行祂所吩咐的,作祂的工;当一天工作完毕,我不必向一个委员会提出报告,我只向祂报告。这是何等美丽的画面!光阴正飞逝,日头正西沉,但愿那跑最后一圈的人不要忘了他是神的仆人,正作祂的工,并且只须向祂报告。

　　我又想起耶稣在世上的时候,曾打发门徒出去。他们回来之后,就向祂报告。这是很有意义的功课。保罗说,要认清我们的身份。我们是执事,是那伟大领袖的仆人。

　　接下去一句是,"为神奥秘事的管家。"前一句"基督的执事"启示了我们的责任,接下去这句话则延续同一思想,特别指出我们被指定的、当负起责任的工作是什么。"神奥秘事的管家。"女士们对"管家"一词的解释一定比我完备。管家作些什么事? 他们负责料理一个家或店里大小诸事,并且依照需要作分配。耶稣有一天对祂的门徒说完比喻之后问道:你们明白这些事吗? 他们说明白。我常常想,他们真的明白吗？耶稣并未说他们不明白，但祂说，"凡文士受教作天国的门徒，就像一个家主，从他库里拿出新旧的东西来"（太十三 52）。那就是管家。他负责管理产业，并且依照需要作分配。我们是神奥秘事的管家。

"神奥秘事"是什么？我们前面已经不断看到使徒用"奥秘"一词。在新约里这词通常是指一些已经启示出来，但人的聪明、心思无法发现的事。我们再度引用保罗的话，"大哉，敬虔的奥秘，无人不以为然，就是神在肉身显现，被圣灵称义，被天使看见，被传于外邦，被世人信服，被接在荣耀里"（提前三 16）。那是敬虔的奥秘。我们是神奥秘事的管家；基督福音的基要真理，就是人的智力不能发现的事，已托付给我们了；但若没有圣灵的同在和指引，我们恐怕永远无法将这真理解释透彻。这不是我们的责任。我们可以将福音的奥秘向基督徒解释，使他们逐渐看清其价值和能力，并且回应这奥秘；我们如此作得越多，我们所领受的奥秘也越多。

保罗又说，"所求于管家的，是要他有忠心。"那是指一个执事、工人的可靠性。这对于服事主的人，是何等奇妙的启示！基督的臣仆是从伟大敬虔的奥秘宝库里，拿出珍藏的宝贝，将它们显给人看，使人知晓。或者说，拿出宝贝"喂养神的羊群"。那是传道事工的伟大任务。如果你，我，或任何服事主的人，正是弥尔顿（Milton）描述的光景，那是何等凄凉可悲啊！他说，"饥饿的羊抬起头来，却不得饱足。"我们是神奥秘事的管家。

第三、第四节里，保罗指出这个观念的结果，以及这事实如何实现在传道人的经历里。请留意英文"judge"一词所包含的意思：论断，审判，评断，判断，称义。这可以帮助我们了解保罗说到论断时心中所想到的。那是指对一件事的细察，辨别，并且将有关的看法表达出来。保罗对这些都毫不在意，"我被你们论断……我都以为极小的事。"哥林多的人对他有意见，论断他，但这些一点也不困扰他。他这种不受论断左右的态度实在是每一个服事基督的人之典范。但这样还不够，他甚至也不论断自己。我个人的意见，对自己的观察，认识，可能一无价值。保罗接着写下一个令人瞩目的事实："我……不觉得自己有错。"有多少人敢如此说？但保罗说了。他又说，虽然我不觉得自己有错，然而我也不能因此得以称义。耶稣基督的执事固然不求人的判断，他也不接受对自己的论断，虽然他不觉得自己有错；因为人和自己的论断都缺乏充分的基础。他应该卓然独立在人和自己的论断之外。最终的审判虽然迟迟未到，但它必然要来。"判断我的乃是主。"有一位要判断人。祂观察，祂知道，祂要衡量你我工作的价值。判断人的是主。祂在细察观看。那位主人在察看祂的臣仆。那敬虔奥秘的拥有者在观察祂的管家如何处理这财富。判断人的乃是主。

　　然后来到第五节。有一天，最后的试验要临到。我们前面已提到这一点。"时候未到，什么都不要论断，只等主来。"祂将要来，并且带来光明，"照出暗中的隐情。"我个人并不认为保罗这里是指邪恶的事，但我也不敢武断。耶稣有一次对祂的门徒说，他们在暗中听见的话有一天要在房顶上宣扬出来。祂要照出暗中的隐情，"显明人心的意念。"那是耶稣施王权治理时最重大的事。

　　我们是否充分明白，生命中最主要的力量不是智力，不是意志，不是感情，而是欲望。我们想要什么？我们追求什么？我们内心的企图——它总是照亮或蒙蔽我们的悟性，或启发我们的行动——是什么？有一日，人心中隐藏的意念要显明出来，那时"各人要从神那里得着称赞"。那时许多被冤枉的人要被辨明。我们常常批评这个，论断那个，其实我们一无所知，不如把嘴闭上。保罗说，有一天人心中的意念要显露出来，到时主要评断一切。

　　这一段经文何等美妙！它启示了有关服事的伟大观念。其他一切都无关紧要了。服事主的人当超越人的论断和对自己的论断，只等候基督的称赞。哥林多的那些人，他们僭越了基督的权柄，而任意论断，意见纷纭，以致纷争迭起。任何地方服事主的人若认识到这真理：他们是"基督的执事"，"神奥秘事的管家"，而组成教会的人也明白这真理，那么主的仆人在他们中间就应该居领袖的地位，教会里的人也当在属灵的事上顺服他们，因为他们是神奥秘事的管家。

　　本段（6～21节）是保罗总结他对哥林多的纷争之劝导。在教会历史上,这样的纷争一直层出不穷。我们从第六节开始看。保罗在那里以他自己和亚波罗为例,说明一个重大的原则,因它影响传道人、教师,和整个教会之间的关系。前一段经文里,我们看见执事的定义,"基督的执事,神奥秘事的管家。"如今他进一步指出他对服事工作的观念,如何使他超脱人的论断。虽然他能够说,"我不觉得自己有错",但这并不能使他称义。他强调主的执事之责任,好叫教会能明白这些蒙召服事主的人真正的身份是什么,以及会众与传道人应有的关系。

第七节是他对哥林多人直接的呼吁。整段可分成两部分。第一部分的特色是严厉(7~13节),第二部分的特色是温柔无比。使徒对哥林多和其他教会的信徒所作的这个呼吁里,同时糅合了严厉与温柔。在基督徒的信仰以及基督徒的信息、教导、讲道中,这两者常常是并行不悖的。神也是一样。祂的严厉和无限温柔,不时交替出现在整本圣经里。再来看看耶稣的整个教训,那是完整的、最终的教训。没有任何别的教训可以加在其上了;使徒的教导不过是在解释耶稣所说过的话。但请注意,这两者——严厉与温柔——如何糅合在一起。一个讲道的人最重要的是他的教导必须带着柔和;然而主的讲道含有另一种语调,就是严厉的警告。如果说祂藉着柔和赢得人,同时祂也用警告甄别到祂面前的人群。

保罗写信给这些基督徒和教会,告诉他们,由于某种原因,他们已丧失了能力。他花了极长篇幅对付的第一个问题,就是教会中纷争的现象。他已经强调了主的工人是基督的执事,而不是教会的执事,他们是神奥秘事的管家。如今他要作最后的呼吁。他的语气一开始非常严厉。我们读这段话时很自然会感觉到他语气的尖锐。保罗明白纷争对教会之功能造成的损害,因此他措词较严厉。要记住一个最重要的事实,就是第一章所宣告的教会之功能,"神是信实的,你们原是被祂所召,好与祂儿子,我们的主耶稣基督一同得份。"哥林多的教会蒙召与基督在事工上、情感上一同得份。保罗看见这些纷争阻碍了这功能,切断了教会得能力的管道,破坏了他们的见证,使他们在这个城市的生活中发挥不了任何功用。这正是他语气严厉、急切的原因。

他用挑战性的问题开始。他说，"使你与人不同的是谁呢？"他似乎在与一个人面对面说话。他已说过，"我为你们的缘故，拿这些事转比自己和亚波罗，叫你们效法我们不可过于圣经所记，免得你们自高自大，贵重这个，轻看那个。"在那里我们看见纷争的因素。他们自高自大，每个人都自以为是，各自坚持己见。保罗说，你们都不是一样的，都有不同的恩赐。这就是他说"使你与人不同的是谁呢？你有什么不是领受的呢？"这话的含义。这些都是挑战性的问题。

第一，"使你与人不同的是谁呢？"你有什么权利根据不同的意见和能力而分党结派呢？保罗不能赞同这样的分别。你们确实不同，但谁使你不同呢？这问题本身是一个挑战。使保罗，亚波罗，矶法，或你们中间任何人，彼此不同的是谁呢？

他接下去的问题实际上是在回答他所提的第一个问题。"你有什么不是领受的呢？"不管你与人不同的地方在哪里，不管你有何恩赐和特殊之处，你都是领受来的。你不是一开头就与人不同。是有什么使你不同，这差异不是你自己创造的，不是你的功劳。"你有什么不是领受的呢？"我们不妨看看施洗约翰。在约翰福音第三章里我们看见他说了一句非常普通却意义深远的话。有人要拿他和基督比较，他说，"若不是从天上赐的，人就不能得什么"（约三27）。那就是保罗提醒哥林多人的原则。雅各也说，"各样美善的恩赐……都是从上头来的，从众光之父那里降下来的"（雅一17）。"使你与人不同的是谁呢？"是谁使你的个性、恩赐与人不同（但不是与人格格不入）呢？每个人的个性都可产生对事情不同的解释方法，这些解释最后都可以融合的，但是你们却只偏重一个人，围绕着他自成一派，说我们是属保罗的，我们是属亚波罗的。是的，你们是与人不同的，但使你不同的是谁呢？保罗说，你们要认清楚，你们所领受的，没有一样不是从神来的，因为各样美善的恩赐都是从神来的。"你有什么不是领受的呢？"换句话说，你为什么趾高气扬，似乎你有足够的权利炫耀？你用来制造分别的那些恩赐，都是从神来的。稍后保罗还会用另一种更醒目的方式提到这一点。

他在第八节里又采用了讽刺的语气,他嘲笑他们所作的。你们已经饱足了,丰富了,自己作王了!接下来的一句话光照了他前面所说的这一切,"我愿意你们果真作王,叫我们也得与你们一同作王。"我但愿你们明白作王的真正意义,这样我们就可以一同作真正的王。这话含着反讽的意味。

然后他在第九节到十三节里陈述他对使徒职分的意见。"我想神把我们使徒明明列在末后"。"末后"是指他们列于神在基督以前所差来的一切使者后面。保罗总是具有历史的眼光。他总是望向过去,细察现在,然后将眼前的事与过去和未来连结在一起。神有祂的众祭司,先知,君王。透过这些不同恩赐的运用,神来到了人中间。如今保罗说,"神把我们使徒明明列在末后。"请留意他对神的认识。不论他自己,或者亚波罗,或其他使徒的职分是什么,神已经把他们列在末后,就是说已将他们陈列出来;另外也有授权给他们的意思。

下一句话尤其使人讶异。"我们成了一台戏。"希腊文里"戏"这字相当于我们现今所谓的剧院,是供人欣赏表演的地方。我们这些使徒,成了一台戏,给世人和天使观看——"好像定死罪的囚犯。"这话多么惊人!为什么我们像死因?因为"我们成了一台戏,给世人和天使观看"。使徒所呈现给世人看的,就和基督所呈现的一样,他们传达祂的信息,宣讲祂的福音,而将这些显给世人看的结果就是死。耶稣说,"在世上你们有苦难,但你们可以放心"(约十六33)。神已经安排了这"定死罪的",成为一台戏,将我们所代表的这些事向天使和世人展现出来。

他再度采用反讽的语调。"我们为基督的缘故算是愚拙的,你们在基督里倒是聪明的;我们软弱,你们倒强壮;你们有荣耀,我们倒被藐视。"这段话不但严厉,而且含着讽刺。

保罗接着举出古代使者所经历的一些事实。"直到如今,我们还是又饥,又渴,又赤身露体,又挨打,又没有一定的住处;并且劳苦,亲手作工;被人咒骂,我们就祝福;被人逼迫,我们就忍受;被人毁谤,我们就善劝;直到如今,人还把我们看作世界上的污秽,万物中的渣滓。"这些人是仆人,是基督的执事,是神奥秘事的管家,但他们却遭到这样的待遇。保罗显然要在他们的愚拙、高言大智、纷争结党，和传福音使者的倒空自己、牺牲奉献之间作一对比。这段话极严厉，但谁能否认呢？当然，那是当时使徒的光景，他们挨饿受冻，居无定所，用劳力工作，饱受迫害。今天这种情景可能仍然存在着，那么我们能从这里学到什么呢？请读下去。"被人咒骂，我们就祝福。"这是基督的使者之态度。"被人逼迫，我们就忍受；被人毁谤，我们就善劝；直到如今，人还把我们看作世界上的污秽，万物中的渣滓。"这里有一个强烈的对比，一方面是他们自高自大的态度，他们离开十字架的道理，转去互相争辩，自以为聪明；另一方面是基督的执事，他们是神奥秘事的管家，并且走在一条自我舍弃、牺牲的道路上。

最后一段经文（14～21节）的语气骤然一变。保罗说，"我写这话，不是叫你们羞愧，乃是警戒你们，好像我所亲爱的儿女一样。"为了避免他们误以为保罗对那些制造纷争的愚昧人之愤怒，是他个人对他们的不满，保罗改用温柔的语调来结束这段谈话。"我写这话，不是叫你们羞愧。"他是什么意思？他写的这些话当然会叫他们羞愧。这里的羞愧可能只是指卑微，使他们自惭形秽，畏缩不前。使徒说，我不要你们这样。我不是在写一封私人的信，我不想叫你们无地自容，我只是劝你们，像劝我亲爱的儿女。没有一个真正的父亲会故意要他的孩子羞愧。他可能会对孩子说一些讽刺的话，但他不是要叫孩子在他面前羞愧、退缩。保罗说，不！我不是要叫你们羞愧，我只是要提醒你们一些重要的事实。

于是他提出呼吁。"你们学基督的，师傅虽有一万，为父的却是不多，因我在基督耶稣里用福音生了你们。"这是保罗在他们中间讲道的结果。这话指明任何人若带领人归向基督，他和所带领的人中间就产生了一种强韧的关系。他们若真的已经出死亡得生命，就绝不会忘记当初将信息带给他们的人，透过这人，异象和光明才临到他们。

保罗又说，他已打发提摩太到他们那里去，提摩太将提醒他们，他在基督里怎样行事，教导。"我求你们效法我。"那是他呼吁的重点。我们读的时候也可以受激励。保罗能够说，他的言行教导足以为人楷模，"你们效法我！"但愿我自己和一切作主工的人都能这样说。那是一项伟大的举动，"你们效法我！"他要求哥林多人听从他的教导和言行，因此他打发提摩太前去。

接着的话是专门对哥林多人说的。"有些人自高自大，以为我不到你们那里去。"你们错了。我的来去不是听命于你们。如果主预备，我就会去。"主若许我，我必快到你们那里去。"

保罗最后用一个尖锐的问题来结束全段。这问题虽然尖锐，却带着美丽温柔的语调。你们要我怎样到你们那里去呢？是带着刑杖，还是慈爱温柔的心呢？他似乎说，这全在乎你们。如果你们从我写给你们的信得了造就，离弃这一切愚昧的争论和自大、自以为富足的态度，存心谦卑受教，我就存温柔的心来。否则我就带着刑杖来。你们要哪一样呢？保罗到此结束了有关纷争的话题。不久他要讨论到合一的主题，那是针对纷争、不合的事实而提出的解决方法。

马太记载耶稣讲过的一段话,可以对本章要讨论的经文有所诠释。某些最古的手抄本中,一开头的"得罪你"是作"犯罪"。

"倘若你的弟兄得罪你,你就去趁着只有他和你在一处的时候,指出他的错来。他若听你,你便得了你的弟兄。他若不听,你就另外带一两个人同去,要凭两三个人的口作见证,句句都可定准。若是不听他们,就告诉教会;若是不听教会,就看他像外邦人和税吏一样。我实在告诉你们,凡你们在地上所捆绑的,在天上也要捆绑;凡你们在地上所释放的,在天上也要释放。我又告诉你们,若是你们中间有两个人在地上,同心合意地求什么事,我在天上的父,必为他们成全。因为无论在哪里,有两三个人奉我的名聚会,那里就有我在他们中间。"(太十八15～20)

我们录出全段,因为它是自成一体的。这章经文稍后的部分,奇妙地解释了前面的部分。总结说来,它是讲到教会里管教的必要性。哥林多教会的问题不单单是知识方面的,而且也是道德方面的。哥林多教会受困于"智慧的言语",以至于忘记了"十字架的道理"。他们中间的混乱显然是起因于道德的腐败、堕落,并且不是个人的,而是整个教会的现象。或许知识的失败和道德的堕落中间总是有密切的关系。错误的观念必然导致错误的行为。一旦我们沉溺于智慧言语的争论,我们总是会面临一个危险,就是忽略了十字架道理的运用,以及十字架道理在道德品质及标准上的意义。

保罗谈到这些事时,说得非常清楚。"风闻"一词,修正译本的翻译是"根据实际的传闻"。钦定译本作"一般报导说"。保罗的原意直译是"各处传闻说"。修正译本的措词还不够强烈。保罗说,这已是公开的事实，到处都听人说起；他要提到的这事，已经远近皆知了。

为了研读方便，我们不妨将本章分成几个小段落。首先保罗提出他心中特别想到的一件事（1 节）。然后他提到教会在面对这特殊事件时的态度（2 节）。他又继续提示教会在这事上的责任（3～5a 节）。最后他说明为什么教会应持此态度，及遵照他所指示的去行（5b～13 节）。

我们没有必要花太多篇幅探讨此一特殊事件，只需留意它严重地破坏了道德的法则。他们中间有乱伦的事，显然它不仅是一件广为人知的丑行，因为保罗说，这种事在外邦人中都未曾有的。他的重点在于，教会里的肢体竟然道德堕落到如此地步，因此他不得不对付这事。保罗所关心的不单单是犯了这罪的人，他也严重关切教会不对付此事的后果。他关心这人对教会产生的影响，可能使教会因此与耶稣基督及十字架的道理隔离了，断绝了他们与基督的交通。

他们原是与基督一同得份的，这包括权利和责任；如今因着这事件，他们与基督一同得份的事实为之动摇。他们的态度如何？保罗的话相当令人惊讶，"你们还是自高自大。"你们还自以为是，沾沾自喜。这根本是不可能的，但保罗确实如此说。他们难道以罪自傲吗？我不太喜欢这样想。保罗如此形容他们，他的意思可能是，他们太专注于争论、辩论的事，以至于忽略了这罪的事实。它已广为人知，遍传各地了。每个人都知道这事，都知道这个人和他犯的罪，但他们却仍自高自大。前面几章里，我们已看见他们如何自大，他们为什么事争论，分党结派；可能他们太专注于这些纷争了，以至于每个人都知晓此事，却不以为意。可能还有一层更强烈的含义，就是他们甚至以这事为傲，他们并非以犯罪为荣，或佩服这人犯罪的胆量，但他们可能因自己容忍这罪而洋洋自得。他们并不赞同这事，也承认这是一件道德腐化的事，但他们袖手旁观，姑息容忍。他们与罪妥协！

三十年前我曾听摩利（John Morley）说过一句话，虽然我并不完全同意它的所有含义，但其中确实有几分道理。他说，"英文字汇中，最不道德的字大概就是妥协（compromise）了。"我不妨让处于现今错综复杂的世代中的读者自己评断。但在这里，哥林多人是对一种最邪恶的事妥协。他们非但不感觉悲伤，反而还自高自大，继续他们的争论。他们究竟是为他们的容忍力自傲，还是为他们的辩论自大，我们无法定论。或许两者兼有，使他们毫不感觉这事的错误、可耻。他们本来应该为教会的肢体犯下大罪而哀痛。

保罗最后说，他们有亏职守。"你们还是自高自大，并不哀痛，把行这事的人从你们中间赶出去。"这是他们的责任。他们应该把这人赶出社区，断绝与他的交通。他们中间缺少管教。这是哥林多教会的问题，也是保罗花一整段篇幅讨论此事的原因。那犯淫乱罪的人可以个别被对付，但这是整个教会的问题，他们没有施行管教，以维持教会里面纯洁的标准。教会和所有人一样，都知晓他们内部有不道德的事。他们不哀痛，反而自高自大。他们没有将这人逐出教会之外。

保罗接着明确指出他们的责任。"我身子虽不在你们那里，心却在你们那里。"教会是一个整体，是不可分割的。虽然保罗人不在那里，他的心仍在那里。他们是一心的。凡联于基督的，都同属一灵。保罗的心与他们联合，虽然他不在那里，但似乎他已经"判断了行这事的人"，已经决定该怎么办了。"你们聚会的时候，我的心也同在，奉我们主耶稣的名，并用我们主耶稣的权能，要把这样的人交给撒但，败坏他的肉体。"

那是他们的责任。这说明了前面主有关管教的那一番训诲。如果你的弟兄犯罪，你不可姑息、包容罪，说，它与我毫不相干。你是教会的一份子，这不单与你有关，也与教会有关。你应该单独去见那犯罪的弟兄。他若听你，你便得了他。请注意这一点。去见弟兄、劝诫他的目的，是为了得着他。他若不听，再带一两个人去见他，他如果听了他们，你就得了你的弟兄。那是前去见他的目的。你不是为了将他赶出去而见他，虽然有时你必须如此作。他若仍旧不听，就告诉教会；这时教会就要采取行动了。他若不听教会，就看他像外邦人和税吏一样。这话若改用另一种语调说出，就可能有完全迥异的意思。不要将它当成咒诅，那不符合基督无限怜悯的心怀。那人必须被赶出去。我们不能允许继续在教会圣洁的圈子里与这样的人相交。但外邦人和税吏又是谁呢？基督正是为这些人死的。祂说你必须将他赶出去，你不能容许罪在你们中间滋生；而同时祂在加略山流的血也是为这些人流的。你不可让这罪存留在我的圣洁教会里，但不要忘了，我是为这些被赶出去的人而死的，因此有一天他可以被挽救回来。我相信保罗深谙这一点，他奉主耶稣的名写到，"你们聚会的时候。"主说到管教的事，又接着说，"无论在哪里，有两三个人奉我的名聚会，那里就有我在他们中间。""你们聚会的时候……奉我们主耶稣的名。"那就是教会，我们必须铭记在心。保罗身子虽不在，他的心和使徒之权柄却仍在那里；因此当他们"奉我们主耶稣的名"聚集时，就应该有所行动。

他们聚会的时候应当作什么呢？"要把这样的人交给撒但，败坏他的肉体。"此处我无法赞同许多解经家的说法，他们认为保罗是指着由于他和教会使用权柄，这人的身子将遭致的后果说的。他们常常引用亚拿尼亚和撒非喇的例子，这对夫妇当场被教会的圣洁烈焰所焚烧；同样的，这个犯淫乱罪的人肉体也应当被毁灭。我的领悟不同。保罗不是说，要毁坏这人的身体。而是"败坏他的肉体"。肉体是这人生活中最主要的东西。我们已看过有属肉体的人，有属灵的人。属肉体的人完全顺乎肉体，就是他人性中那较低下的层次。这些必须被摧毁。这人必须被对付，将那降服他的肉体除去。把他交给撒但，让撒但来辖制他。将他从教会生活里革除，断绝教会对他提供的庇护和保障，除去一般人的错误观念——以为教会能容忍这些事。如果一个人自愿被较低层次的肉体所辖制，早晚他肉体的欲望会凋谢，萎缩，死亡，他又会因不满足而痛苦。要将这样的人赶出去。他已选择听命于撒但。你们不可在教会里容忍他。让他那属肉体的思想、欲望、行动自取灭亡。将他交给撒但，败坏他的肉体。

但仅仅如此吗？不！这样作的目的是"使他的灵魂在主耶稣的日子可以得救"。那是管教的首要原因，也是将一个罪人赶逐出去的第一个理由。将他赶出去，叫他明白那辖制他的肉体之势力，因为他的灵魂仍存在，所以他的灵魂仍可得救，同时教会也可得到洁净。

　　使徒接着使用酵作比喻。通常酵都是代表邪恶。圣经中所提到的酵，都与毁灭有关。酵总是会发起来。要将那自高自大、骄傲、不洁的酵除去。将那导致教会瘫痪、无力的毁坏力量清除掉。教会必须分别为圣。保罗在这里谨慎地指出，这不表示我们一定得与这世界隔离。我们仍活在世界里。如果一定要与这世界不道德的品格、罪咎毫不相涉，只有离开这世界。但我们仍停留在世上，只是我们在教会的范围里不可对这些罪行姑息，不可与犯这样罪的人来往，甚至不应当与他们一同吃喝。

　　我们研读这段经文时，很自然会看出保罗如何看重教会，以及其洁净的必要性，因此教会里的管教是不可或缺的。留意保罗这段话的关键："使他的灵魂……可以得救。"基督也是为外邦人和税吏而死的；当教会为了管教的缘故，必须把里面之一份子驱逐出去时，这人是被赶逐，却不是被遗弃。基督也曾为他死。保罗说，至于审判这世界的事，则与他无关。让神来判断他们；但我们必须注意教会里面的审判，"审判要从神的家起首"（彼前四17）。

　　或许我们会说，这种乱伦的罪如今已不存在于教会中了。或者说，即使它存在，也不会使人自高自大。但很多时候我还是会想到，在教会里，管教的事几乎已不再出现，因此教会失去作见证的能力，也给犯罪的人提供一种虚假的保障。教会无权以宽容大量作藉口来容忍罪恶。如果教会里出现一件确切的罪行，教会就必须施行管教，与犯罪的人脱离关系。教会历史显示，洁净的教会才是有能力的教会；对罪姑息、容忍的教会，则是软弱的、长不大的。

　　另外我们要留意，管教必须在基督的灵里施行。基督也为外邦人和税吏死。不要放弃他。要追踪他，指望有一天领他回来；若是有一天他领悟到肉体那毁坏的势力是多么愚昧、空虚，他的属灵生命可能被解救出来，那么教会就可以再度接纳他。我们稍后会发现这人后来悔改了，保罗也告诉他们应该再接纳他回来。

我们现在要研读的这段经文,具有明显的地域背景和色彩。哥林多的特殊光景产生了使徒现在要对付的这许多难题,因此我们读的时候必须将他们的地方色彩铭记于心。然而这些地方色彩并不会妨碍整卷书信的价值,因为我们看见保罗在圣灵的带领、指引之下,从永恒的、普遍性的真理角度来讨论地方性的事务。我们要特别注意这一类的原则。

本段(1～11节)是针对哥林多人写的。它同样为各世代的教会启示了重要而永恒的真理。首先来看它的地方性。前面一章使徒已对付了教会里面不道德的事,指出为了教会的见证和教导着想,教会必须施行管教。第五章末了部分,保罗论到所有不道德的事。他前面提到的乱伦事件很可能在法庭中导致了其他案件的兴起,很可能这件事成了轰动一时的案件,并且审判过程广受各方瞩目,虽然我们没有记录证明这一点。但可以肯定的是,教会里面的纷争如今带到了外邦人的法庭上,这是保罗要对付的。在对付哥林多人的问题时,他也启示了我们一些永恒的原则。

我们可以将全段如此划分:首先是挑战性的问话(1节),紧接着是反对他们行动的论证(2～10节),最后一节描述应由圣徒来判断他们,指出他们的错误。这些属神的儿女,至高者的儿子,教会的肢体,有充分的装备,可以处理他们目前求外邦人的法庭来定夺的事。

使徒一开始的话"你们……怎敢"是一句挑战。你们有这胆量?我们可以立刻看出使徒语气中的惊讶,他站在人的立场上,似乎无法了解他们的所作所为。你们与邻舍相争,竟敢在不义的人面前求审,而不在圣徒面前求审? 这是一个挑战,其含义是,这样作会破坏你们生活的原则,你们竟敢如此行? 将教会内部的纷争带到外邦人面前求审,是违背教会生活原则的。这句话的重点在"你们"。你们竟敢这样? 我们必须回到书信开头的部分,那里称呼哥林多教会是在基督耶稣里成圣,蒙召作圣徒的,他们被召与耶稣基督一同得份。不管外人如何,你们竟敢这样作?

然后他用一些论证(2~10 节)来指出这样作是没有必要的。这里提到三个有关圣徒的事实。第二节,"岂不知圣徒要审判世界吗?"这是第一个事实。第三节,"岂不知我们要审判天使吗?"然后是第九节,他问道,"岂不知不义的人不能承受神的国吗?"他说,难道你们不晓得这些事? 他的意思是,如果他们不明白,当然就不会产生任何影响力,不然他们也不敢在外邦人面前求审了。

他们为什么不应当去? 此处重复了三次"岂不知"。这些都是论证。他提醒他们什么? 他指出什么事实?

第一,岂不知我们要审判世界吗? 那是"圣徒要审判世界"的充分意义。这句话涵括的思想超越了现今的世代,一直延伸到那最后的审判台,不仅仅指圣徒要在基督面前受审的圣台(Bema),并且指最终审判的白色大宝座。使徒说,岂不知圣徒要审判这世界吗? 到那时,全世界的人要站在白色大宝座前面,与神面对面。可惜今日人们完全忽略了这重要、最终的事实。人们汲汲营营谋利图名,毫不考虑最终的结局。"按着定命,人人都有一死,死后且有审判"(来九27)。人们却遗忘了这事实。在这里我们只约略带过,不再详述。使徒说,圣徒要审判这世界,但坐在审判台上的是羔羊,神的儿子。祂是大审判官,全人类要站在祂面前受审,其意义是,那是圣徒与基督最终的联结。

使徒的书信中,还有什么比这句话更能确切地指明圣徒与主的联合关系呢? 他们要审判世界。保罗写给提摩太的话也正是此意,他说,"我们若能忍耐,也必和祂一同作王"(提后二 12)。作王的行动之一是审判。祂最终审判世人时,祂要与蒙赎的人联合。我们要审判这世界。神已使我们与基督一同得份,这"一同得份"的特权已带给我们赦免,平安,而且最终我们要与祂一同审判世界。使徒说,我们要审判世界,然而你们中间竟有人将纷争带到外邦人面前求审。"岂不知圣徒要审判世界吗?"

接着是,"岂不知我们要审判天使吗?"这不过是将上一句话作更广的应用,因为祂有最后的权柄,不只管辖人类,也管辖一切受造之物,包括众天使,祂将审判天使,如同审判人一样。祂将与祂所赎的圣徒一同施行审判。我们要审判人,也审判天使。

第三个事实是,"你们岂不知,不义的人不能承受神的国吗?"此处"不义的人"和他前面说到"在不义的人面前求审"时,所用的是同一字"adikos"。这句话是什么意思?"神的国"何所指?它包括最后的审判台,和坚定不移的公义。但那到不义之人面前求审的人对此一无所知。他们不能承受神的国。他们的生活与永恒公义的原则脱节。

使徒在第五节里转用讽刺的语调,"难道你们中间没有一个智慧人?"他们曾自认为有智慧,并且以此自高自大。他前面已刺破他们骄傲的气泡,现在又重复一次。难道你们中间找不出一个人能审判、定夺弟兄们的事吗? 如果真的找不出来,至少还有一个选择,"为什么不情愿受欺呢? 为什么不情愿吃亏呢?"为什么不肯忍耐、顺服呢? 为什么不情愿被冤枉呢? 而你们情愿将纷争带到外邦人面前,他们也不能解决纷争,因为他们不能承受神的国,就是那严谨的、公平的、永恒的审判与公义之原则。如果你们中间找不出智慧人,你们最好就停留在原处,情愿受欺,吃亏。这是很奇妙的,情愿忍气吞声,也不要在不义的法庭前求审。

然后是这一小段的结语。使徒列出一连串邪恶的事,令人怵目惊心。哥林多充斥着每一件恶行,而且许多已侵入教会;稍后我们将论及。保罗说,"你们中间也有人从前是这样。"你们活在这样的光景中,向其降服。留意这个醒目的字,"但"。"但如今你们奉主耶稣基督的名,并藉着我们神的灵,已经洗净、成圣、称义了。"这里启示了教会得力量去处理争端、施行公义的秘诀。"已经洗净"指的是相信主耶稣,得到洁净。你们因洗净,而从世界分别出来,与你们周遭的社会分别。你们仍活在世上,你们必须停留在那里,但你们要与世界分别。你们是已洗净、分别、称义的人。让我们留在这称义的能力范围之内。你们既已称义，就得以承受神的国。你们已经根据信心的永恒原则被称为义。因此在神的国里你可以与那最终的、公义的审判台和权柄接触。这是你们现今的身份。你们曾是不洁的，你们中间有些人曾作过上述的恶事；但你们已经洗净了，已经分别为圣，被称为义了。你们已被永恒的公义宣判无罪，那公义的神也叫凡相信耶稣的人称义了。当然，你被洗净时，你的灵里就得以成圣，称义，你可以感觉到神的义在你里面动工。藉着这些，你被装备妥当。你们中间若有纷争，岂敢向那些位于洗净、成圣、称义的教会之外的人求审呢？

　　本段从头至尾，哥林多的地方色彩都非常浓厚，但它所含的原则是亘古不变的。这与教会内部的纷争有关。我敢放言说，即使在今天，教会里若有人在世界的法庭中控告另一位弟兄，他就是违反了这重要的原则。这不是说，我们在任何情形下都不可以借助法庭解决问题。我们必须记住，我们现今的法庭和保罗时代的外邦人法庭，以及初代教会当时的法庭是不同的。我可以骄傲地说，我们现今的法庭已具有相当的公义和公平。虽然也偶有漏失之处，但大体说来，这些执法人员仍是称职的。然而如果我与弟兄有纷争，我实在没有理由告到世上的法庭去。教会应该能够处理这事。但不要忘了，写这封信的使徒也曾向世上的法庭提出上诉。他上告凯撒，并且在某些场合中声明他的罗马公民权；当官长企图剥夺他的自由时，他使出了最后一招："我要上告于凯撒！"（徒二十五11）。至于他是否得到公平审判，那是另一回事，此处我不拟探讨；然而他确是运用了他罗马公民身份的权利。不管怎样，基督徒彼此之间的纷争，都应该在教会里面解决。这是本段经文所教导的一项重要原则。

使徒仍在对付道德的腐败。我们继续讨论第六章,会发现他接
下去是对付一般性的问题。他已对付了那人的淫乱,以及从革来氏
家风闻的事,如今他要探讨一个更痛苦、更棘手的题目。

我们必须记住哥林多人的背景,以及哥林多教会是由哥林多人
组成的事实。他们整个的问题归纳起来说,就是这城市的精神已渗
透到教会里。这一向是危险的。教会的责任不是把握时代的精神,
而是纠正它。神的教会若认识己身的职责,依照她自己的生命法则
而活,就会不断谴责那些仅仅属于过去的、短暂的世代之事物。然而
我们也必须记住这里的背景。从其背景我们可以对这段经文有较深
的认识。如果丧失了背景,使徒最初写作的理由也就消失了。虽然
这里的背景是哥林多,但所涉及的问题却是普世性的,因此我们在这
段经文里要探讨的不是哥林多,而是使徒在对付哥林多人的问题时
所揭露的原则。

这是一封令人惊讶的书信。我多年在大西洋两岸的教导事工
里,人们常对我提到哥林多教会的失败,或者其他教会的失败,但我
发现在教会生活中,没有一件事堪与哥林多的可怕光景相比。他们
中间有些人已陷入极低下的层次,其余的则容忍这些事存在于教会
中。我们必须记住这一点。

保罗如今转到一般的话题,显然不道德的事已在教会里四处蔓
延,他提到的邪恶就是淫乱。他在第二卷书信里有更清楚的论述。
在那里他明确指出犯这罪的正是教会中的人,"许多人从前犯罪,行
污秽、奸淫、邪荡的事,不肯悔改"(林后十二 21)。这是哥林多人的
背景。

　　我们要考虑两件事。第一,哥林多人的背景。我们必须记住,不论保罗关于这主题说了些什么,淫乱的罪在哥林多这城中已经屡见不鲜了。它不仅是一个极普遍的罪,而且更糟的是,哥林多的哲学家和教师们根本不视它为罪。他们一点不以淫乱为一项罪行。当时哥林多是拜维纳斯女神(Venus)的中心,众圣徒都未论到这事。保罗在本段中所论及的罪即是拜维纳斯的一部分。

　　第二件要考虑的是,保罗不断体认到教会的奇妙和荣耀。读他所有的作品,我们会越来越对这事实留下深刻印象:理想的教会是无比荣耀、奇妙的。此处保罗也存着同样的心思。他固然关心个别的罪和道德腐败,但他更关心若容忍这罪,将在教会里造成的影响——腐蚀教会,阻碍她的生长,使她不能发挥功用。

　　本段经文很自然地分成两个部分:第一,原则的叙述,这也是本段最高价值所在。第二,将原则运用在这特定的主题上。

　　他所叙述的原则包含在开头的一节里:"凡事我都可行。"一共重复两次。第一个原则是自由。保罗在这里说了两次,然后在第十章第二十三节,他又运用这原则在另一个有关吃祭偶像食物的主题上。这原则非常简单,"凡事我都可行。"使徒是指"凡事",人类生活中一切必要的恩赐和能力对基督徒而言都是合宜的。这种自由显示了基督生活的自然本质。使徒坚持这一点。这些人清楚知道他说的是什么。他在下一段中又作了更详细的说明。但目前使徒指的是男女之间的事。"凡事我都可行。"基督徒不是被召去否定人的一切本能活动。这是第一个原则,也是重要的真理。值得注意的是,他这里是引用哥林多的领袖、教师们所说的话。那是享乐主义(Epicurèanism)派的论调——"凡事都可行"。不要自我限制,拘束,只要尽情表达自己。经验和表达,那就是享乐主义。保罗说,作为一个基督徒并不表示这个人必须抑制他所有的天然能力。

　　"凡事我都可行。"但请等一会儿!如果第一个原则显示基督徒生活的自然性,那么第二个原则就显明了它的超自然性;一切自然的事物都是在属灵的、超自然的事物管理之下。保罗很巧妙地将这点表达出来。首先,"但不都有益处。""益处"是指什么?我们说,凡事我都可行,但不一定合宜、方便。希腊文这词有更多的含义。它是一个动词"sumphero",意思是彼此相关。我们立刻就看出这句话的精义所在。凡事我都可行,但我不是单独活着。我无法遗世独立。没有人只为自己活。我和其他人息息相关,可能有些事我作了对我无妨,却无益于我和别的基督徒之关系。因此,这些事是没有益处的。对保罗完全无碍的事,可能为了别人的缘故他就绝对不去作。并非凡事都是有益的。并非每一件事都是可以互相承担重担的。特别对基督徒而言,这中间有一些限制,这在世界其他宗教领域里是找不到的。当然,在那些哥林多的哲学家中间更不得见。我们几乎都抱着"自扫门前雪"的态度,别人呢? 那与我不相干! 我发现撒但往往就利用这空隙乘虚而入。有许多事涉及与别人的关系,以及对别人的责任。凡事都可行,但有些事别人能作,我不能作。为什么? 因为作了无益,不能增进我与别人的关系和责任。

　　然后是第二个限制。"无论哪一件,我总不受它的辖制。"可行的事可能会辖制我,它可能成了我的律法,控制着我。这里有两个选择。首先,是自由:"凡事我都可行。"基督徒的经历中没有任何自然的力量是受压抑的,但所有力量都是受到限制的,都是在节制下运行的。这其中必须有限制,有管束。这是一种双重关系。第一,我与别人的关系,凡事不一定有益处;第二,对我的影响,"我总不受它的辖制。"不让我自己成了它的奴仆,违背我的主。这是两个伟大的原则。

　　至于原则的运用是很明显的。保罗接着举出一例,说明这原则的功用。"食物是为肚腹,肚腹是为食物。"这是确切的功用。食物需要肚腹来填装,肚腹需要食物来维持身体,但两者都是次要的。它们都是短暂的,会朽坏的,无法长久存在。然而"身子不是为淫乱,乃是为主;主也是为身子"。保罗在运用这原则时,所说的是身子,而不是肉体,这个区别必须先弄清楚。新约中不断用肉体来描述那种完全降服于物质、欲望的生活态度。身子则是指神创造的一部分。译成身子的字是"soma",意思是健全。使徒此处是指一个完整、健全、理想的身子。请留意他在这段话里宣告了有关身子的三件事。第一,"身子……乃是为主;主也是为身子。"第二,"你们的身子是基督的肢体。"第三,"你们的身子就是圣灵的殿。"它多么鲜明地照亮了一切黑暗的背景!多么清楚地显示了基督徒生命的真正光景!

　　身子(soma),就是那理想的、完整的、健全的身子,是为主的,主也是为身子的。保罗用对比来说明神将如何毁坏短暂的事物。如今他论到基督徒的身子,指出它不是短暂的,而是永存的,因为神要照祂的旨意,叫这身子复活,以成就祂的计划。对他们而言,若是顺服祂的主权,完全在祂的控制之下,那么原先可行的事就更为可行。请注意,保罗不单单说身子是为主,并且主也是为身子,祂供应身子的一切需要,好叫身子的功能里一切合宜的、自然的事物没有一样不是在主的控制之下。"身子……是为主;主也是为身子。"

　　保罗最后用一句惊人的话作总结,我们最好不添加任何注解。"你们的身子是基督的肢体。""与主联合的,便是与主成为一灵。"主在世上时,祂一切的能力都在圣灵的控制下,虽然凡事祂都可行,但为了祂的重大使命,有些事未必有益处,祂从不渴望作一切可行的事,也不让那些事辖制祂;我们与祂成为一灵。"你们的身子是基督的肢体。"

　　最后一段包括了一切。"你们的身子就是圣灵的殿。""殿"(naos),圣所,里面的圣所。我们在第三章第十六节看过,他说教会是神的殿,神的圣所。这里用的是同一个字,指圣灵实际居住的地方。你们已从神那里领受了圣灵。你们不再是属自己的人。你们不能任意而行。你们是"重价买来的",因此"要在你们的身子上荣耀神"。

　　这个正面的思想也可作负面的运用。身子自然是神所造的。还记得诗篇作者的话吗?他说我们"受造奇妙可畏"。我们可曾仔细思想诗篇第一百三十九篇的美丽诗句?

　　　　"我未成形的体质,
　　　　你的眼早已看见了;
　　　　你所定的日子,
　　　　我尚未度一日,

你都写在你的册上了。"

身子是奇妙的！我们在科学世界里已有了惊人的发现。人们为这些发现心存感谢,虽然许多科学上的发现到今天已被人滥用。但一切的科学发现都无法与人相比。我们的受造奇妙而可畏。身子的一切功能都是被许可的,然而蒙赎的身子是圣所,是神的灵居住之处;因此它与别人息息相关。有些事是有益处的,有些事是无益处的;最重要的是,身子要在它一切的思想、责任、功用上,都受那惟一的主所管理。

　　我们现在来到这卷书信里有关纠正部分的最后，也是第三个段落。保罗在这一段落中，所对付的是哥林多教会（也是历代各教会）中常见的属肉体之问题。他先前已论到纷争的问题，那是他从革来氏家得知的。他也论到一件严重危害道德的事例。最大的问题不在于他们中间有一个人犯了乱伦的罪，而在于教会容忍这罪，而这种容忍正伤害着教会。

　　如今保罗开始回复他们给他的信。有趣的是，他写这封信的目的本来就是要答复他先前从他们那里收到的信，但他并未一开始提笔就纳入正题。他先花了六章的篇幅论及别的主题，然后才回到他们提出的问题上。请留意本章的开头："论到你们信上所提的事。"显然他们的信上提到在他们中间引起困惑、疑问的事。他们因生活上的某些问题而饱受困扰。第七章至第十一章可以归纳成一个单元，其探讨的主题包括婚姻（第七章），拜偶像（第八章至第十一章一节），妇女（第十一章二节至十六节），主的晚餐（第十一章七节至三十四节上）。第三十四节末了显示保罗很高兴他的讨论告一段落了，他说，"其余的事，我来的时候再安排。"他觉得纠正的部分已经够了，他几乎迫不及待地想开始论及更有力的事，正如他在第十二章开头所说的，"论到属灵的事。"

　　我们首先从婚姻的主题开始。留意第七章里的几个陈述。第六节，"我说这话，原是准你们的，不是命你们的。"第十二节，"我对其余的人说，不是主说。"第二十五节，"论到童身的人，我没有主的命令……就把自己的意见告诉你们。"然后是第四十节末了，"我也想自己是被神的灵感动了。"把这些句子从保罗这一章中收集起来看，是很有趣的。他的其他书信里都见不到这一类句子；他心目中存着极清楚的区别，他也要别人注意。他谨慎地在主的明确指示和没有清楚命令而纯属他个人的意见之间，划上一道界限。这样作并不损及使徒的教训之价值，他只是非常小心地指出，主直接说到的事，和他受圣灵感动所说到的事，这中间的区别。这是使徒在运用他的文士职分时一个有趣的表现。

我们在主的时代就已看到文士，他们是与主对立的。文士虽然不必经过按立，但他们的职位仍是神设立的。文士职起源于以斯拉的时代，他是一个伟大的文士。文士是道德的诠释者，他们负责解释并执行律法。我们可以说，在主的那个时代，许多文士误解、误用了律法。然而主仍然承认他们的功用和职责，祂说，"文士和法利赛人，坐在摩西的位上；凡他们所吩咐你们的，你们都要谨守遵行"（太二十三2～3）。有趣的是，我们的主也称呼祂的门徒为文士。祂讲完天国的比喻后，问他们说，"这一切的话，你们都明白了吗？"他们说，明白了。然后祂说，"凡文士受教作天国的门徒，就像一个家主，从他库里拿出新旧的东西来"（太十三52）。这正是文士的职分。主在马太福音第十六章和第十八章解释教会的意义时，曾用了与文士职分有关的两个词，释放和捆绑。意思是，所捆绑的事，就具有约束力，无可辩驳；所释放的事，就可以选择，由各人自己决定。

保罗也是在这里释放和捆绑。他宣告一些绝对具有约束力的事，这些事主都有明言教训。另外一些事则可以有所选择，他们必须运用自己的判断力来决定。保罗只是提供他个人的看法和意见。

再一次，我们要记住哥林多的背景。我们不可以只存着理想来看教会，同时也要考虑教会是存在于城市中，我们必须记住这城市的光景。毫无疑问的，第七章所讨论的婚姻问题所涉及的一些事，在我们今天看来似乎有些奇怪，或者说毫无关系，但如果我们将它作广泛的运用，会发现其所揭露的原则还是具有永恒的力量；我们要特别留意这些原则。

这二十四节经文分成两部分，首先是对一般人说的，然后是专对已结婚的人说的。

　　一开始是有关婚姻的一般问题。保罗这里说的一些事情很容易使我们伫足思考，甚至使我们惊愕、困惑。他是在回答他们信上提出的问题。他在执行文士的职权。请注意婚姻的限制。保罗在这里并不打算详尽叙述有关婚姻的教训。我们必须在其他地方，例如他的以弗所书、歌罗西书和提摩太书信中寻找。在那里，他特别对婚姻关系有所指示。此处保罗似乎认为独身比结婚好，但我们不能这样下结论，因为他在提摩太前书中说到"禁止嫁娶"是"鬼魔的道理"（见提前四1～3）。如果有人认为，保罗是在低估婚姻的价值，建议基督徒最好避免嫁娶之事，以免受牵绊，那么保罗讲这些话也是有理由的。他这里一切的教导都是在回答哥林多人中间引起的问题。他们中间淫乱的事层出不穷，显然他们心中生出一个疑问：面对这种邪恶的光景，是否维持单身、不娶不嫁比较好？这是一个单纯的问题。既然四周光景如此，各人不嫁娶岂不更安全？

　　保罗首先宣告，男不近女倒好。他不是说，比嫁娶更好；而是说，倒不失为一件好事。换句话说，他宣告在某种光景下，独身无啻于是最佳之计。独身不是坏事。当时有些人也和现今某些人一样，以为不结婚的人都有点不对劲。保罗说，不，独身没有什么不对。它是完全正常的。我们还记得，我们的主在马太福音第十九章教导，在某些环境下人独身是件好事。有人来问耶稣休妻的事，祂说，"这话不是人都能领受的；惟独赐给谁，谁才能领受。因为有生来是阉人，也有被人阉的，并有为天国的缘故自阉的；这话谁能领受，就可以领受"（太十九11～12）。

　　耶稣说这番话，是在回答他们有关休妻的问题。接着立刻有人带小孩子来见祂，祂说，"让小孩子到我这里来，不要禁止他们"（太十九14）。在主事工的记录中，把这两个话题联在一起，这是很奇妙的。因此保罗是在强调主已经说过的，独身是好的。

　　然后他继续指出，在人的生活和经历中，某些情况下婚姻是必要的。他坚持一夫一妻制度。这是基督徒基本的态度。他指出，这样的婚姻关系牵涉到相互的责任，丈夫要对妻子负责，妻子要对丈夫负责。这里最神圣的事实是，双方都不可有欺骗的行为。

　　他接着说到，婚姻不是必须的。一个人不是非得结婚不可。因此，结婚与否完全看个人而定。就某种意义上而言，我们今日或许不需要这些教导，但我们仍需记住哥林多的光景，以及有关婚姻的原则。

　　他又写给已经结婚的人，将主的命令托付他们。神所配合的人不可分开，即使分开了，也不可再婚。我们再一次引用主的话，祂对这问题有清楚的说明。根据马可记载，他们来问耶稣有关休妻的事，并说摩西曾许他们休妻；主说，是的，摩西许你们写休书，那是因为你们心硬，但"从起初创造的时候"（可十6），神已经制定了一个律，那是远在摩西和后来一切人之上的。从起初神就造男造女，夫妻不可分开，但只有一个条件可以使夫妻分开，就是登山宝训记载的，只有淫乱可以作为离婚的惟一原因。我不打算加入近代关于离婚的争论。我尊重那些与我意见相左的人。我认为离婚只能根据一个理由——淫乱。最近几年各国已纷纷修改婚姻法，这样作多少有害于我们崇高的道德标准，不久的将来我们要自食后果。不要忘了，依照基督的律法，犯罪的那一方是不许再结婚的。我的一些同工坚决反对为离过婚的人主持婚礼。我并不反对，但有一定的限制。如果一个人是无辜的，但又不得不与配偶离婚，这样的人可以再婚。至于有罪的那一方则不可再婚。

　　保罗又说了一些令人惊讶的事，他训诫信徒，不要离弃不信的丈夫或妻子。他要他们为了孩子的缘故同住一起。我认为离婚这事中，最可悲的就是孩子的处境。最近我留意到一件让我心痛的事。有两个小孩，一男一女，他们的父母分居了，孩子由一位妇女抚养。一天，他们两人当着别人的面交谈。其中一个说，"你知不知道，今天爸爸要来看我们？"另一个说，"如果哪一天刚巧爸爸和妈妈同时来看我们，那该多好哇！"这真是一个可悲的故事！可怜的孩子！我常常想，离婚最大的悲剧即在此！大人的罪已够可悲了，最糟糕的是他们彼此分开。无辜的孩子毫无选择的余地。家庭不可分裂的原因之一，就是儿女。保罗并未论到这一点。

　　但是如果不信的一方要离去，信的一方就不必拘束。不信的一方藉着这项行动，使信的一方脱离婚姻的拘束力。但信徒不可以主动提出离婚。

　　这里的原则是什么？保罗最后作了结论。留在神召你的岗位上。他接着举例说明，受割礼和不受割礼都算不得什么；不能造成束缚。这些只是个人的仪式。不论神呼召你时是什么身份，就守住那身份。

　　因此我们看见婚姻的最高层次。婚姻是完全自然、美丽、合乎律法的事。它是神所设立的，我们当这样看待婚姻。如果有人为了神国的缘故保持独身，让这些人不要轻看已结婚的；至于已结婚的，也不要轻看守独身的。这是他针对当时情景所作的教导，但其中的原则是常存的，永恒的。

　　前面我们已看见，使徒开始论到他们信上提出的问题。他们第一个提到的是婚姻的问题。保罗首先概括地讨论这主题，然后论及已婚基督徒的立场。如今他转到另一个有关的题目，也是他们信上提出的，就是基督徒父母的未出嫁女儿之问题。面对着哥林多城内普遍的淫乱现象，他们不禁发出疑问：留下女儿不出嫁是不是更好呢？显然他们写信时心中存着这问题，如今使徒要回答。

　　这里有两个词须留意。"处女"在希腊文里是"parthenos"，意思是少女，通常指未结婚的女子。本段一开头说，"论到童身的人，我没有主的命令，但我既蒙主怜恤，能作忠心的人，就把自己的意见告诉你们。"保罗谨慎地指出，他没有主的命令，但他提出自己的意见。另外请留意他用"意见"的含义。那表示保罗清楚知道主的命令。读了这一段有关婚姻、主权的经文，或许有人会开始怀疑，今日许多人认为哥林多书信是在福音书之前写成的说法是否正确。对此问题，我所知不多。但是如果当时福音书确实尚未写就，那么保罗也已经靠着耳听、口传，"传道的人从起初亲眼看见"（路一2）的见证，知道了主确切的命令。

　　保罗开始讨论未出嫁女子的问题时，先声明他没有主的命令。我们遍察福音书，会发现确是如此。福音书所记载的主的教训，充满了对人性的关怀，但主未讨论到这一个特别的题目。保罗一开始即作此宣告，关于未出嫁的少女，我没有主的命令，但我可以把自己的意见告诉你们。他小心地表明，他的意见不单单是他个人的想法，也是他蒙怜恤的结果，他的意见都受到这事实影响。此处"怜恤"是指主的慈爱，以及祂对忠信之人的慈爱。使徒根据他所蒙的怜恤，将他领会的告诉他们。

本章结尾时,他在第四十节说,"然而按我的意见,若常守节更有福气。"他再度用同样的词,按我的"意见","我也想自己是被神的灵感动了。"这是饶富趣味的,也是仅见的一处经文,他似乎想区别他根据某些基础形成的意见,和主的教训之间的差异。

他的答复包括叙述一般的原则(26～35 节),以及原则的应用(36～40 节)。

关于一般的原则,请留意他的话,"据我看来。"又是一次重复。不要忘记他的想法之根据。"因现今的艰难,据我看来,人不如守素安常才好。"他从目前的光景,看到永恒的事物。"现今的艰难",表示他的想法是起因于眼前的景况。或许解经家们能解释他所指的是什么。我无法下定论,但我认为他是指当地的光景。有些人主张保罗所谓"现今的艰难"是指主再临之前整个教会历史的阶段。或许在某种意义上是如此;然而我个人不这么想。我认为他是指当时教会所在的哥林多之环境造成的压力。"现今的艰难。"他看到他们生活中的难处。当然那是艰难的。今日是否和缓些?今日仍有许多不同的势力环绕着,我们发现如今也有同样的原因压迫着基督徒。我们也可以描述现今的事件为"现今的艰难",现今的世代有各种束缚,每样事物都在束缚之下,邪恶的势力正猖獗张狂。我想保罗说这话时主要是想到哥林多的光景。

保罗的第一个意见是什么?"据我看来,人不如守素安常才好。"他尚未提到未出嫁的女子。哥林多人在信上问保罗关于未出嫁女儿的事。应用在女子身上的原则和男人一样,因此他首先论到男子。他说,"你有妻子缠着呢,就不要求脱离;你没有妻子缠着呢,就不要求妻子。你若娶妻,并不是犯罪。"然后他才论到女子。"处女若出嫁,也不是犯罪;然而这等人肉身必受苦难,我却愿意你们免这苦难。"解释这段经文最重要的就是正确地找出它强调的重点。一个人若能从其中读出信息来,实在是莫大的恩赐。

它说些什么?第一,结婚是完全正确的,守童身也是完全正确的。我们绝对不可因为神国的缘故解除已有的婚姻关系。然而依据当前的艰难,如果一个男人或女人尚未进入婚姻关系中,那么他们最好仍守独身。这是保罗衡诸当时景况所得到的结论。

接下去的一小段照明了他前面已说过的话。"弟兄们,我对你们说,时候减少了。"他已告诉他们他对这些事的看法,此处他进一步阐明原因。"时候减少了;从此以后,那有妻子的,要像没有妻子;哀哭的,要像不哀哭;快乐的,要像不快乐;置买的,要像无有所得;用世物的,要像不用世物;因为这世界的样子将要过去了。"这一连串的事多么醒目,都是由一个句子作开头:"时候减少了。"意思是,我们所生存的世代中,一切事都是短暂的。我们这世代的特色就是压力,紧急,快速。

然后他列举五件事,每一样都是人类经历中必须的,不可避免的,普遍的——婚姻,哀哭,快乐,买卖,世物。保罗说现今的艰难使这世代减少了。现今的艰难使每一时刻都珍贵无比,因此我们最好将这一切正当的事看作次要的。它们都是暂时的。不要只如此看待婚姻,连哀哭、快乐、买卖、世物都是短暂的,次要的。所有立志为耶稣基督作见证的人,都应从"时候减少"的观点来看待这些事。

保罗接着告诉他们,他愿他们无所挂虑,好叫他们专心顾虑更高层次的事。那是什么?"主的事。"这一切固然重要,无人能否认。保罗不是说,嫁娶是不合宜的。他也不是说,我们要忽略哀痛的存在,变得心硬无情。他更不是说,我们要止息、抑制快乐,把欢唱从生活中铲除。他也不是说,我们不可作买卖,或用世物。不!他绝无此意。他的意思是,我们必须根据我们与主的关系来决定我们对这些必要事物的态度。简单地说,如果婚姻关系将妨碍我们与主的关系,我们就应该视婚姻为无有的。如果哀痛威胁到我们应尽的责任,就当将它踩在足下。如果我们的买卖拦阻了与主的关系,我们即使置买了,也像无有所得一样。最后是整个世界,就是我们所生存的物质领域,如果世界成了主人,我们没有使用它,反而被它奴役,那么我们就是在滥用世物,这是保罗所禁止的。

面对当时的艰难,他认为守童身有它的好处。显然这件事在他心中有很重的分量,他迫切希望他们能不受拦阻地去单单顾念更高的事。这是我们面临的试验。婚姻可能成为一种拦阻；哀哭，快乐，置买，世界，都可能成为拦阻。这时我们就当放下这一切。保罗已将这主题提升到最高的境地。他没有主的命令，他只是述说他个人的意见。

关于应用的部分，他清楚宣告处女是否应当出嫁，他也将男人包括在内，因为婚姻牵涉到男女两方面。保罗认为，嫁娶是个人的事，应由个人根据环境而自己决定。保罗当时的看法是比较赞成独身。那是他看到"现今的艰难"而产生的看法。

但愿神的儿女在这教导的亮光中，能将婚姻的问题置于他们与主的关系之限制下，不论采取什么行动，都考虑这是否有助于实现神的旨意。我暂时将这话题留在此处，它还值得我们更多深思。一个女子若嫁给不顺服主管理的男子，她的境遇将何等可悲！反过来说，男子若娶不信的人为妻亦然。许多人身败名裂（甚至其中有的是传道人），都是因为他们迷恋的女子未能忠于基督。保罗在哥林多后书第六章说过，信与不信的不能"同负一轭"。盼望每一个基督徒青年都能铭记于心。我们作决定时，要以天国的利益为优先。

因此我们看见，人类生命中这一件最神圣、最美丽的事，应该纳入主的管理中。若脱离祂的管理，我们的婚姻就可能为我们带来无穷的哀伤和悲剧。

使徒现在开始论到哥林多人在信上提出的第二个问题,就是吃祭偶像之物的事。他从本章起一直到第十一章第一节,都是在对付这问题。整段经文其实都是由他们的问题所带出来的。我们必须记得,这不是本段讨论的惟一主题,因为保罗又叉出去讨论别的事,但他不时强调一些重要的原则,来诠释这个主题。

这个问题在哥林多至为重要,它涉及了基督徒团体在异教世界中的影响力。整卷书信从头至尾所表现的哥林多地方色彩在此处尤其明显。初看之下,这个问题似乎与我们毫不相干;但今日许多宣教士可能仍会面对相同的情景。不久前我听一位宣教士说,她所事奉的工场就有同样的难题产生,那里的基督徒不知道是否可以向屠宰场购买祭过的肉,因为那些祭肉比较便宜。她说,"我们明确地对他们说,不可以,保罗对哥林多提出的理由也是我们的理由。"这正是哥林多人的问题,祭过的肉可以吃吗? 使徒再度用原则来对付当地的景况,他所说的对我们也有无比的价值。或许吃祭肉的事在今日没有太多意义,然而其中的原则还是有约束力的。

就这一整段(第八章至第十一章一节)来看,第八章述及管理基督徒的原则。然后保罗转去讨论别的事,但对付的还是同一个原则,只是作不同的应用。第九章至第十章十三节,他从其他领域来说明这些原则。最后他在第十章十四节至第十一章一节里,运用这些原则。这是整段的大要。

先看第八章。第一节前半段点明主题。第一节后半段到第三节,保罗声明两个原则,并指出两者的对比。第四节至十三节,他说明如何应用这些原则。

"论到祭偶像之物。"这些原则可以应用到更宽广的范围。在异教徒的庙宇中,祭物的某些部分是保留下来公开出售的。我们记得希伯来人的平安祭,和希腊人的献祭中,也有一部分祭肉是供人食用的。研读摩西五经就会发现,祭物的一部分供祭司食用,其余的献给神,用火烧尽。这是希伯来制度里的献祭。至于哥林多人,他们保留一部分祭物给偶像,在希腊仪式中,通常那部分是给祭司的,他们认为那是神圣的。其余未在实际祭拜中使用的肉就出售,任何人都可以买来自己食用。通常那些肉比较便宜,人们也乐于购买。这是哥林多的情形。

如今问题来了。基督徒购买并食用这些祭肉,就牵涉到他们是否等于和偶像妥协的问题。这些祭肉有一部分曾放在坛上献给偶像,其余的可以供人食用。我们若吃了,是否表示我们的立场有所动摇?我们是否等于参与了拜偶像的行动?这是相当复杂的问题。这里揭露了两件事,第一,他们写信询问保罗,显示他们有敏锐的良知。他们不敢确定,所以向保罗求证。他们不愿意在这异教城市中的见证有任何掺杂。因此他们请求保罗用使徒的权柄定夺这事。另一个事实是,他们提出问题,显示他们中间有分歧的看法。有些人认为这根本不是问题,一点也不影响他们的见证,不妨照旧吃祭偶像之肉。但另外有些人则说,我们不敢确定,让我们听听使徒的意见。于是他们写信询问保罗。

保罗如何回答?他在第一节的后半句作了惊人的陈述,"我们晓得我们都有知识。"我们知道,我们这些基督徒,相信基督耶稣的人,基督的肢体,蒙召作圣徒的,"我们都有知识。"那不是说,我们已有了一切,而是指与基督的关系,使我们对一切事有了更清晰的看见。我们已有了知识。

他接着指出如何运用这知识。我们不禁想到主自己说过的话,"我是世界的光,跟从我的,就不在黑暗里走,必要得着生命的光"(约八 12)。得着光的人,所蒙受的最大福气就是他们有知识,他们可以任意使用,而一切知识都是以祂为中心。因此保罗说,"我们晓得我们都有知识。"

我相信他写这句话时,已看见这个事实被人滥用了,因为他紧接着提出一个醒目的对比。"若有人以为自己知道什么,按他所当知道的,他仍是不知道。"我们有知识,但若有人以为他知道得完全了,他就失去了知识的第一个要素,或者说他未意识到他所不知的事,他仍需要别人指点。

保罗继续说,"论到吃祭偶像之物,我们知道偶像在世上算不得什么。"这是我们知道的,我们对此很有把握。再回到第一节。他说,"我们晓得我们都有知识。"接着就是对比,"知识是叫人自高自大,惟有爱心能造就人。"我们知道自己有知识,但不要忘了,如果只有知识,就会叫人骄傲,自以为不可一世。知识本身很容易使人骄傲、狂妄。保罗在这里清楚指明。我们若单单被知识控制,这知识就会使我们自高自大,无法作出正确的观察和判断。"自高自大"和"造就人"形成对比。"自高自大"的意思是膨胀,胀大;任何膨胀的东西都很容易爆炸,破裂。然而"爱心能造就人",能建立人。这个对比非常鲜明,一边是知识的强大后果以及随之而来的腐败,一边是爱心造成的恒久果效。保罗在这里要我们看见,对这些因祭偶像之物而困惑的人而言,单单知识还不够。他们若只有知识,就无能为力下判断,因为知识本身会叫人自大。然而若有爱心,关怀别人,而不是关怀自己,就能造就人。

他又进一步解释。他们有知识,知道偶像算不得什么。现在眼前摆着祭偶像的肉。这本身是荒谬的,因为偶像根本不存在。世上有许多这一类的假神,他们是不存在的。我们晓得我们都有知识。向不存在的东西献祭是毫无意义的,所以没有关系,我们可以吃祭过的肉。人们可以到殿里,献出一部分祭物;他们此举是愚昧的,因为偶像根本不存在。世上只有一位真神。因此我们可以照着所愿的去行;我们可以吃祭物。

但等一会儿!爱心使我们想到别人,想到在四周观看着基督徒的人,他们并不知道偶像不存在。他们相信偶像是真的,祭物是献给偶像的。他们看到基督徒前去购买祭肉并且吃了;这对他们是一个绊脚石。爱心告诉我们,你若根据知识,知道这件事本身没有任何含义,你的行动是根据知识,但别人在观看。他没有你的知识,不知道偶像并不存在,他看见你在参与献祭的行动,他以为你实际上也在祭拜偶像。爱心要纠正、平衡你的知识。

然后是原则的应用。基督徒的行动不单单依据他的知识,也必须依据他所当有的爱心。我们依据知识的行动不一定为外人了解,他可能因误以为拜偶像是对的而更加深他的迷信。这是整个教训的重点。

保罗在这里说,或许你因自己有较高的知识,而轻看那比你软弱的人,但不要忘了,基督也是为他死的。这句话放在此处何等美妙!你若成了别人的绊脚石,就是得罪基督!

这里最主要的教训是,我们下判断时必须由爱来管理。知识可能会走偏了。知识可能导引我们作出一些于我们无害的事,但对那些软弱的弟兄,尚未蒙光照的人,没有领受知识的人,这些事却可能成为他们的绊脚石,使他们产生误解。

因此在下判断时,爱的最终胜利就是放弃权利。是的,我们有充分的权利吃这些东西。我们知道庙宇、偶像、祭祀都算不得什么,由于我们明白这些,所以我们有绝对的权利去吃。但请等一会儿!爱会建议我们放弃这项权利,不去食用祭偶像之物,因为这样作就帮助了那没有这等知识的人。这教训是再清楚不过的。

保罗又说,"所以食物若叫我弟兄跌倒,我就永远不吃肉,免得叫我弟兄跌倒了。"我听过有人误用了这句话。我们必须记住,这句话一定得依据我们行动的良知去解释。我认为没有必要将这句话应用到特定的某一件事上。必须先证明我们作的某件事确实曾使人跌倒。这话可以作多方面的应用。有些人却拿这句话作为藉口,替他们的行动辩护。

这句话后面还有别的含义。例如,我想没有人会说,如果衣服叫我弟兄跌倒,我就……。一个人必须谨慎使用他的知识;知识应当受爱所管理。如果某项行动使别人跌倒,即使从知识的观点看,我们有足够的自由可以这么作,但在爱的管理下,我们就没有自由去作。

保罗接下去就把这些原则应用到其他范围里,然后再回过头论祭偶像的事。

这一部分的经文是保罗回答哥林多人提出有关拜偶像的事。本段似乎看不出来与这主题有何关连,但我们继续读下去,就会看见他略过不提的原因。前一章里已看到,这整个问题必须在基督徒的自由和限制之角度下来观察。保罗在第六章论到这一点,他说,"凡事我都可行,但不都有益处。凡事我都可行,但无论哪一件,我总不受它的辖制。"然后是第十章第二十三节,"凡事都可行,但不都有益处。凡事都可行,但不都造就人。无论何人,不要求自己的益处,乃要求别人的益处。"他接下去说,"凡市上所卖的,你们只管吃。"他仍然在对付祭偶像的事。这几处经文显示,有关祭拜偶像的事,以及哥林多人出于良知所提出的类似问题,都必须在同一个原则下来考虑,那就是基督徒的自由,以及自由的限制。自由是有限制的,这正是自由的特质。"凡事我都可行,但不都有益处。凡事我都可行,但无论哪一件,我总不受它的辖制。"

我们已在第八章里看到保罗所提出的原则。接着他一一说明这些原则(九 1～十 13)。然后是原则的应用(十 14～十一 1)。这些都是从哥林多人提出有关吃祭偶像之物的问题而产生出来的教训。

保罗从第九章开始,用不同的角度来解释这些原则。我们会发现,他不时会回到这个实际的主题上。请留意第十五节,"但"。这个字标明了以下是本章的后半段,他还有别的话要说,这章尚未结束。头十四节包含了一些有趣、吸引人的事。它们全部涉及使徒的权利。他有自由,"凡事我都可行";"但"!他论到自己的权利。本章后半段,我们看见他如何使用他的权利。他有许多话要说。

先看第一部分(1～14 节)。这段经文论到他的权利。他声明他有两种权利,第一种是使徒职分所赋予他的权利。虽然只是短短几句话,却富有深刻含义。然后他论到他有受教会供给的权利,他有权指望教会供应他肉身的需要,这也是每一个传道人的权利。

保罗在头三节中论到他的职权,他的叙述非常精彩。我们已在第八章看到行动的原则。知识必须受爱心所制衡。现在他要进一步说明这原则,但不是应用在拜偶像的事上,而是以他自己的服事作例子。显然在哥林多有人反对他。他已提到纷争的事,有人说他们是属保罗的;有人说是属亚波罗的;有人说是属矶法的……等等。毫无疑问的,其中有人质疑他和他的使徒身份。他如今利用机会将原则运用出来,以答复那些对他的使徒身份表示怀疑的人。请看第三节,"我对那盘问我的人,就是这样分诉。"不要错过了这句话的完整含义。他故意使用了法庭上实际用的词汇。"分诉"是一个,指正式的辩护;"盘问"是另一个法庭用语。保罗说"我对那盘问我的人,就是这样分诉"时,他是将自己放在被告的地位上。他在为自己辩护,回答那些控告他或审问他的人。这些法律用语都是他们所熟悉的。因此他说,如果你们要盘问我,这就是我的分诉,我的回答,我的辩护。他没有承认他错了。他宣告自己是对的。他宣告他们的控诉不正确,"我……就是这样分诉。"

我们读保罗的书信,可以明显看出他如何不断地为自己的使徒权利辩护。他说他不是由于人,或藉着人作使徒,乃是靠着神作使徒。我不认为保罗在耶路撒冷官方的眼中,是一个重要人物。我想他们只是常对他存着一点儿疑心。这对我们反而是一种安慰。他们总是对他的正统性抱着怀疑的态度。保罗反击这种态度,不是为了使徒职分的荣誉,而是因为他们怀疑使徒权柄的这种态度会削弱他们的信心,使教会在哥林多的见证变得软弱,甚至错误。因此他要为自己"分诉",回应他们的"盘问"。

他们审问些什么?他如何回答?首先请留意这里的翻译是以问句的形式出现,暗示他是在回答他们。他们似乎这么说:保罗,你不可以自由表达你的意见。你不能算作真正的使徒,因为你未亲眼见过耶稣。不要忽略这一点。请翻开使徒行传第一章。当时在肉身上主已经离开门徒,祂曾吩咐门徒不要作什么,直到他们从圣灵得着能力为止。他们聚在一处,约有一百二十人,"彼得就在弟兄中间站起来,说,弟兄们。"彼得打算发表谈话,指出填补犹大职位的必要。我们都熟悉这个故事。"在圣经上预言领人捉拿耶稣的犹大,这话是必须应验的"(徒一 15～16)。犹大跌倒了,他的职位空了下来,必须立刻递补。于是他们着手进行。哦!如果有人说,彼得,你无权作任何事;主已告诉你要等候直到你得了圣灵的能力,他就错了。填补虚悬的使徒职位是如此重要。彼得作了一席有力的演讲。他继续述说候选人应具备的条件。"所以主耶稣在我们中间始终出入的时候,就是从约翰施洗起,直到主离开我们被接上升的日子为止,必须从那常与我们作伴的人中,立一位与我们同作耶稣复活的见证"(徒一 21～22)。其实彼得这番话大错特错。但是他们就根据这个基础——被选出的人必须从约翰施洗直到主被接升天这阶段与耶稣在一起——而选出马提亚作使徒。然而神的心意不是选他填补使徒空缺的。所以我们看到一个有趣的事实,他被选出之后,就从我们的视线中消失了。他们竟然用世俗的方法——抽签来决定神的拣选。不要忘了,教会不应该用这种方式选举。

保罗在这里说,"我不是自由的吗?我不是使徒吗?我不是见过我们的主耶稣吗?你们不是我在主里面所作之工吗?"一连串的问题,只有一种方式可以回答。我不是使徒吗?他是在行使他的权柄。耶稣为祂的十二个门徒选择了这名称,祂称他们为使徒。圣经清楚记载,祂呼召他们,将他们分别出来属祂,最终要差派他们出去,祂称他们为使徒。这是一个伟大的词。是的,它的意思是使者,但它最初的意思是分别,然后差派。"我不是使徒吗?"我不是已被分别出来了吗?我不是奉差遣的吗?他所宣告的是作为基督所代表的权柄。"我不是自由的吗?"那是指在他权柄范围之内的自由。

"我不是见过我们的主耶稣吗?"他未回答这问题。他让这问题留在那里,这是他们常问的。我们可以替他回答。读过他的故事,就知道他确实见过耶稣。他在往大马色的路上遇见主。他在哥林多城内提多犹士都的家里看见耶稣,主告诉他留在那里,因为城里有许多祂的百姓。他在罗马的狱中又一次看见耶稣,主向他显现,对他说,"放心吧!你怎样在耶路撒冷为我作见证,也必怎样在罗马为我作见证"(徒二十三11)。是的,保罗见过祂。这些人还局囿在物质思想中,认为主在世上时实际见过祂的人才是真正见过耶稣。保罗确实见过主,如果这是作使徒的条件之一,那么保罗足以自称为使徒。由于他们对这条件的错误认识,所以认为保罗不符合要求。

保罗继续说,"你们不是我在主里面所作之工吗?"看看你们所属的教会。保罗现在指的是哥林多教会,这教会是属于神的,在神的灵指引之下,保罗曾建立、栽种她。"我栽种了,亚波罗浇灌了;惟有神叫他生长。"保罗栽种这教会。"你们不是我在主里面所作之工吗?"他们现今的地位、权利,都足以证明他的使徒身份。他在使徒的权柄下是自由的。他曾奇妙地见过主,并且这些哥林多人都是他的证人。他们是他在主里所作的工。

他又说,"假若在别人我不是使徒,在你们我总是使徒,因为你们在主里正是我作使徒的印证。"留意"印证"的"印",那是权柄的标志。彼拉多曾封住耶稣的坟墓,并加上他的封印。那封印最后证明惘然无效,但这就是印的意思,代表权柄。保罗说,哥林多人是他的权柄之印证。他如此为自己的使徒身份辩护。

然后他说,"难道我们没有权柄吃喝吗?难道我们没有权柄娶信主的姐妹为妻,带着一同往来,仿佛其余的使徒和主的弟兄,并矶法一样吗?独有我与巴拿巴没有权柄不作工吗?"他稍后将再讨论到这主题。他说他不是非要作工不可。他和其他使徒一样有权柄不作工。总结这段话,他是在声明他与其他使徒,以及同作主工的人应享之权柄;他提到巴拿巴,后者只是同工,而不是使徒。保罗宣告,他们有权与他们所服事的弟兄姊妹在物质上享受同样的待遇。本章稍后还会看到这段经文所强调的重点。此处他只提到吃喝的权柄,也就是指教会本身对他们的供应。

难道我们没有权柄娶信主的姊妹为妻,带着一同往来吗?这又是一个老问题了——到底保罗结过婚没有?不论如何,他说他有权结婚。他结婚了吗?我不知道,但我相信他结过婚。法拉尔(Farrar)在他的

《圣保罗生平》(Life of St. Paul)一书里,强烈坚持保罗结过婚。虽然这种推论未经证实,我个人相信他是一个鳏夫。司提反殉道时,保罗说他曾出名定案,那表示他是公会的成员,而一个男子必须结过婚才能加入公会。他有权带着妻子往来同行。他说,其他人都如此作。这些是他的权利,也是他的使徒身份所赋予他的;如今他要求教会维护他的权利。

于是他举了几个例子作说明,都非常有趣。他要表达的是,一个人劳苦工作,就可以指望分享成果。兵丁,葡萄园主,牧人;他进一步引用摩西的律法显示,神所挂念的不是牛,而是我们;他又以耕种与收割的关系为例,"我们若把属灵的种子撒在你们中间,就是从你们收割奉养肉身之物,这还算大事吗?"

第十二节是另一个例证。"若别人在你们身上有这权柄,何况我们呢?然而我们没有用过这权柄。"他开始进入本章后半段将详细讨论的另一个主题。他有绝对的权柄接受供养,这是神殿中的律法。第十四节是最后的要点,"主也是这样命定,叫传福音的靠着福音养生。"

至于将这些运用出来时,他并未偏离先前所定下的原则。他的原则是,我们有权利,但权利必须受爱的管辖。到目前为止我们只讨论了权利。这是很重要的,然而它又将我们引到第十五节的"但"这个字上。他继续指明他和这些权利的关系。他放弃了受供养的权利。我们可以看出整个原则——自由,这是信徒的权利,但在行使权利时,必须受更高的律所限制,那就是爱的律。爱的律绝不以自己为中心。爱可以使人为了别人的利益放弃自己的权利。

保罗继续回答哥林多人有关祭偶像的问题。第八章里他已提出两个相对的原则——知识和爱心,基督徒必须让爱来制约他的知识。他又从他的使徒身份来说明这原则。前一段我们看到他作为使徒的权柄。毫无疑问的,哥林多有些人在怀疑他的使徒身份。

保罗在本章第一部分说明了他的权柄,现在他用一个"但"字开始第二部分的讨论。记得小时候我在学校学文法,我们必须学习不同词汇的定义。老师告诉我"但"这字是一个反意连接词。老师这样解释：你看铁轨，火车经过一个转辙器，就转到另一条路线上去了，这就是反意连接词。我们本来沿着一条路线前进，现在却转向另一路线了。保罗继续论同一主题，只是转到另一方面去。因此这里的"但"显得格外生动，有力。他所说到使徒的权柄都是对的。有关传福音的靠福音养生也是对的。但！他还有别的要说，本章余下部分的主题是，根据第八章定下的原则，他对他的权柄之态度。单单依据知识而采取行动，会叫人自高自大；只有受爱制衡的知识才能造就人。

保罗实际上说，我要将这原则应用到我的使徒身份上。我希望你们看看这原则如何在我身上实行出来。他提到前面已宣告过的他的使徒身份，以及他和其余同工有接受教会供应的权利。现在他用相反的次序来讨论这两件事，首先是他受供养的权利（15～18 节），其次是他的使徒身份（16～17、19～27 节）。

第十五节，"但这权柄我全没有用过；我写这话并非要你们这样待我。"然后是第十八节，"我传福音的时候，叫人不花钱得福音。"这两处经文显示他将要对他受供养的权利说什么。他的态度是什么？他对此采取什么行动？我们必须记住，他已经清楚说到，传福音的理当靠着福音养生，好叫他们专心传道，不必挂虑世上的事物。那么他自己呢？他说，关于受供养的权利，我全没有用过。他已放弃这一切权柄。至于过去，他没有从他们那里取任何生活上的必需品。当然从其他经文我们得知他是以织帐棚为生。他有充分的权利去指望得着供应，但他并未如此作。他没有要求什么。他放弃自己的权利。

接着他道出原因。第十五节，"因为我宁可死，也不叫人使我所夸的落了空。"那是他对哥林多人解释的理由，他对其他地方的人并非如此。仍有别的人供应他。他不要哥林多人的供应。一个原因是，他情愿死，也不叫人使他所夸的落了空。他所夸的是什么？我们继续读下去就会发现。但是请看第十八节，"我的赏赐是什么呢？就是我传福音的时候，叫人不花钱得福音，免得用尽我传福音的权柄。"他放弃靠福音养生的权利，免得福音受拦阻。那是哥林多人的情形，并不适用在每一个地方。那里的情形是，有人批评保罗，不信任他的使徒身份。于是他说,我不欠你们什么,我没有取用任何我所当得的东西。我现在写信,不是要你们弥补过去对我的缺欠,我惟一的目的是继续夸我的福音,好叫福音彰显它的大能,不被任何这一类的事物拦阻。

他又论到自己的使徒身份。总结说来,他是在指明他的使徒权柄是福音所赋予他的。保罗关心的,思想的,就是福音。"福音"一词何等奇妙!毋须多作解释。它变得如此平凡,成为基督教信息的中心。福音就是好消息;什么好消息?它包括了十字架,救赎,和神为心灵破碎、饥渴的人所预备的救恩。保罗想到的就是这福音。追踪保罗写的书信,会发现他至少有八十三次提到福音。有一次他在罗马书里写道,"我的福音。"这是他心灵上恒久的负担。他体会到这福音已经交给他了,托付他了,他有责任去传。在那一章里,"福音"一词就出现了九次之多。从头至尾,他都深深意识到传递这福音的重要性。

我很有把握使用"传递"一词。保罗写给提摩太的信中说,"因为知道我所信的是谁,也深信祂能保全。"保全什么?我们的翻译是,"保全我所交付祂的,直到那日"(提后一 12)。解经者和翻译圣经的人常常有一个危险,就是从自己的立场来揣测作者的意思。这节经文的翻译就可能与保罗的原意有出入。它可能不是指我所交付的,而是祂所交托我的(译注:请看中文圣经小字"或作他所交托我的")。我想这才是使徒的原意。他写信给提摩太,说到他的托付和责任,"知道我所信的是谁,也深信祂能保全祂所交托我的。"神对保罗有所托付。他要向基督负责,但最终祂要保全祂所托付的。每一个传道人都当铭记在心。有时我们花了许多时间想要照料神的真理,却忘记了神会保全祂自己的真理。我们的责任在于用正确的方式去宣讲它。我们用不着去护卫真理。我深信祂能保全祂所交托我的。

神交托他的是什么?再翻开另一卷我们所熟悉的保罗书信,在那里他说,"无论是希腊人,化外人,聪明人,愚拙人,我都欠他们的债"(罗一 14)。我是欠债的人。我欠了他们什么。神为了他们而托付我一样东西。那是什么?就是福音。他有权利靠福音养生,但他放弃这权利。他没有使用过。

　　归纳起来说,他没有放弃他在福音里的权柄。他可以放弃接受供养的权利,但不是传福音的权柄。这是他现在要详述的。他说,这责任已经托付我了,我无可逃避、推诿。我受这事的管理,我无法推却。传福音的责任已放在我肩上。我可以不接受你们物质上的供应,但却不能推辞传福音的事工。

　　接着是一句发人深省的话。我若有亏职守,会怎么样呢?"若不传福音,我便有祸了。"我们必须明白,"有祸"并不是指刑罚;他不是说,他若不传福音就会受到惩罚。"有祸"的意思是可悲!表示他若失败,不传福音,他会感到懊恼。保罗说,我别无选择。责任已经托付我了。我受这责任的约束,控制。它已成了我生活的一部分。我若在这方面失败,是何等可悲可叹。他说,有些权柄我不能放弃,就是我使徒身份的权柄,整个权柄是在福音里面的,我有责任将福音传扬出去。

　　神对每一个蒙召作主工的人,都有奥秘的预备。有时候年轻人来见我,说,"我愿意加入服事主的行列。"我总是问道,"你很确定吗?"如果他的回答是,"我不太确定。"通常我会劝他们不要加入。没有人有权认为自己蒙召出来服事主,除非他清楚知道、确定那是主的呼召。他可能无法解释原因,但他可以感觉到——那是一种催逼的力量,使他觉得他若不去作就有祸了。这就是传福音的权柄,保罗有权作使者、使徒和教师。这些不能放弃。

　　他在第十九节说到他所用的方法。他甘心受制于众人,为什么?为要多得人。他总是存着一个目标:要为耶稣基督得人,为福音得人,得人的生命,将他们带到福音的管辖之下,使他们脱离罪的权势之捆绑,把他们带到神儿女所享有的荣耀自由之中。

　　他说向什么样的人,他就作什么样的人。令人注意的是,他说向犹太人他就作犹太人,那就是,向律法以下的人,他就作律法以下的人;向没有律法的人,他就作没有律法的人。我们要记住,他前面说过,传福音的责任已托付他了,他若不传就有祸了。他不能放弃。现在他论到传福音的对象。他若与犹太人或外邦人接触,就作犹太人或外邦人。不要误会了。他不是不受律法的管辖。他服在神的律法、基督的律法之下，总是要得着人。一个人若能作到这一点，而又不使福音作任何妥协，那实在是莫大的恩典。福音本身不可以妥协。责任已交给我，责无旁贷，我若不传就有祸了。是的，这福音不可妥协。我若与犹太人同坐，或者与外邦人一起守圣餐，我就是向什么样的人作什么样的人。保罗能与每一个人交往。这不是说，他降低了旗帜，或贬低了福音。我若不传福音就有祸了。

然后他举出两个为哥林多人所熟悉的例证。这城是以她的知识、奢华、运动出名。他们都明白赛跑的比喻。保罗说到有一个人在场上赛跑。他说，你们也当这样跑。虽然有些人认为希伯来书是保罗写的，但我个人不这么想。我认为是路加在保罗的影响之下写成希伯来书的。请记住这话，"我们既有这许多的见证人，如同云彩围着我们，就当放下各样的重担，脱去容易缠累我们的罪，存心忍耐，奔那摆在我们前头的路程，仰望为我们信心创始成终的耶稣"（来十二1～2）。保罗说，"你们也当这样跑，好叫你们得着奖赏。"这是每一个基督徒的责任。

他接着转到运动场，看到有人在打拳。他说，"凡较力争胜的，诸事都有节制。""所以我奔跑，不像无定向的；我斗拳，不像打空气的。"我击出的每一拳都有目标。"我是攻克己身"字面的意思是，我击打自己，控制自己。在我看来，一切物质的需要与我传扬福音的热诚相较之下，都变成次要的了。

最后一句是，"恐怕我传福音给别人，自己反被弃绝了。"古老的版本"弃绝"作"赶出去"，意思是免得我有亏使徒的职分。

"若不传福音，我便有祸了。"在保罗自己的例子中，我们进一步看到这个事实：知识必须受制于对别人的爱，必须能建立人。他对自己权利的认识可能会使他自高自大，以致抹杀了他所传信息的能力。然而爱可以使他的信息有能力，使他甘心放弃自己在物质方面的权利，好在更高的领域中为福音的缘故有所得着。爱总是有一个目的，就是多得人。

保罗现在要从以色列的历史取例，来说明他从第八章开始就论到的原则，这些原则涵盖了基督徒生活的整个范围。他已经拿自己作例证，说明他的使徒权利，以及他传福音的权柄。如今他转到以色列的历史上。本章开头的"所以"（中文圣经无此二字），将它与前一章末了的部分紧紧连在一起。前面他写到恐怕他被弃绝了（九27），他说到他传福音给别人，和他被弃绝，两者有密切关系。有人认为弃绝是指他丧失了灵魂，这是不对的。我想原来的意思指他可能丧失的是使徒的身份。

保罗从头至尾要告诉他们，权利并不担保他可以避免失败。他已论到使徒身份的权利；他争取的不是物质的供应，而是他的使徒身份之确认。另一方面他也看到，他仍有可能被弃绝，被赶逐出去。这是何等重要的事实！我们很容易相信自己的权利，认为自己是享有特权的子民，而忘记了权利往往也带来责任。

保罗从以色列的历史取证。这十三节经文可以被视为一段附记，适于在课堂上讲述，主题是自由的误用。保罗暂时转去谈论人误用自由的可能性，但仍然与整个主题有关。

此段经文可分成三部分。首先是以国家为例，说明自由的事实（1～5节）。然后指出这些人如何滥用他们的自由（6～10节）。最后他将这自由应用在神的子民身上（11～13节）。

头几节奇妙地归纳了以色列被带领脱离为奴之地，进入自由的过程。当然，保罗这封信是写给基督徒、希腊人、外邦人的，但他使用了他自己的生命史和国家为例证。请注意头四节中一再出现的"都"字。"我们的祖宗从前都在云下。""都从海中经过。""都在云里、海里受洗归了摩西。""都吃了一样的灵食。""都喝了一样的灵水。"

回到旧约记载的细节。他说他们都在云下，意思是，他们都在神的领导、指引之下。这是他们的第一个权利。尽管如此，我们还是在第五至第九节里看到他们惊人的失败。

他们都从海中经过，意思是都被拯救了。云柱的指引，目的在解救他们。请记住保罗的用意，他描述了这些人在埃及为奴的景况。他们被带出来，经过大海。

接下去一句很有意思。"都在云里、海里受洗归了摩西。"意思是，他们都在摩西的领导之下团结起来，成为一个团体，正如基督的教会一样。归入教会是藉着洗礼，不是水洗，而是灵洗，每一个人就成为神教会的一份子。当一个人重生，受圣灵的洗归入基督的身子时，他就是教会的一个肢体。保罗稍后还会再提到这一点。保罗用"受洗归了摩西"来表达这种合一、交通的关系，指的是在神管理之下，摩西领导的整个制度。他们跟随云柱，在云里、海里受洗归了他；他们行经之处，海水为他们而分开，形成一个奇观。他们成为一个国家，一个团体。他们受洗归入这伟大而奇妙的团契。请注意他们的特权。

然后是旷野漂流的阶段。他们都吃同样的灵食——吗哪。那是神赐下的。他们无法证明吗哪的来源，只知道是神为他们预备的。神供应他们物质上的需要。"也都喝了一样的灵水。"保罗大胆地说，灵水所来自的那磐石就是基督。他们生命的中心就是基督，那将要来的弥赛亚；因此，流出灵水的磐石就是基督。我们从最后两项——灵食和灵水——看到神的供应。请看这里所启示的简单事物。在云下——指引；从海里经过——神的拯救；受洗归入摩西——神所创造的自由，共同加入新的团体；灵食和灵水——神奇妙的供应。这些都是百姓的特权，保罗强调的重点即在此。

保罗提醒他们，以色列这个国家如何脱离捆绑，进入自由。两者有极大的差别。他们曾经为奴，但被领到自由之地。他提醒哥林多人这中间的经过。没有一样是出于他们的努力。每一件事都是靠着神的作为。祂提供云柱，救赎，自由，肉，水，和他们享受的所有特权。一切都是神的，没有一样是他们自己的。每一件事都是超自然的，是神的作为。

保罗如今要求哥林多人以此为例，来认识一个重要的原则。他们第一个感觉可能是，这样享有特权的百姓应该不会失败的。如果神真的一路引导，拯救他们，在新的基础上为他们设立一个团体，供应他们肉身、属灵的一切需要，那么他们将会被神带进何等奇妙的自由里啊！

然而第五节说，"但他们中间，多半是神不喜欢的人；所以在旷野倒毙。""多半"是正确的描述。这些人结局如何？他们中间有多少人在旷野倒毙？从埃及出来的百姓中，除了约书亚和迦勒，无一人幸免。保罗说，他们多半倒毙旷野，只有两个人例外。

他们为何倒毙？第五节至第九节解释了原因。贪恋恶事，拜偶像，行奸淫，不信，发怨言。保罗列出这些事，并不是根据它们在旷野实际发生的次序来排列的。

再回到这些中心、特定的例证上。他列出的第一件事是贪恋恶事。民数记第十一章有详细记载，他们贪恋神未供应的事物。这件事看起来似乎并不严重，但请读民数记那一章的记载，看看他们如何贪恋。是的，神可能将他们渴望的赐给他们。诗篇第一百零六篇十五节中的话能够提供一些亮光。

　　"祂将他们所求的赐给他们，
　　却使他们的心灵软弱。"

这是一句惊人的宣告。我们可能贪恋一些东西，在神的管理下，祂把这些赐给我们，为的是要显明我们的祈求是多么愚昧。这些人贪恋一些神的供应以外之事物。他们为什么没有肉吃？答案很简单，因为神没有供应；然而他们想要。许多时候我们想要神未供应的东西，这些看起来没什么不对，似乎我们理当拥有；有时神就允许我们得着所追求的事物。是的，他们贪恋，那正是败坏的开端。人的堕落总是从这一个奇异的、神秘的欲望领域中滋生。现今的心理学是否能解释欲望？如果你问一位心理学家何谓欲望，他可能会提到抑制、禁止等名词,但欲望的领域仍然是人类生命中一个深不可测的部分。欲望不属心理的范畴,虽然它有助于心理;它也不属意志的范畴,虽然欲望也触及责任。然而主宰人一切心思意念的却是人的欲望。它总是一切腐败之源。圣经一开头的故事,就是绝佳的例证。人是如何堕落的?看看创世记的记载。"女人见那棵树的果子好作食物,也悦人的眼目,且是可喜爱的,能使人有智慧"(创二6)。她想要神供应以外的东西。这些百姓是神的子民,是自由的人;保罗提出的第一件事就是贪恋,它破坏了自由的律。

其次是拜偶像,他指的是出埃及记第三十二章记载的事,我们都耳熟能详。摩西上了西奈山,百姓久等他不回,开始不耐烦,频频询问他的踪迹。他们不知道摩西遭遇了什么事。于是他们要求亚伦为自己造一个神。亚伦搜集了他们从埃及带出的一切首饰,用火烧了,塑成一只金牛。亚伦受责备时,他所说的话真是惊人。他说他把这些金饰扔在火中,"这牛犊便出来了。"他的意思是,牛犊自己出来的,似乎这纯属意外事件。不!他们存心要造一个东西代表神。那是一切祸患的起源。没有人可以代表神,他们破坏了神的律法,另外设立假神。保罗说他们拜偶像,又"坐下吃喝,起来玩耍"。这些已获自由的百姓,不但未完成他们的责任,反而转离开去,违反神的命令,另外设立偶像来拜。

许多年之后,这个国家陷入了分裂局面。我们都记得所罗门去世之后发生的事。百姓来见罗波安,请他放松他父亲所罗门加在他们身上的重轭。罗波安舍弃耆老的建议,却去和身边的少年人商议。如果他听从老年人的意见,或许后来的祸患就不致发生。这位年轻的王决定沿袭所罗门的专制,他对百姓说,我父亲用鞭子责打你们,我要用蝎子鞭责打你们。结果呢?应验了这一句话:"以色列人哪,各回各家去吧"(王上十二16)。以色列分裂成二,北方由耶罗波安治理。耶罗波安采取了什么行动?他又重复亚伦的罪行,铸造金牛犊代表神。他并不是想用偶像取代神,他是想藉金牛犊让百姓认识神。因此从出埃及记开始,我们看见这个国家经过了几个世纪,即使在神的引导下渡过红海,从为奴之地被拯救出来,他们仍然不断塑造偶像来代替神。

　　接下去是淫乱。请读民数记第二十五章的故事。百姓偏离了真自由，误用自由，不但与摩押女子通婚，甚至与巴力毗珥连合，犯了淫乱的罪。本已低落的道德标准如今降得更低了。而这些百姓都是享有特权的百姓，都是神带领到荣耀自由里的子民。

　　然后是不信，故事记载在民数记第二十一章。他们变得不耐烦，失望，最后甚至口出亵渎的话。

　　最后是发怨言，其实这是一开始就有的，它表现的是内心的不满，埋怨。保罗列出的这份单子真是洋洋大观！他们的行动与前面他们蒙拯救的描述形成何等尖锐的对比！这意味着什么？权利本身没有价值。他们因误用自由而遭毁灭。他们有自由，但他们没有活在真自由里，不但不根据神仆人享有的荣耀自由行事，反而偏离正道，行各样的恶事。保罗用这些例子说明自由本身不能保证什么，如果忘记责任，徒具自由也是惘然。

　　至于原则的应用，保罗指出这些事情发生，并记载下来，都是在警戒我们这些末世的信徒。在这个末世的时候，我们回顾过去的年代，就可以看到所发生的事。那些百姓虽然享有特权，却因他们的失败，而倒毙在旷野。

　　最中心的警告见于第十二节，"自己以为站得稳的，须要谨慎，免得跌倒。"它可以作多方面的运用。但愿那些因自己的特权而自以为站得稳的人要谨慎，免得跌倒。

　　保罗以充满恩慈的语气结束这一段话。我们都会遇见试炼。我们会发现这些较低层次的试探是想引诱我们撤回对神的忠心，结果却会毁坏自由。"你们所遇见的试探，无非是人所能受的；神是信实的，必不叫你们受试探过于所能受的。"意思不是说，神不会让我们跌倒；但神已经计划，安排，供应，使我们不必跌倒。祂"必不叫你们受试探过于所能受的；在受试探的时候，总要给你们开一条出路，叫你们能忍受得住"。我们都会有试探。我们都会听见引诱的声音叫我们偏离正路，但我们不必听从它。当我们面对试探时，就会找到一条出路。许多年前我听赫顿先生（Hutton）说过一句话，觉得深获我心，永难忘记。他说,"神总是会开一条出路,那条路就是主的道路,加上一双飞奔的脚。"如果试探来临,我们的最佳策略就是拔脚跑开,不让试探摸触到自己。我们若停留在一个充满试探的地方,就可能降低我们的标准,最后跌倒,虽然我们自以为站立得住。许多时候,正确、勇敢的作法不是与试探争斗,而是转身跑开。神总是会开一条逃生的出路。

因此,这段经文的整个教训可以用彼得的话作总结。彼得在第一封信里对基督徒说,"你们虽是自由的,却不可藉着自由遮盖恶毒,总要作神的仆人"(彼前二 16)。我们这些神的仆人所享有的自由一方面是无限的自由,另一方面却也是受限制的。但愿我们谨慎,免得我们用基督里的自由来遮盖恶事。

本段经文中,使徒又回过来答复哥林多人有关吃祭偶像之物的问题,并且结束了对这个问题的讨论。我们已经看见他定下了管理的原则(第八章),并且用他自己的使徒身份来解释这些原则(第九章),又藉以色列的历史来作说明。

在所有基督徒的信心生活中,自由都有其限制。如今他以突出的方式回到主题,并作结论。首先是确切的禁止(十 14～22),接着是最后的指示(十 23～十一 1)。

第十四节简短而扼要。"所以,我所亲爱的弟兄啊,你们要逃避拜偶像的事"(中文圣经无"所以"二字)。"所以"是根据前面说过的事,表明一个结果。将"逃避拜偶像的事"和前面的经文连在一起看,就能发现"所以"的用意。前一节是,"神是信实的,必不叫你们受试探过于所能受的;在受试探的时候,总要给你们开一条出路,叫你们能忍受得住。所以,我所亲爱的弟兄啊,你们要逃避拜偶像的事。"关系立即可见。神预备一条出路。运用在这件事上,就意味着逃避之路。不要流连徘徊在试探的环境中,要逃避它。本章前面部分所列出以色列的罪行,其中一项是拜偶像。保罗在那里举出埃及记第三十二章记载的事为例,他们铸造、敬拜金牛犊,然后坐下来吃喝享乐。他说,要逃避拜偶像和这一类的事。

在以色列百姓的例子中,拜偶像意谓什么? 他们造了一个假的东西来代表神。他们铸造金牛犊,并不表示他们打算另外再立一个新的神。他们没有违反第一条诫命,他们违反的是第二条。他们造一个东西来帮助他们明白神,但这样作是降低了神的理想。那个金牛犊根本不能代表神,然而他们敬拜它,向它献祭;等作完这一切之后，他们就坐下来吃喝，玩耍。因此，这里拜偶像的意思是把别的东西放在神的地位上，想用它来代表神，并且敬拜它；这样作等于贬低了整个生命的观念。"所以，我所亲爱的弟兄啊，你们要逃避拜偶像的事。"这是神预备的出路。

使徒继续说下去。留意他如何一步步接近他们。"我好像对明白人说的。"解经家对这句话有许多不同的解释。有人认为这是一句讽刺的话。我们记得早先他曾嘲笑他们的自以为聪明。有人认为此处他仍在继续嘲讽。我不敢确定，但我想他是假设他们是有知识、见解和智慧的人，所以他如此呼吁，"你们要审察我的话。"

接下去是一段令人注目的经文（16～20 节）。为了总结他所说的，保罗提到圣餐的仪式，以显示参与这种敬拜的人当如何与其他的祭拜分别。他提出两件东西，一是所祝福的杯，一是饼。这是圣餐中必备的。我们都熟悉这仪式。或许我们对如何守圣餐意见分歧，但大家都同意它的神圣、美丽及价值。我们有时称它为主的晚餐，或擘饼聚会。我个人喜欢称它为"祝谢餐"（Eucharist），因为它的希腊文原意是感谢，那也正是我们守圣餐的本意。在守这仪式时，我们来到神面前颂赞、敬拜、感谢。我们不是到主的台前认罪，那应该事先作完。我们来以前要先对付罪，与神有正确的关系。保罗引用圣餐为例有他的理由，稍后我们会看到。"我们所祝福的杯，岂不是同领基督的血吗？我们所擘开的饼，岂不是同领基督的身体吗？"我们立刻从"同领"一词得到助益。稍早我们已看到这词，虽然它被译成另外的形式，但在希腊文里是同一字。保罗稍早时提到基督教会的功用。"神是信实的，你们原是被祂所召，好与祂儿子，我们的主耶稣基督一同得份。""一同得份"与这里的"同领"是同一个字"koinonia"。不妨将这节经文改成，"我们所祝福的杯，岂不是一同得份基督的血吗？我们所擘开的饼，岂不是一同得份基督的身体吗？我们虽多，仍是一个饼，一个身体。"

留意保罗所作的。他提醒他们敬拜的中心事实，那是基督教会的经历中最神圣的行动，也是今日我们所谨守的。关于这圣餐的事实，他如何说？

首先是所祝福的杯。那是什么？那表示同领基督的血；当我们喝这杯时，就显明我们同得救赎。当我们擘饼时，就显明我们有份于基督的生命。血代表救赎，饼代表生命的完整。他对这些人说，你们到主的桌前，擘开饼，喝这杯。你明白你所作的吗？你是在表达与耶稣基督一同得份。保罗用基督徒生活和经历中这件醒目的事，来说明他的原则。

这一切对基督徒的信心有深刻含义。对基督徒而言，没有一件事是微不足道、无关紧要的。没有一件事是次要的，因为这一切事都受到我们与主的关系中一些紧要的事实所影响。我们可以吃祭偶像之物吗？不要忘了，我们的敬拜中心也包括吃喝，不论何时我们吃这饼喝这杯，就表示我们同领那为我们破碎的身体，同领那为我们所流出的血。这是基督徒生活中极重要的事。保罗提醒他们不要忘记。

从这个观点着眼，就可看出我们到底能作什么。保罗用非比寻常的方法让我们明白，那些透过基督的身体和血，与祂一同得份的人，不可能再与邪恶的灵相交。"我是怎么说呢？岂是说祭偶像之物算得什么呢？或说偶像算得什么呢？我乃是说，外邦人所献的祭，是祭鬼，不是祭神；我不愿意你们与鬼相交。你们不能喝主的杯，又喝鬼的杯；不能吃主的筵席，又吃鬼的筵席。"如果你这么作了，结果如何？你就是在"惹主的愤恨"了。保罗这里使用的"愤恨"，和旧约里用来描述神的"忌邪"是同一词。"耶和华你的神乃是烈火，是忌邪的神"（申四24）。神因祂的荣耀、权利而忌恨邪灵；祂让一个人与耶稣基督一同得份，同领基督的身体和血时，祂也指望从这人身上得到回应。如果这人转离开，去拜偶像，参与拜假神的仪式，神就会愤怒，忌恨。

因此保罗在最高的层次上结束他对这个主题的教导。他对哥林多人的问题作了明确、清楚的解答。他提出一些原则，并且一再重复强调凡事都可行，但并不都有益处。有益的事并不是指承担别人的重担，而是指与人一起承担重担。许多事看来是合宜的，可行的，但不一定有益处，不一定能建立、教诲人。这样的事，我们就不要去行。这又回到第八章的原则。基督徒衡量事情的准则不在于看这事是否对自己有益，而是看它对别人会产生什么果效。

第二十五节至三十节是保罗特别针对哥林多人说的。在那城里，有许多拜偶像的事。人们祭完偶像之后，就把一部分祭肉拿到市场上卖。基督徒该如何作？保罗说，凡市上所卖的都可以吃，不要为良心的缘故问什么话。"因为地和其中所充满的，都属乎主。"买来的肉是神所供应的。这是一回事。

但保罗的话还未说完。他进一步声明，如果他们受不信的人邀请赴席，就尽管去；摆在他们前面的食物，若未经主人指明是祭偶像之物，他们就可以和主人一同吃，不必问什么话。

另一方面——请留意这中间的危险——他们若应邀赴席，主人清楚说明这食物是祭过偶像的，他们就不要接触，也不要吃这食物。这是为了那人良心的缘故。他们应该拒绝食用。

从第三十一节起，是最后一段。保罗奇妙地总结了前面讲的一切话。"所以你们或吃或喝，无论作什么，都要为荣耀神而行。"一开头的"所以"表明是根据他前面讲过的话。他最先提醒他们敬拜的中心事实，他们守圣餐时喝这杯，是表明藉着血已蒙救赎；吃这饼，是表明他们的生命与永生的主联合。因此，你们或吃或喝，无论作什么，都要为荣耀神而行。我们若为夸耀自己的自由，而叫弟兄跌倒，就不荣耀神。在这个例子里，若要荣耀神，我们就应该为了别人的缘故放弃某些权利。这是第一个原则。

还有别的原则。"不拘是犹太人，是希腊人，是神的教会，你们都不要使他跌倒。"这里有两个行动的原则。第一，凡事都要荣耀神；第二，不可叫弟兄跌倒。一切生活都应受这两个条件约束——荣耀神，使人得益处。

最后，保罗引自己为例。"就好像我凡事都叫众人喜欢。"他已经告诉他们，他向什么样的人，就作什么样的人，为要多得人。"就好像我凡事都叫众人喜欢，不求自己的益处，只求众人的益处，叫他们得救。"这是基督徒生活的最终目的和愿望。然后是最后一句，"你们该效法我，像我效法基督一样。"这是一段美丽的经文。如今他结束了这个主题，开始谈论另一个非常有趣而重要的题目，显然的，那也是哥林多人在信中提出的。

阅读本段时，我们必须特别区分哪些是运用于哥林多当地的光景，哪些可以运用于神的整个教会。使徒仍然在对付那阻碍哥林多教会发挥其功用的事情。

毫无疑问的，他们曾写信给使徒，提出他现在要讨论的题目，就是他们中间一些妇女在公开聚会中祷告和讲道时的行为。他一开头说，"我称赞你们，因你们凡事记念我，又坚守我所传给你们的。"证明他们曾在信中提到这特定的题目。

我们开始研读时必须记住，这封信是先送达哥林多教会的。当时的教会正陷于腐败的光景，因为教会与哥林多城内的许多事妥协。他们允许哥林多的精神进入教会生活中。因此保罗必须提出纠正。

显然这里的主题是涉及教会里已婚的男人和女人，没有论到未婚女子的关系。教会中有一些已婚的女人，她们的行为引起了一些难处。保罗如今要论到这问题。

我们可以将本段经文分成几个段落。首先他定下一般的原则（3节），这是很重要的。然后他将这原则运用在哥林多的光景中（4～6节）。他接着解释他所说的（7～12节），并且以一个警告作结束（13～16节）。

他所定的一般性原则见于这句话："我愿意你们知道，基督是各人的头，男人是女人的头，神是基督的头。"请留意他如何开始，如何结束。这是三重的叙述。我们在这里看见男人与女人，特别是丈夫与妻子之间关系的类型。本节经文中最为突出，也最需要我们以公允态度探讨的一个字，就是"头"。"各人的头"，"女人的头"，"基督的头"。有些人深深喜爱这节经文里的"头"字，也常运用它。另外有些人则感到厌恶,不愿意用它。我并不是特别指哪一个人。但我知道许多虔诚的基督徒都喜爱这节经文,特别是中间的部分。

"头"是什么意思?这字最简单、清楚的含义就是管理,权柄。保罗说,我愿意你们知道,基督是每一个人的权柄;男人是女人的权柄;神是基督的权柄。这三句话必须放在一起,不可单独采用。在任何情况下,我们都无法将"头"的单纯含义——管理和权柄——从这字抽离出来。

问题立刻来了,我们如何解释作头的意义?先从最后,也是最崇高的那一句着手。神是基督的头。我们对基督和神知道多少?我们如今站在神圣、圣洁、奥秘的地点。我们面对的是一些伟大而又常使我们困惑的事实,这些事实已经启示给我们了。神与基督是同等的,"我与父原为一"(约十30)。神与基督合作。"我不是独自一人,因为有父与我同在"(约十六32)。神是基督的头。"父是比我大的"(约十四28)。最后这一句充满奥秘。我们必须用前面两句话来解释。"我与父原为一。"是指祂的工作。神不是单独留下祂一人。"我不是独自一人,因为有父与我同在。"在祂一切的事奉、工作上,神都与祂同工。然后是,"父是比我大的。"请记住这三句话,它们可以解释作头、掌权柄;但这种权柄是建立在最亲密的交通和服事的搭配上的。

基督与人的关系亦是如此。基督与每一个相信祂的人之关系亦如此。所有信徒都可以说,我主与我同在。我不是独自一人。我的主与我同在,但主比我大。我在祂的权柄下;祂常与我同在,并与我同工。

然后是原则的运用。男人与女人的关系也是如此。当然在这种关系后面的是婚姻关系。这原则不是针对未婚男女的,它只能运用在已进入婚姻关系的人身上。当然在某方面而言,它可能适用于未婚的人,但此处考虑的是已婚之人。

那么本段经文的主要思想是什么?第一,它实现了神最初创造的目的。保罗是这样说的。男人不是为女人造的,女人乃是为男人造的。因此,在创造中他们进入合一的关系。我很同意罗马天主教有关婚姻是神圣誓约的教导。这整件事是神圣的,是神最初的理想。

女人是为男人造的，若没有女人，男人就不完整。回到创世记，"神……照着自己的形像造男造女。神就赐福给他们"（创一 27～28）。

此处说的也相同。要明白这整段经文所勾勒出的夫妻关系，不妨参考以弗所书第五章，那里强调丈夫的权柄，而这权柄是建基于舍己的爱。"你们作丈夫的，要爱你们的妻子，正如基督爱教会，为教会舍己。"至于作妻子的，"当顺服自己的丈夫，如同顺服主。"意思是说，作妻子的立场是甘心顺服丈夫的权柄，但这权柄必须基于舍己的爱。这种奥秘的关系，本质上是非常神圣的。在这种关系中，女人位于权柄之下；然而我们在强调权柄的时候，不可忘记它的本质。这权柄意谓倒空自己，为着所爱的人，甘愿完全舍己。一个女人一旦了解了这权柄的基础，她就会本着天性去顺服它。我想任何女人若感觉自己作不到这点，那么她保持单身可能比较快乐。我有一位朋友，她是一个非常杰出能干的妇女，有一次我问她为什么不结婚，她的回答使我永远难忘。她望着我，眼睛闪烁着说，"因为我从未找到一个能制服我的男人。"她终其一生未嫁。这里我们看到权柄的必要性。保罗揭示了这永恒的原则，它是非常重要的。

接着他转向教会，并且开始运用这原则。他再度陈述一般性的原则。"凡男人祷告或是说预言，若蒙着头，就羞辱自己的头。凡女人祷告或是说预言，若不蒙着头，就羞辱自己的头；因为这就如同剃了头发一样。"男人祷告或说预言，若蒙着头，就羞辱他的头，即基督。女人祷告或说预言，若不蒙着头，就羞辱她的头，她的头就是她的丈夫。"如同剃了头发一样。"一个男人祷告或说预言，表示他的双重功用。祷告，是在聚会中向神说话；说预言，是代表神对人说话。祷告是代表人对神说话。保罗说任何男人祷告或说预言，若蒙着头，就羞辱自己的头。

值得注意的是，保罗是一个犹太人，此处他所说的一番话却完全违反犹太人的风俗和拉比的教导。他看见他在基督里的荣耀产业，他是基督的使者。长久以来拉比一直教导犹太人蒙头，祈祷时穿外套，甚至今日传统的犹太人仍奉行不渝。犹太拉比有关蒙头的教导，纯粹是出于他们对历史上某些事情的误解。请看哥林多后书第三章

第十三节，"不像摩西将帕子蒙在脸上，叫以色列人不能定睛看到那将废者的结局；但他们的心地刚硬，直到今日诵读旧约的时候，这帕子还没有揭去；这帕子在基督里已经废去了。"

保罗是指拉比们所定的蒙头习俗。他说他们这样作，无疑的是因为摩西从山上下来时他脸上和头上所闪耀的荣光，应该用神的权柄将它遮住。保罗指出摩西蒙脸不是因为他脸上的荣光，而是因为这荣光正在消退失去。他不愿意他们看见这荣光正在消失。然而拉比们误解了这历史事件，而教导教师和拉比必须蒙头。保罗在哥林多后书中清楚指明，这帕子在基督里已经废去了。

男人祷告或说预言时若蒙着头，就是羞辱他的头，他的主，那辖管他的权柄。他如何羞辱主呢？因为他未明白帕子在基督里已经废去，那荣光不是正在消失，而是永恒的荣光，是祂信息的荣光。人不论是祷告，对神说话，或者说预言，对人说话，在基督里帕子已经废去。

下面一句是，"凡女人祷告或是说预言，若不蒙着头，就羞辱自己的头。"用来说到女人的词——祷告，说预言，与用来说到男人的词完全一样。这暗示女人也有权祷告和说预言。如果不是，保罗就不会在这里提及了。我不打算现在讨论保罗其他书信中的言论。它们都有各自的解释。这里我们只要面对所提到的事实。保罗承认女人有权祷告，说预言，只是其中一些人的习惯必须加以纠正。我们相信圣灵绝不会与圣经其他处的记载相抵触。约珥书说，圣灵要浇灌下来，"你们的儿子和女儿（中文圣经作"儿女"）要说预言"（珥二28）。这话在五旬节应验了；腓利的女儿也说预言。这是一个很大的论题。一个女人若有恩赐，并听到神的呼召，她就有充分的权利去祷告，讲道，说预言。虽然并不是常常如此，但我知道一直有这样的例子，现今依然如此。

那么问题在哪里？这纯粹是哥林多当地的问题。"凡女人祷告或是说预言，若不蒙着头，就羞辱自己的头；因为这就如同剃了头发一样。女人若不蒙着头，就该剪了头发；女人若以剪发、剃发为羞愧，就该蒙着头。"为什么女人剪发、剃发、不蒙头是羞耻的事呢？答案很简单，在哥林多，不蒙头的女人都是妓女。那是妓女的标识。许多时候，妓女不但不蒙头，而且还剪发或剃发。翻开哥林多当代的历史，或察视希腊文明,此种说法当可得到证实。然而那些哥林多妇女说,凡事我都可行。我们不必蒙头,或者拘泥于这一类的事。保罗回答说,是的,凡事你都可行,但你身处哥林多,你若在哥林多祷告或说预言时不蒙头,就是采用了妓女的标识,你这样作是羞辱你的头,就是你的丈夫。哥林多的背景清晰在目,因此保罗要求妇女蒙头,免得她被当成妓女,而使她的丈夫蒙羞。

然后是第七至十一节,留意保罗怎样将拉比的命令搁置一旁。男人是神的形像和荣耀。女人是男人的荣耀,反映出神的荣耀,这种关系并未牵涉到谁尊谁卑的问题,它只是反映启示的完整含义。这是一个奇妙的主题。我们读圣经时不可能不发现圣经启示了神的父性和母性;人性中的这两个伟大事实奇妙地糅合在神性里面。我常听人说起男人的范畴和女人的范畴,并且似乎认为女人的范畴稍微低下。不,这不是圣经的观念。我们不应该分开来论男人和女人的范畴,这是不对的,女人和男人都没有自己的范畴。男人只是半个个体,女人也是。两者合在一起,才是一个完整的范畴,就显明了神所造的奥秘人性。这就是本段的教训。女人蒙头是为了天使的缘故。这句话颇难懂。我不禁想到希伯来书第一章第十四节,那儿说到天使,他们"是服役的灵,奉差遣"的。另外以赛亚书记载,以赛亚看到的宝座异象中,有天使飞来飞去,服事那承受救恩的人。他们知道次序、权柄的真正界限,为了他们的缘故,哥林多那些住在败坏之人中间的女人应该端庄虔敬。

保罗最后说,"你们自己审察。"这是合宜与不合宜的问题,他诉诸人自己的判断。你们四周生活的事实岂不显示他所说的是真实的?然后是寓意深远的结尾。如果他们想要辩驳,"*我们却没有这样的规矩,神的众教会也是没有的。*"

我们读这段经文时,要体认到传统的辖制力。应当留心,免得让一些对古时候而言是重要的事控制了我们现今的思想。另一方面也要记住,那些我们以为是次要的事可能反而是最重要的,因为教会始终是这世界的见证。

　　本段经文非常重要，它的背景也相当奇特。使徒仍在对付哥林多教会的失败，这失败已阻碍了教会完成她的神圣呼召——与耶稣基督一同得份。保罗现在论到有关主的晚餐。保罗在这里严严纠正的光景，今日已不再出现于我们的经历中。

　　先看一下当地的情形。新约的记载显示，初代教会常聚集一起交通，用餐，餐后同守圣餐。最初他们称这种聚餐为爱筵，以后就将爱筵与圣餐合并举行。使徒行传第二章第四十六节说，"他们天天同心合意恒切地在殿里，且在家中擘饼，存着欢喜诚实的心用饭。"读到"擘饼"，我们就立刻想到主的晚餐。当然这不是"擘饼"惟一的意思，因为他们总是先聚集，再擘饼，用来表达他们的交通。毫无疑问的，使徒行传所用的这词是指爱筵和圣餐的整个事实。什么时候我们守主的晚餐，不论是在早晨的敬拜之后，或者在晚间，它都是基督徒敬拜的中心，是敬拜的最高意义。我们来到桌前记念、赞扬、敬拜、称颂祂。那是祝谢餐，是特别的事奉。

　　在早代，爱筵和圣餐显然是合并举行的。他们聚集交通，然后同守主的晚餐。虽然我们不能武断地下断言，但路加福音的记载可以提供一些线索。那里说到有两个门徒在往以马忤斯的路上遇见主，他们邀请主到家里与他们一起用餐，主接受了邀请。主与他们一同坐下吃喝，饭后祂伸手拿过饼来，擘开。祂与这两个忧心忡忡的门徒同享一顿社交性质的饭之后，接着就守祝谢餐，亦即主的晚餐。

　　从教会历史看，我们发现后来爱筵和圣餐就完全分开了。早代教会史记载，教会还举行交通性质的爱筵，但过不久，爱筵就停止了，只保留圣餐，直到今日。如今许多人不知道什么是爱筵。我小时候还偶尔与父亲去参加卫理公会的爱筵,他们不用酒和饼,而是吃饼干和水。现在绝大部分的教会都没有爱筵了。

这是哥林多的光景。那里的社会生活与拜偶像密切相关,他们的偶像敬拜常常伴随着盛大的筵席,往往席上食用的肉就是刚刚祭过偶像的。他们将社会生活和拜偶像合并为一。如今教会在哥林多成立了,毫无疑问的,城里异教徒的行径多多少少会影响到教会,基督徒将他们的爱筵和圣餐合在一起,就像异教徒将拜偶像与社会生活联合起来一样。这是问题所在。开头的句子显示了保罗下面要写些什么。

本段第一部分是使徒的责备(17a)。然后是哥林多的混乱情形(17b~22节)。接下去是一段极美丽而庄严的经文(23~27节),保罗向哥林多人陈述主晚餐的设立,清楚解释圣餐的意义。结尾很严肃地论到如何预备守主的晚餐(28~34节)。

使徒的责备是,"我现今吩咐你们的话,不是称赞你们。"他在本章第二节曾称赞他们,"我称赞你们,因你们凡事记念我,又坚守我所传给你们的。"如今他不是称赞他们。他要论到的事使他无法口出美言。从这段起,他开始严厉地提出责备。为什么?因他们没有听从他的话。第二十三节说,"我当日传给你们的,原是从主领受的。""传"这动词是过去式,他从前曾传给他们一些信息,曾给他们指示,但他们没有遵守。因此他不可能称赞他们。

哥林多人的光景如何?第一句话显明他们的聚会"不是受益,乃是招损"。他们聚在一起,形成教会;那不是指一个建筑,而是指保罗这封信一开头所提到的信徒。我们已经看过,他们聚集交通,享受爱筵,守圣餐。如今保罗说他们的聚集没有益处,反而招损。换句话说,他们的聚会只会带来害处。保罗用的这词相当强烈。

他指出他们所作的。第十八节,"第一,我听说你们聚会的时候,彼此分门别类;我也稍微地信这话。"他先对付教会里的纷争(18~19节),其次对付礼仪上的缺失(20~22节)。他说,信徒聚集同守爱筵和圣餐,本来是为了彼此相交、合一,结果他们不但未彼此交通,反而分门别类。保罗所谓的"分门别类"就是分裂,结党。套用一个现代名词,就是"搞小圈子"。他称"分门结党的事",并不是指异端,而是指他前面提到的纷争;有人说他是属保罗的,有人说是属亚波罗的,也有自称属矶法或基督的。保罗在这里的意思是,你们聚集吃饭,本应表达你们的合一,但你们却分门别类,各属不同派别。你们是四分五裂的一群人。

郭德(Baring Gould)曾写过一首诗歌,里面有一句是,"我们不分别,全属一身子。"他的用意在表明英国国教的合一,不受反教者的干扰。有趣的是,这首诗歌写成之后,卫理公会,会众派教会,长老会,浸信会,以及其他的聚会,都将它收集到他们的诗歌本中。郭德晚年时说,他终于明白,这首诗歌本身的含义远比他当初想到的还丰富。

"我们不分别,全属一身子。"

然而在哥林多,教会里面分门结党,破坏了合一,甚至吃饭的事都受到干扰。

我们来看这段令人吃惊的记载。这些人守主的晚餐,与爱筵有密切关连。他们允许在爱筵中所彰显出来的分别,也表现在主的晚餐里。到处都有纷争。保罗在这里强调的是,社交性质的聚集算不得是主的晚餐。他指出两者有明显的区别。这一段话有些难懂。我们常常看见有些教会分裂之后,就有一群人出去,另外成立教会,但哥林多的情形不同,没有人离开。他们继续留在里面,用他们的习惯和自私的行动破坏彼此的交通。这是一件严重的事。哥林多教会里有些穷人饿着肚子,另外有些人则在爱筵中醉酒,他们甚至跨越界限,在守圣餐时醉酒,这是我们难以想像和明白的。使徒因此严厉地提醒、警告他们。他说,你们要吃喝,不如回家吧!他要求将两者的界限划分清楚。"你们要吃喝,难道没有家吗? 还是藐视神的教会?"那样作是贬低教会的价值,用轻蔑的态度对待教会。我无法赞同你们的行径。"我不称赞。"

或许我们不会有同样的表现,但我们都有一个危险,就是在教会里存着同样的灵,它会造成纷争,分裂。当我们坚持只要某一个派别或某一个教义时,我们就失去了那真正的灵——就是交通。

接下来的话实际上不需要什么解释。保罗提出有关主的晚餐之真理，来纠正他们的失败。"我当日传给你们的，原是从主领受的。"表示他曾经教导过他们。"我当日传给你们的"，指的是过去，他已经将这一切教导过他们。但请留意保罗这里的宣告，"原是从主领受的。"解释这句话，只有一个法子。保罗声明，有关圣餐的教导，是他直接从主那里得到的启示。我是从主领受的。他在第十五章第三节里说，"我当日所领受又传给你们的，第一，就是基督照圣经所说，为我们的罪死了。"再度提及他曾教导过他们。他所传给他们的，都是从主领受的。

毫无疑问的，他宣告说，他直接的权柄是从直接的启示而来。保罗一直不断为他的使徒身份辩护。我们不禁想到他在加拉太书中所说的，"弟兄们，我告诉你们，我素来所传的福音，不是出于人的意思。因为我不是从人领受的，也不是人教导我的，乃是从耶稣基督启示来的"（加一 11）。我们无法确知这启示是何时何地临到他的，但我们记得他离开大马色之后，到往耶路撒冷去之前，这中间曾有过几年奇妙的时光。不要忘了使徒行传第九章第二十五和二十六节之间所跨越的年代，其中包括了他在阿拉伯停留的两年，我们无法知道那段时间他得了什么光照，个人直接从神领受了多深的教导。然后他又往大数去，停留数载，直到巴拿巴寻着他。那是一段相当长的时间，可能他在那时从神领受了教导。这是保罗的权柄。

他提醒他们，他已传过这些事了。保罗关心的是他们守圣餐的习惯。爱筵与谢恩餐已合并在一起举行。他们守爱筵的态度侵犯了守圣餐的事，因此他们是在藐视神的教会。

下面的话我们非常熟悉。他从主领受的是什么？

"就是主耶稣被卖的那一夜，拿起饼来，祝谢了，就擘开，说，这是我的身体，为你们舍的；你们应当如此行，为的是记念我。饭后，也照样拿起杯来，说，这杯是用我的血所立的新约；你们每逢喝的时候，要如此行，为的是记念我。你们每逢吃这饼，喝这杯，是表明主的死，直等到祂来。"

这段经文毋需多加解释。这是一幅美丽的画面。在那个黑暗的夜晚，所有黑暗势力拼尽全力要毁灭祂时，祂却祝谢！哦！何等的奇妙！

祂告诉他们，要吃这饼，喝这杯，为的是记念祂。祂清楚宣告，他们这样作是表明祂的死，直等到祂来。使徒将圣餐高举到它真正的地位，并且指出它的崇高和单纯，耶稣祝谢的那一刻，黑夜也发出了明光；每一个在场的人，都与祂的身体，祂的血，祂的同在有份。保罗是用正确的陈述来纠正错误。

保罗在最后几节（28～34 节）坚持预备的必要。他们若是事先有这些预备，就不会在爱筵和谢恩餐上有那些举动了。"人应当自己省察。"就是试验、反省自己。除非你经过了省察的过程，否则不要到主的桌前；你来的时候，也不要忘记当符合的条件。我们要分辨身体，不单单是人类残破的身体，并且也要分辨祂教会的奥秘身体。保罗在下一章里还会对这点有所说明。要用正确的观点来分辨主的身体。

他们失败的原因是，有许多人软弱，就是乏力，也有许多人生病，死亡。由于他们没有预备好就到主的桌前，并且未用正确的态度守圣餐，所以软弱、疾病、死亡接踵而来，临到他们。

于是他要求他们自己审察，就是判断、自省，直到他们的良心没有亏损为止。

他最后吩咐哥林多人，他们聚集一起吃饭的时候要彼此等候。他们在这事上应该虔敬，有秩序；如果他们仅将其视作社交性质的聚集，那么最佳的场所应该是家里，而不是聚会的地方。

最后他说，"其余的事，我来的时候再安排。"我们已看见这教会里面有纷争、邪恶、不道德的事，和各种辩论、难处，这一切都已经使他们受到损害。保罗实际上这么说：显然还有其他事情需要对付，但我不打算在这里一一论及。等我来的时候再安排。下面我们就来到这封信的第二部分。

保罗用"其余的事，我来的时候再安排"这句话，结束了本卷书信的头一部分。现在他开始论到另外的事，采用别的方法。他知道哥林多还有其他不合宜的事，正影响着教会的生活和见证；但他已经对付了其中一些最重要的事，他从别人听来的事，以及他们在信中提到的事。

"我来的时候"这话很醒目。他没有特定的计划，他不知道何时能见到他们，但他盼望见他们，好安排其余的事。将这句话和本段经文合在一起，就会发现他正开始对付另外的事。还有另一些事必须说，必须对付，这些事和前面讨论过的密切相关，但仍有分别。

本卷书信的第一部分完全是纠正性的。从本段开始到全信结尾，则全然是建设性的。纠正的部分是为了对付因教会属肉体而引起的混乱，这妨碍了教会的功能——就是与主耶稣基督一同得份。这是教会在哥林多的责任。但教会未能克尽其职，因为他们属肉体，放纵私欲。保罗不能向他们讲属灵的事，只能讲属肉体的事。他们被本性中属肉体的一面所控制，稍后保罗再度说，"你们是属肉体的。"说明了他们中间一切混乱、堕落和纷争的事，这些事破坏了他们的见证，阻碍他们发挥应有的功能。

保罗说，"论到属灵的事"（中文圣经作"属灵的恩赐"）。他已论及了那些导致教会软弱的事，如今他开始谈到使教会真正得能力的事。先是纠正软弱，接着就是鼓励得能力。因此这卷书信很自然地分成两部分。让我们注意这个新的起头，纵览整段经文，然后回到最基本的事实上。第十二章开头的三节经文已清楚宣告了这事实。

保罗在这里说，"论到"。论到什么？有些译本作"论到属灵的恩赐"。我们立刻发现"恩赐"不是印成斜体字,就是下面有小点标志。这表明原来希腊文圣经中并无此字,是翻译的人为了行文流畅而添加上去的。当然,这种作法有它的用处;但是我想此处添加的"恩赐"却严重误导了原意。许多学者、译者都采用"属灵的恩赐",容我大着胆子说,他们都错了。翻译的人常常和解经家一样。他们总是一窝蜂地盲从,好像一群羊,一只跟着一只;我们可以引用圣经的话来形容他们:"我们都如羊走迷,各人偏行己路"(赛五十三6)。这是非常重要的。

"属灵的"一词希腊文是"pneumatikon",就我所知,有十六位译者译作"属灵的恩赐"。司可福(Scofield)译作"属灵的恩赐",然后留下注脚,说"属灵的恩赐"有误。我发现只有杨氏(Young)的新约译本作不同的翻译。他译作:"论到属灵的事。"他在"属灵的"一词后面加上"事",而不用"恩赐"。这中间的区别相当重要。

十六位不同的译者这样的翻译一共在新约中出现二十六次。只有三次"恩赐"一词被放在"属灵的"后面。第一次是保罗写给罗马人的信,"因为我切切地想见你们,要把些属灵的恩赐分给你们"(罗一11)。这里的"恩赐"未印成斜体,不过此处"属灵的恩赐"和前面"属灵的"是同一个字,指的都是属灵的事。

第二次出现则是我们目前讨论的这节经文(林前十二1)。第三次是在第十四章第一节:"你们要追求爱,也要切慕属灵的恩赐。"这是仅有的三处,译者将"恩赐"加进去,而每一处都误导了原意,最好将它省略。

那么"pneumatikon"到底是什么意思呢? 这个希腊字,直译就是"属灵的"。它本来是一个复数,但在我们的语言中看不出来,或许这就是为什么翻译圣经的人要加上"恩赐",来解释这个字的原因。但我们确实可以用"属灵的事"来代表它的本意。保罗说,"论到属灵的事。"这意味着是属天上的,而不是凡俗的;是属灵的,而不是属肉体的。这词在希腊文里有一个定冠词,因此可以译成"论到这些属灵的事"。

将"属灵的"译成"属灵的恩赐"可能会给人一种印象,认为保罗从这里开始一直到信尾都将论到恩赐的问题。若事实真是如此,他们加上"恩赐"一词就是加对了。但事实上，保罗稍后才论到恩赐，将其视作"属灵的事"之一部分。如今保罗是总结他前面说过的话。教会已经被属肉体的事所腐化，教会需要重新回到属灵的事上，用属灵的事来对抗属肉体的事。因此开头第一句话非常醒目，"论到属灵的事。"

　　为了得到清晰的概念，让我们对整段经文作一番纵览。从第十二章起到第十五章第五十七节，他都是论到属灵的事。另外第十六章也是一段解释性质的经文。这一整段里，保罗到底论到哪些属灵的事？一共有三件。第一，圣灵的合一（第十二章）。然后他在这一章结束时说，"你们要切切地求那更大的恩赐，我现今把最妙的道指示你们。"他将属灵的事和爱的不变法则指示他们（第十三、十四章）。然后他从复活的生命着眼，论到教会的生活和服事（十五1～57）。因此，为了研读方便，我们可以说，保罗所论到属灵的事包括：第一，圣灵的合一；第二，爱的不变法则；第三，至终的得胜，也就是复活。

　　第五十八节说，"所以，我亲爱的弟兄们，你们务要坚固，不可摇动，常常竭力，多作主工，因为知道你们的劳苦，在主里面不是徒然的。"这话结束了论到属灵之事的这一整段经文。

　　保罗不得不纠正的事，第一是纷争；第二是责任和道德上的疏忽、败坏；第三是教会里面产生的难处。有合一的灵，就不可能有纷争。有不变的爱之法则，就不可能有败坏。有复活的生命和亮光，就可以解决一切难处。因此属灵的事绝对可以纠正属肉体的事。

　　再读一遍这段中最突出的字句，然后回到整本书信最基本的宣告，将两者合并来读。"神是信实的，你们原是被祂所召，好与祂儿子，我们的主耶稣基督，一同得份……所以，我亲爱的弟兄们，你们务要坚固，不可摇动，常常竭力，多作主工。"他最后的呼吁是根据第一章的基本宣告。为了站稳，不摇动，他们必须纠正属肉体的事，活在属灵的能力中。因此我们看到这封信的重点。

　　现在来看第十二章的头三节。请留意保罗如何强调知识的重要。保罗不止一次提到这一点。"弟兄们，论到属灵的事，我不愿意你们不明白。""不明白"在希腊原文里的意思是疏忽，保罗不愿意他们疏忽,不明白,浑然不觉。

他要求他们回顾以往,如此引出了下面的话,"你们作外邦人的时候,随事被牵引,受迷惑,去服事那哑巴偶像。"你们都有过那样的经历。不妨回想一下。这里带有讽刺的语气,"哑巴偶像"直译就是指那些不会说话的假神,偶像,你们把它们放在神的地位上。"有口却不能言"(诗一一五5)。这是诗篇作者的描述。回顾过去,你们还记得"哑巴偶像"。你们"随事被牵引"去拜偶像。保罗未进一步描述他们的生活。他只是提出这整个事实。

保罗似乎这么说:我要你们明白你们整个生命和教会生命的基本事实。他写信给教会。"所以我告诉你们,被神的灵感动的,没有说耶稣是可咒诅的。"然后他又说,"若不是被圣灵感动的,也没有能说耶稣是主的。"本段经文所讲的都与这句话有关。他在强调神教会的中心事实,那就是绝对尊基督为主。

请注意使徒在这里所说的,只有通过圣灵的工作,人才能明白这中心的事实。只有圣灵能向人解释基督主权的深奥含义。单单用嘴说祂是我的主很容易,但祂真是我的主吗?祂在世上时曾说,"当那日,必有许多人对我说,主啊,主啊,我们不是奉你的名传道,奉你的名赶鬼,奉你的名行许多异能吗?我就明明地告诉他们说,我从来不认识你们"(太七22~23)。我们可以呼叫祂的名,称祂为主。但称祂为主的真正意义是将整个生命给祂,尊祂为惟一的主。只有在圣灵的感动下,我们才能明白基督的主权。

从这一点着手,保罗开始指出恩赐的差别;然而教会生活的中心事实是尊基督为主。有许多事都是由此衍生出来的。我们是否有一个福音?我们正在传讲福音吗?它最伟大的中心事实是什么?十字架?不!乃是主,基督的主权;是拥有主权的基督。"你们钉在十字架上的这位耶稣,神已经立祂为主、为基督了"(徒二36)——这就是教会的中心真理。

这整段经文启示了教会的奇妙和荣耀。我们现在可以归纳说,教会就是一群被圣灵感动,尊基督为主的人。只有圣灵能解释基督的主权。祂是神,也是基督,又是救赎主。神的灵在人的心里动工,就使人相信,顺服。

　　论到属灵的事,保罗首先在短短几句话里指明了教会生活的中心事实,就是基督的主权;人在圣灵的感动下,必定会尊祂为主。

使徒论到属灵的事时,他第一个主题就是教会的合一。就许多方面而言,这是新约圣经论及教会的篇章中最突出的一章。神已差派保罗,作祂奥秘事的管家。保罗是一个杰出的诠释者,他的每一卷书都带着这个印记。关于教会,他有许多事要说,本章只是巧妙地浓缩了他对教会的记载。

他在本章头三节里已道出了基本事实,就是耶稣的主权,以及圣灵感动人认识这主权。如今他藉着教会合一的异象,来纠正教会的纷争。我们常常不明白祂的主权,不然就是用自己的想法来衡量它。耶稣基督的权柄和主权是最中心而基本的事实。教会的整个事实即在此。"你们说我是谁?"我们都记得这句话,以及最终的回答,"你是基督,是永生神的儿子"(太十六16)。那就是彼得的伟大认信,他承认耶稣是神的儿子,是主,有完全和最终的权柄,这是教会生活的中心事实。

承认基督是主,只有一个方法,就是被圣灵感动。我们可以用口称耶稣为主,但并不真正明白"主"这个字的完整含义;除非我们得到圣灵的解释。神的灵用两种方式诠释基督的主权,第一,藉着祂这个人和祂的存在。第二,藉着祂救赎的工作。圣灵如今也一直在采用这方法。我们若仅将耶稣视作一个人,世上最伟大的人,就无法看见祂存在的事实。祂是神,彰显在肉身上。这是祂的主权之基石。祂的救赎工作使祂从荆棘冠冕中得到了永恒荣耀的冠冕。这些都是教会生活的中心事实。

保罗接着从这个观点来衡量教会。本章其余的部分是对教会所作的一个浓缩、精彩而完整的叙述。第一,总结有关教会的真理(4～

7 节）。保罗在这段中讲到恩赐、职事和功用。然后他再特别论到恩赐（8～11 节）、职事（12～27 节）和功用（28～31 节）。本章可以说是一篇最有系统、最精致的杰作，因为看见如此清晰、锐利、井然有序的启示，是最美不过的了！有关教会，我们所能说的，在这段经文中都已经说尽了，正如前面说过的，只要是教会，就应该蒙神所召，与基督一同得份。

现在来看看保罗的归纳。留意其中出现的词："分别"，"一位"，"分别"，"一位"，"分别"，"一位"。也请留意圣灵、子、父合一的奥秘。这完整地涵盖了有关教会的真理。我们可以针对这些讲出许多道理；但不妨先从一点开始。

"分别"一词颇引人注目，"恩赐原有分别"，"职事也有分别"，"功用也有分别"。我不是说"分别"一词用得不恰当，但它可能使我们错失了一些东西。希腊文原文里，这个词非常有意思，指总是连在一起的两样东西之间的分别，系属于一种似非而是的隽语。教会里面有分别，有差异。这些词并非不妥当，但必须记住它的本意还是略有不同。我们读到"分别"一词时要知道，它是指总是连在一起的两个部分之间的分别。

在这群尊基督为主、以祂的主权为他们生命和服事中最主要事实的人中间，在整个团体里面，有恩赐、职事、功能的分别。在教会里，我们都可以看见这些分别。

恩赐是什么？是服事的才能。一切才能都是恩赐。我尽可能将它说得浅显易懂。就我个人来说，我算不得什么，在服事神国度的事上，对人对神都一无用处。如果说神曾以祂的无限恩典允许我服事了祂半个世纪，甚至更长，那么我惟一凭借的就是祂赐给我的恩赐。恩赐是服事的才能。

职事是什么？它指管理，治理，也就是服事的机会。恩赐是服事的才能，职事是服事的机会。

功能则是力量，是服事的装备。保罗审视整个教会。他看到恩赐、职事、功能的分别，但圣灵、主、神却是一位。这给了我们关于教会一个多么奇妙、具启发性、有意义的异象！我们不可将圣灵、主、父神划分成三个不同的位格。保罗这里指的就是神。祂藉圣灵赐下恩赐，藉祂的儿子安排服事的事；而祂自己是那伟大的能力和动力，帮助凡领受祂恩赐的人运用他们的恩赐，成就祂的荣耀。

　　最后一节显示保罗考虑到的是教会。"圣灵显在各人身上，是叫人得益处。"不论是所赐下的恩赐，或让我们运用恩赐的职事，或帮助我们去服事的能力，这些都是衡量给"各人"的。这不是说，各人都有同样的恩赐；事实上可能正相反。这话真正指的是，神赐恩赐给各人，不是为了成全各人，而是"叫人得益处"。我们立刻从里面看到了珍贵的交通。不论你我所得的恩赐是什么，它赐下给我们各人，只有一个目的，就是要我们使用恩赐以叫人得益处。

保罗在本段（十二 8～31）里仍继续论到教会的合一，探讨合一的实现。恩赐是服事的才能，"这人……那人……又有一人……又叫一人……"，这一类的词总共出现九次。如今保罗一一列出各种恩赐。此处的名单并非包罗无遗的。他也未自称已列出所有恩赐。从保罗其他的书信里（例如罗十二 3～8；弗四 7～16 等），我们还可以发现此处未包括的恩赐。这里所列的恩赐名单相当具有说明性，让我们来一一探讨。

第一，"智慧的言语。"这是一种恩赐，指一个人能直接洞察真理。

第二，"知识的言语。"它不是对真理的直接领悟，而是透过审察来明白真理。并非所有的基督徒都有这两种恩赐，它们是在主的身子（教会）之内赐下的，为的是叫这身子得益处。

第三，"信心。"这也是恩赐，是前二者的基础。信心是看见那不可见的事物，是所望之事的实底，是未见之事的确据。靠着信心，人可以忍耐，好像见到那不可见的主。没有信心，人无法直接洞察真理，也不可能审察真理。信心是分别的恩赐；有人得到，有人未得到。

然后是"医病的恩赐"。直译就是使病人康复的恩赐。不要奇怪为何我们今日比较少见到这项恩赐。答案很简单，因为主现今比较少赐下这样的恩赐了。我这一生中也曾看过一些人显然有医治的恩赐。他们将手按在病人头上，病人就得到了痊愈。我不是说，他们对病人说，你若信就必得医治。那完全不是医病的恩赐。医病的恩赐是超自然的。我相信今日我们的国家中确实有一些人有这种恩赐，但它不是广泛赐给众人的。这恩赐在教会里赐下，为了叫人得益处。

接着是"行异能"。这种恩赐能使领受的人作一些完全超自然的事。是的,这是神所赐的,直到今日仍然如此。

"作先知",就是能使神的旨意被人知晓。作先知并不一定要说预言,除非有必要。有先知恩赐的人能够将真理述说出来(forth-telling),有时也说预言(foretelling)。

"辨别诸灵"是一项重要的恩赐,有能力区分灵的真与假。今日某些人有这恩赐,某些人则没有。

然后是"说方言",通常指狂喜的语言。新约里凡出现"方言"一词,都是指狂喜的语言,它不是用来讲道,而是用来赞美的。五旬节那一天,他们都受圣灵充满说起别国的话。但这恩赐不是为讲道、敬拜,而是为赞美而赐下的。群众见状都甚惊讶,因为他们听见使徒用他们的乡谈"讲说神的大作为"。这是一项特别的恩赐。早代教会中,说方言是非常普遍的。

下一个恩赐也有密切的相关性,"翻方言。"有些人所讲的方言,无法为别人明白。于是有人有特别的恩赐去解释这些人所讲的方言。

这份单子并未包括全部恩赐,还有别的未列入。仔细研究会发现有些恩赐如今已不再赐给教会了。但请留心结尾的话,"这一切都是这位圣灵所运行,随己意分给各人的。"我们无权说,我要这个恩赐,那个恩赐。"随己意。"祂若赐下,我们就使用这恩赐。祂若收回,并且不赐下任何特别的恩赐,那么这仍是在祂的旨意之内,出于祂无限的智慧。我们已看到保罗对这九种恩赐的解释。这些都是在教会里面赐下的。从头至尾都可以看见分别所在。我们可以随己意安排吗?不!"圣灵……随己意分给各人。"这句话多么美妙!恩赐原有分别,但每一个恩赐彼此之间都有密切的关系。你有第一项恩赐,我有第二项,别人有第三项或第四项;每一项恩赐都紧密相关。它们是分开的,却是彼此相关的。合一的原则是:圣灵只有一位。

这里我们看见,教会正在建立;稍后还会有更多的讨论。教会是一个有机体(organism),而不是机构(organization)。我并不反对机构,但我相信过去我们太强调机构,而忽略了教会功能上的合一和完整。我们在这里看见,教会是一个有机体。恩赐原有分别,但它们彼此绝不冲突，它们联合起来，共同完成教会（而不是个人）的功能。所以你使用你的恩赐，我运用我的恩赐，我们一齐在圣灵的能力和主的管理下，就能使教会在尊耶稣基督为主的基石上，发挥她在世界中作见证、荣耀神的功用。

我们已探讨过圣灵的恩赐。现在来看主的职事。"职事也有分别，主却是一位。"职事，行政，指导，恩赐的管理，这一切都在同一位主的管理之下。首先请看使徒在这里采用的比喻（12～13 节），然后注意他提到的分别（14～24 节）。最后保罗用他前面提到的比喻指出分别的合一（25～27 节）。

先从比喻开始。这是一个耳熟能详的比喻了，但我不知道有多少人真正花时间思考过这个比喻所牵涉的范围。只有当一个比喻所传达的意义精彩到脱离这比喻就无法为人明白时，这比喻就具有无上的价值。一个比喻的价值与它能帮助人了解事实的程度成正比。让我们将这两点铭记于心。保罗在这里用了身体的比喻。我们不妨暂时忘记这段经文的属灵含义和内容，只将心思集中在使徒采用的符号——身体上。保罗也在他其他书信，包括罗马书、以弗所书和歌罗西书里采用这比喻，他把教会比作基督的身子。但在本章中，保罗特别花时间仔细地论及这比喻。留意第十二节，"就如身子是一个，却有许多肢体；而且肢体虽多，仍是一个身子；基督也是这样。"再跳到第二十七节，"你们就是基督的身子，并且各自作肢体。"这是本段经文的界限。开始和结尾都提到他以比喻所强调的真理。

来看看这个身子的比喻。我不知道我们多久没有坐下来好好思想一下我们的身子了。整段经文提到身子时都是用"soma"这个字。从第十二节至第二十七节，保罗一共用到"身子"十六次，至于整大段经文里则用了十八次。有些人认为，保罗这些年一直饱受身体病痛之苦，我相信是如此；但此处他看到的是一个理想的身子，他知道这身子是何等奇妙，美好。想想看，这个比喻糅合了平凡与崇高。许多年前芝加哥有一位科学家柯瑞克博士（Dr. Graig），曾在芝加哥医学协会的会议上演讲，讲到人的身体。他指出我们看一个身子时，除了它的物质部分以外，还要加上一些其他的东西。他说，"从化学的观点来观察一个约一百五十磅重的人体。它所含的石灰足以粉刷一个鸡笼,所含的糖足以装满一个小糖罐子,所含的铁足以作成三英寸长的大铁钉,另外还有许多的水分。这一切总值九十八美分,或者说,每一百磅的身体约值六十分钱!"

你作何感想?用化学来分析,我们只值这么些钱?从我们的身体所析出的石灰、糖、铁、水,加起来不到一块美金,这就是身子!

但每个人都知道,身子的价值不在于此。回到诗篇,我们可以引用一段非常熟悉的话:

　　"我要称谢你,因我受造奇妙可畏;
　　你的作为奇妙;
　　这是我心深知道的。
　　我在暗中受造,
　　在地的深处被联络,
　　那时,我的形体并不向你隐藏。
　　我未成形的体质,你的眼早已看见了;
　　你所定的日子,我尚未度一日,
　　你都写在你的册上了。"
　　(诗一三九 14～16)

我这用石灰、糖、铁、水组成的形体并不向你隐藏。我受造奇妙而可畏。我们可以说,这人所含的铁较多,那人的石灰较多,但这样说并未包括他的整个形体。在物质的事实后面,有一奥秘的实体,它的造成是奇妙可畏的。每一个人出生之前,都已被同一位主所知晓。保罗现在就是用这比喻,即身体的比喻。它的物质成分几乎一文不值,然而它却是人类所知最精密奇妙的有机体。基督的身子也是如此。这是何等卑微的陈述,又是何等高贵的观念!我们算得了什么?一无所值!除非我们被带入祂生命和身子的奥秘中!

保罗说,无论是犹太人,希腊人,为奴的,自主的,我们都从一位圣灵受洗,归于基督自己。无用的物质藉着基督的生命被用在基督自己的奥秘里,就形成了祂的身子——教会。

　　保罗提出这个比喻,用来论分别的事。"就如身子是一个,却有许多肢体。"记住这一句话,然后来看第二十节,"但如今肢体是多的,身子却是一个。"这是从两个不同的角度来论同一个原则。保罗提出两件重要的事实。他正写信给哥林多的教会(也是写给全体教会),他的主题是教会的合一,就是基督身子的合一。本段经文毋需多作解释。记住哥林多的纷争,今日教会显然也有同样的趋势。保罗首先指出,没有人可以贬低自己。这正是他以脚为例的用意。脚对手说,我不是手,不属乎身子;脚是没用的,如果它是手,就属乎身子;眼和耳也一样。保罗用身体的一些器官来指身子的功用。耳说,我不是眼,我缺乏眼的明亮,所以我不属乎身子。这是自贬身价,保罗说,我们不可轻看自己。

　　这并不抵触基督徒要舍己的伟大原则。我们主的教训是,我们若舍了自己,就会寻到自己。不要忘记这一点。那舍弃自己生命的,必要得着生命。但是,虽然我们必须将自我意识降服、击碎在基督的主权下,然而我们没有权利四处对人说,只要我是某某人,我就能在教会里服事。只要我有那个职位;只要我有他的聪明,他的地位就好了。保罗说,这是不对的。身子最软弱、最卑微的肢体,在整个身子的功用上来说都是同样重要的。我们不可轻看自己。

　　接下去是,"肢体是多的,身子却是一个"(20节)。眼不能对手说,我用不着你;头也不能对脚说,我用不着你。如果说前面几节他强调的是不可贬低自己,那么现在他要指出的是不可贬低别人。身子的任何一个肢体都不可对另一个肢体说,我用不着你。为了身子的整体功用,为了完成身子的目标,以及维续它的生命,眼和手,头和脚,都是缺一不可的。

　　我们眼前立刻浮现出一个身子的画面,各肢体在头的管理之下合作无间;你的任何一个肢体都无权说,我是不重要的,我算不得什么;没有一个人可以说他算不得什么。在基督身子的功用上,你和我都得倚靠身子的每一个肢体。

　　"神配搭这身子。"这话多么美妙!祂设立肢体。我们的主曾对祂的门徒说,不是你们拣选我,乃是我拣选你们,又分派你们去结果子。那节经文里所用的"分派",和第二十八节的"设立"是同一词。钦定译本则译成"按立"。这两种翻译都未能表达原文的力量。我已经设立你,那不单单是按立或分派。"神在教会所设立的","神配搭这身子",并照祂的意思设立肢体。

至于我的身子,不妨在神启示的亮光下来看前面提到的化学分析,我们将看见,这个受造奇妙而可畏的身子原是神工作的一部分,是祂工作的结果。再看这个比喻,留意神随祂的旨意配搭这身子。每一个肢体的设立,都是为了整个身体的利益着想。"你的眼睛若了亮,全身就光明"(太六22)。眼睛是整个身子的仆人,每一个肢体也是如此。神不仅仅设立肢体,他又配搭各肢体,好叫他们彼此合作。

最后的事实就是合一,让身子里面没有分裂。这对我们自己的身体是何等重要。当我们想到属灵的领域——基督的身子时,更当看清合一的重要性。基督是头,祂的儿女是祂身子的肢体,让我们以极虔敬的心,注意保罗的话;他说,头不能对脚说,我用不着你。即使在这奥秘的身子里,基督也需要最软弱的肢体,虽然从人愚蠢的标准来看,这些肢体是最软弱、最无关紧要的。对祂而言,每一个肢体都是重要的,为了完成祂奥秘身子在世上的使命,这个微小肢体和身子上的任何其他肢体,都是一样珍贵、重要的。

这是何等美丽的图画!前面已说过,教会在这里被看作是一个有机体,而不是一个组织。这并不是在贬低组织的价值,它有它的地位。但组织应该被视为方法,透过它,有机体可以发挥其特殊的功能。在大自然里,还有什么比人类的身子更神奇的有机体呢?树是有机体,但它的奇妙绝对无法与人类的身子相比。保罗采用了自然世界最终极、最完美的有机体,来说明基督身子的合一性。我们从其中学到的重要功课是:第一,不可轻看自己;第二,不可轻看别人;第三,不可有分裂、结党、纷争。然后是一个极普遍的经历——若一个肢体受苦,所有的肢体就一同受苦;若一个肢体得荣耀,所有的肢体就一同快乐。基督是头,我们是祂身子上的肢体。

教会被看作是主的身子;圣灵赐下才能,主指导行动,神供应能力。这一切形成了教会真正的功能。神是信实的,藉着祂,我们得以与祂的儿子耶稣基督在生命和服事上合一。

"恩赐原有分别,圣灵却是一位。职事也有分别,主却是一位。"现在保罗进一步讲到,"功用也有分别,神却是一位"。"神在教会所设立的"有使徒,先知,教师,行异能的,医病的,帮助人的,治理事的,说方言的。这些不同的工作,服事的装备,不同形式的能力,都表现在神的教会里。

我们先来看使徒的宣告,他说这一切都是在神的管理之下。"神……所设立的。"这是伟大的句子,稍早在第十八节也出现过,"神……安排。"神不单单按立,分派,并且将各恩赐放在适当的地方,这就是"设立"一词(tithemi)的原意。神把恩赐放在教会里。有先知,有使徒……等等。神把他们置于教会中。从神所赐的恩赐里,我们看见了神的智慧。

然后保罗解释服事的不同能力。这里列出的单子并未包括所有的恩赐,他只是举出一些例证。他说,"第一是使徒。"关于这一句话,有许多不同的意见。有些人认为"第一"是指阶层,在教会里居最高位的是使徒,其次是先知,再其次是教师。我并不这样解释"第一,第二,第三"的意义。我认为这是标明教会历史上的一种程序。首先有的是使徒,然后是先知,再来才是教师。使徒最主要的工作是阐明真理。先知的工作是向外面世界宣告真理。教师的工作在历史的程序上较晚,他们是向已经听过先知宣讲"道"的那些人施行教导,以帮助他们在信心上增长。

"使徒"是什么意思?我们不断听人说,使徒的意思是差派。这种说法虽然正确,却不够完备。那不是"使徒"一词最初的含义。它只是希腊原文的音译。它有差派的意思,但这不是最初的含义。使徒首先必须分别出来,然后才差派出去。看看我们的主在世上服事时祂周围的使徒。他们首先被祂拣选,分别出来,然后祂才打发他们出去。马可清楚记载,主耶稣拣选他们,"要他们常和自己同在,也要差他们去传道"(可三14)。这十二个人是教会史上的第一批使徒。

然后是"先知"。这词的意思不是指能预告未来事物的人,而是指能宣告神旨意的人。先知带着信息进入外面的世界。请留心这份单子未将传福音的列入。他们有他们的地位。再重复一遍，这里的单子并不完整。

其次是"教师"，他们教导那在主道上作门徒的人。这是另外一种恩赐。

接下去是"行异能的"，这也是神给的恩赐。然后是医病的恩赐，意思是这个恩赐能使人奉主的名，确实医治人的疾病。我们或许会问，为什么教会如今已失去了这两项恩赐？我们必须问神。如果有必要赐下这两项恩赐，祂一定会如此作。祂依照需要，在教会设立恩赐。不要将医病的恩赐与所谓的"神医"相混淆。事实上，根本没有所谓的神医。我个人认识几位有医病恩赐的人。神今日较少赐下这恩赐，原是出于祂的智慧。祂视需要而赐恩赐。

下一个是"帮助人的"。这个恩赐在一连串的恩赐中格外显得可亲。"帮助"的意思是帮助者，亦即那些在各方面减轻别人重担的人。不久前我曾主领过一次丧事礼拜，我认识这位死者有很长一段时间了。他总是在这教会里担任带领人入座的工作。坦白说，我认为他所能作的也只有这份服事。其实他在作的就是帮助人。但我要强调的是，在神的殿中帮助人入座也是一种恩赐，是神所赐的。除非一个人有神所赐的这恩赐，我们不应该用他在教会里带领人入座。我看过有些人装作在帮助人的样子，但心底深处我知道他们不该担任这工作。但愿这些人记住，帮助人是一种由神来的恩赐。

然后是"治理事的"，指那些掌舵、导航、指挥的人。这是一种恩赐，并非人人皆有，它是神设立的恩赐。

"说方言的"，今日这恩赐已不多见。除非有人翻译方言，否则说方言的恩赐就没有多大价值。这些就是保罗列出的恩赐，他指出教会里面的不同功能，它们都是出于神的旨意和作为，而赐给教会的。

然后他指明这些都是神所分配的。"岂都是使徒吗？岂都是先知吗？岂都是教师吗？岂都是行异能的吗？岂都是得恩赐医病的吗？岂都是说方言的吗？岂都是翻方言的吗？"这立刻显示，没有人拥有全部恩赐，它们都是神分配、赐下的。是神给我作教师的恩赐。

是神给我的朋友帮助人的恩赐。是神赐下治理事的恩赐，和每一样其他的恩赐，好叫整个身体发挥完全的功用。若一个人有先知的恩赐，那是为了整体的利益。这就是合一的教训。我们这里看见神在作工。

　　保罗用一句话总结整段经文，"你们要切切地求那更大的恩赐。"什么是更大的恩赐？我们继续读到第十四章，就会找到答案。最大的恩赐是最能有助于别人的恩赐，第十四章将有精彩的论述。保罗说，"你们要切切地求那更大的恩赐，我现今把最妙的道指示你们。"最妙的道是生命的律，主宰着我们对神所赐恩赐的态度。那是什么？"你们要追求爱"（十四1）。第十三章里，他教导什么是爱。他先说，你们要切切地求那更大的恩赐，我现今把最妙的道指示你们；然后他转去论爱。从这观点看，所有文学作品中，没有任何论爱的篇章堪与哥林多前书第十三章相比。保罗述说了爱的价值，爱的美德，爱的得胜之后，就在第十四章说，"你们要追求爱。"但愿爱成为我们永久的律，管理着基督教会的每一个肢体。

　　从文学的角度看,本章是人类笔下最杰出的佳作。在使徒的教导中,本章是加插进去的,它和使徒所有的教导关系密切。

　　我们看见第十二章的结尾和第十四章的开头有紧密的关连。"你们要切切地求那更大的恩赐,我现今把最妙的道指示你们……你们要追求爱。""追求爱"这句话包含了他的宣告——什么是最妙的道。因此我们看出第十三章是插进去的,目的在教导我们如何追求爱。保罗在本章里指出真正的爱是什么。

　　本章的特质是,它糅合了诗意的美感和科学的分析。我想没有人愿意用分析的方法来对待它,似乎这样作对它是大不敬的。我曾独自一遍又一遍地读过这整章经文。它充满了美感,并且富有极高的技巧。没有人愿意将它分析成碎片,然后细细察阅。我常常用植物学的比喻来论到有关分析的事。我很庆幸自己年轻时有机会学了一门植物学的课。我不是什么植物学家,但我仍记得植物学的深奥迷人之处。如果我们在沼泽地带寻找一种植物,找到了,就将它撕成碎片,来研究它的美,我们再也无法使碎片复合。从审察、分析的观点研读这一章经文,就好像植物学家分析叶子一样,但可庆幸的是,如果我把一朵花的花瓣一片片扯下来,一窥它隐藏的美丽,就再也无法将它组合成原来的样子;但我分析这章经文,分析完了以后,它仍然在那里,丝毫不受到任何戕害或改变。所以我们不妨先用分析的方法来研究这一章经文。

　　本章论到爱的三方面。第一,保罗在头三节里指明爱的价值。由于缺乏更好的形容词汇,于是他在第四至七节中叙述爱的美德。最后用爱的得胜结束全章(8～13节)。我们不妨将整章分析成这三个部分,以看清全章的结构。

首先,请看这几节论到爱的价值之经文。第一节说明爱是服事的力量;第二节显示爱是装备人的动力;第三节指出爱是献身的动力。他的整个论证都在显示爱的价值。他宣告说,若没有爱,他所提到的这一切美妙事物都算不得什么。

"我若能说万人的方言,并天使的话语,却没有爱,我就成了鸣的锣、响的钹一般。"我们读到这里,似乎耳际也响起了锣和钹的响声。保罗说,如果我说万人的方言和天使的话语,它们听起来像什么? 只是喧闹的杂音。我的言词后面若没有爱,尽管我口若悬河,滔滔不绝,我仍不过是一个发声的器具,就像鸣的锣、响的钹一样,没有生命,听起来只是空洞的、乏力的声音。爱是言语的力量,若缺乏爱,一个人即使能说多人的方言和天使的话语,也不过是在制造噪音。保罗的话中含有几分讽刺的意味。我们都可能是一大堆噪音。

"我若有先知讲道之能,也明白各样的奥秘,各样的知识;而且有全备的信,叫我能够移山,却没有爱,我就算不得什么。"我若有先知的恩赐,能宣告神的事;有知识的恩赐,能辨明全然奥秘的事,甚至有足以移山的信心,但若没有爱,我就一无所是。

接下去,"我若将所有的周济穷人",这是慈善心的极度表现,将所有的周济穷人,甚至到一个地步,"又舍己身叫人焚烧,却没有爱,仍然与我无益。"没有人能在这句话上再添加什么,或多作解释。这一切看来都是好的——说方言的能力,先知的恩赐,洞察奥秘的本能,知识的能力,甚至有移山的信心,舍弃自己以周济穷人的慈心,不惜殉道的勇气——但这一切都算不得什么。真正的价值在于爱!

从这一段否定的经文,我们可以得到一个肯定的结论。那是什么? 就是当任何情况下,爱成为动力时,这一切就有了力量和价值。如果爱是说话的动力,是先知宣告神旨意的动力,是信心的动力,是慈善行动后面的动力,是我不惜舍身殉道的动力,那么这一切就有了非凡的价值。但若没有爱,这些不过是噪音,骚动,一无价值。

我们接着来看爱的美德,或者换句话说,来看爱所结的果子。这是中心的信息,多么宝贵! 留意保罗在这里提出双重的七项。他实际上说到十四项美德,毫无疑问的,它们可以区分为两大类。头七项是描述爱能对那些受爱管理的个人产生什么影响。第二组的七项让我们看见爱的价值如何表现在它与人的关系上。第一组是个人的;第二组是相互关系的。

但愿我们记住,爱是在个人里面行动,然后表现在与人的关系上;当我们看那一组相互关系的宣告时,可以看出那是个人的爱产生之结果。

爱对个人会产生什么影响?在各种情况下,我们都看见被爱所管理的人,他们爱的行动是向别人而发的。"爱是恒久忍耐,又有恩慈。"不要轻率读过。这是爱的惊人品质,不单单"恒久忍耐",并且有恩慈。爱绝对不会说,忍耐以三次为限。意思是,忍耐一次、两次还可以,第三次就到了极限。不!爱不受三次的限制。有一回彼得认为自己已经达到了极高的境界,他问耶稣说,我当饶恕弟兄几次?七次可以吗?七次!在人看已经是修养到家了,但主却温柔地看着彼得说,我可没有告诉你饶恕弟兄七次,你当饶恕至少七十个七次,就是四百九十次。"爱是恒久忍耐,又有恩慈。"多出来的恩慈,就是爱的特质之一。

雅各论到他儿子约瑟的一段话是极佳的例证,

"约瑟是多结果子的树枝,
是泉旁多结果的枝子,
他的枝条探出墙外。"

(创四十九 22)

他有一些东西给邻舍,给外面的人;这段话多么富含诗意地表达了保罗的宣告:"爱是恒久忍耐,又有恩慈。"

"爱是不嫉妒。"就是说,耳绝不因为自己不是眼而贬低自己。耳因眼的了亮而一同欢喜。不因别人拥有自己所没有的东西而嫉妒。

"爱是不自夸。"重点在"自"这个字上。这是很奇妙的。口头讲的爱并不是爱。如果有人不断声明他爱我,我反倒心中会起了疑问。

爱是不自夸。这是爱的伟大品质之一。

　　爱是"不张狂"。这是爱的甜蜜因由。它是不贪婪的,因此它不炫耀自己,炫耀是骄傲的直接结果。爱是不张狂,不炫耀。

　　"不作害羞的事。"这句话有很多不同的译法。它最简单的意思就是,爱是常常带着礼貌。爱是有礼的。它不是鲁莽、粗鄙的。它不会四处说长道短,或者直言无隐,出口不逊。爱使人不作这一类的事。

　　"不求自己的益处。"请留意这句话。这可能是对舍己的爱所作最深刻之描述。

　　"不轻易发怒。"有些版本将"轻易"一词省略,因为原文是没有的。很多人就拿这二字作为他们大发雷霆的藉口。不,爱是不发怒,不被激怒的。

　　以上几项是就个人而言的爱。从头至尾是个人与别人的关系,但都是针对个人说的。

　　保罗接着论到相互的爱。虽然它在前七项中也出现,但在后面七项里尤其明显。"不计算人的恶。"换另一种方式说,爱不将人的亏欠记在账上,日后再好好算账。这是那句话的意思。爱不将人的亏欠登记起来,——注明;爱"不计算人的恶"。

　　"不喜欢不义。"这是上句话的另一面。如果你不把人的恶一一记挂在心,你就不会喜欢不义的事。这就是为什么不要计算人的恶之原因。

　　"只喜欢真理。"这正是不喜欢不义的原因,因为你只喜爱神的同在和真理。

　　"凡事包容。"这短句多么美好!不要将它与稍后的"凡事忍耐"相混淆。此处的"包容"有分别出来的含义。它好像一把伞,你撑开伞邀请别人进来,避开外面的大雨。它又是护庇你的屋顶。爱好像一个屋顶,延伸向别人,护庇他们免受风吹雨打之苦。

　　"凡事相信。"这并不是指盲目的相信。它是指本性中没有怀疑。这是多么难得。有些人总是疑心重重。被爱管理的人从不生疑心。

　　"凡事盼望。"那是不顾外面环境,仍存乐观的态度。爱使人看见最美好的一面。

"凡事忍耐。"就是在整个过程中坚忍不懈。如此我们看见了双重的七种爱之本质。

然后保罗提到爱的得胜,第一句话已经涵括了一切,"爱是永不止息。"爱永不褪色,永不萎缩。爱里绝没有所谓的枯枝或黄叶。爱永远年轻,新鲜。"爱是永不止息。"

他接着以一些会过去的事来作对比。请注意,这些事都是崇高的,不是低贱的。先知讲道、说方言、知识等都是好的。"爱是永不止息;先知讲道之能,终必归于无有;说方言之能,终必停止。"我们最好记住这一点。"知识也终必归于无有。"因为那更大的知识到来时,原先较小的知识就被取代。保罗遣词用字很谨慎,"我们现在所知道的有限,先知所讲的也有限;等那完全的来到,这有限的必归于无有了。"

于是他用人的成长、发展作例证说明,这个例子非常美丽。"我作孩子的时候,话语像孩子。""既成了人,就把孩子的事丢弃了。"不是丢弃孩子的单纯,而是丢弃孩童的幼稚,这两者有天渊之别。我们将看见这些崇高美好的事物一一被取代,消失无踪。"我们如今仿佛对着镜子观看,模糊不清;到那时就要面对面了。我如今所知道的有限;到那时就全知道,如同主知道我一样。"

接着就是整段经文的高潮:"如今常存的有信,有望,有爱。"是的,它们总是存在,存到永远,历久弥新。信心永不止息,因为即使在未来的荣耀中,我们有限的心灵仍要面对那无限的知识和荣耀。在天上我们仍需靠着信心而活。当然盼望也将常存,并且常常扩展那显现在我们视野前的地平线。现今我们无法完全明白,但事实仍存在着。这其中最大的还是爱。不要忘了,爱是信心的力量,是激发盼望的动力。因此这三样将常存,其中最大的是爱。

让我们以第十四章第一节来结束本章的研讨。保罗写下了爱的价值、美德和得胜之后,又说,"你们要追求爱。""追求"是一个特殊的词,不是随随便便,而是相当严肃的词。它显示这个行动需要奉献,专注,努力,和不屈不挠的毅力。"追求爱"并非轻而易举之事。保罗这里用的动词"追求"也曾在他其他书信里出现过。他写给腓立比人的书信中有一段他的自传，里面三度用到这个词。他说从前他"逼迫教会"（腓三6），用的是同一个动词。同一章里他又说，我乃是"竭力追求"，也是同一动词。另外第十三、十四节他说他是"努力"面前的，为要得着奖赏。"逼迫"，"竭力"，"努力"，内在的含义都是指热切的投注。保罗说，耶稣在大马色的路上得着我之前，我逼迫教会；现今我逼迫自己努力，为得祂的奖赏。这几个动词都和此处的"追求"是同样一个动词。将你全部的精力投注在一件事上，就是追求那崇高、永恒的恩赐——爱的恩赐，让爱完全管理你。"你们要追求爱。"

第十四章全章都是关于如何运用从第十二章第三十一节到第十四章第一节里所启示的原则。

保罗在第十二章里说到只有一个圣灵,一位主,一位神,并且一一列出属灵的恩赐。接着他强调教会的合一;结束那一章时他特别鼓励他们,要切切求那更大的恩赐,并且说,"我现今把最妙的道指示你们。"接下去的一句话,就解释和连接的意义上说,应该是第十四章第一节,"你们要追求爱。"我们已研读过第十三章这一诠释爱的美妙篇章。保罗对哥林多的基督徒,以及各处的信徒说,人类最真实的渴望,就是爱。这是伟大的真理。

第十二章他论到属灵的恩赐时说,"又叫一人能作先知,……又叫一人能说方言,又叫一人能翻方言"(十二10)。这三样恩赐列在众恩赐里。如今使徒用第十四章全章来论及先知的恩赐,说方言的恩赐,和翻方言的恩赐。

我们要特别讨论说方言的恩赐,注意它的连带关系。有些人认为今日已经不需要作这一类的讨论了。但我相信这样作是有益的。我曾在美国住了十三年,发现那里的人对这个题目的教导有一些偏颇。确实,在美国有所谓的方言运动。我并不怀疑那些人的虔敬,英国也有这运动的踪迹。这些信仰敬虔的人所教导的有了差失,他们误解了说方言的恩赐。

我特别强调本章的启示,因为就说方言的恩赐这主题而言,本章可以说是最基础的经文。使徒极清楚地论到这主题,我们不应该有所误解。

新约什么地方可以读到说方言的恩赐? 首先我们会想到使徒行

传,那里记载五句节的时候,圣灵降下好像火焰;请注意,火焰是一个,却分开落在聚集的人头上。接着我们读到,他们都被圣灵充满,开始说出别国的话来。

我们又在马可福音最后一章看到说方言的恩赐,那是早代教会的特色之一。马可福音只是提到说方言(十六 17),但未记载细节。

继续读使徒行传的历史,第十章我们看到彼得在哥尼流家时发生的事。圣经记载,圣灵降临在他们身上,各人就领受了说方言的恩赐。另外第十九章记载,保罗到达以弗所,发现那里有一群人,显然他们中间缺少了什么,保罗就问他们,"你们信的时候,受了圣灵没有?"他们说,"没有,也未曾听见有圣灵赐下来。"他们已受了约翰的洗。当保罗向他们解释真理,带领他们超越亚波罗教导的范围,领他们到达某一阶段时,圣灵就降在他们身上,他们也领受了说方言的恩赐。这几处经文是新约仅有的几处提到说方言的恩赐。

再回到哥林多前书第十三章,请留意一件事,第八节有一句话很突出,"说方言之能,终必停止。"这句话极有震撼力,使徒清楚宣告,说方言的恩赐有一天要停止。我们继续研读时,要将这一点铭记于心。

有一点是无庸置疑的——不论这恩赐是什么,它的含义如何,这都是一个正面的恩赐。说方言的恩赐曾赐给教会里的某些人;五句节那一天则是赐给整个教会,但那一天之后,就不再是赐给整个教会了。这是一个醒目的恩赐,就和作先知讲道、翻方言、医病的恩赐一样。

我们若问说方言的恩赐究竟是什么,必须先记住这个词的希腊文是"glossa",在希腊的思想和文学里,它是指某种废弃的、不能理解的字句。它总是被用来描述一种出于极大狂喜而产生的语言形式,是由人属灵或心理方面而来,再带进梦幻、异象的领域里,它总是愉悦、狂喜的。毫无疑问的,此处说方言的恩赐即是这个含义。如果说方言的恩赐临到某个人,就能将他带入异象、光明、荣耀、喜乐的领域,他就说出方言,来描述他所看到的事物。

再回到第十四章,看看保罗的教导。第二节说道,"那说方言的,原不是对人说，乃是对神说。"第二十八节说，"若没有人翻，就当在会中闭口；只对自己和神说就是了。"这是我们要记住的第一个真理，就是方言是对神说的。它绝不是让人讲道用的。简单说来，在我们日常的语言中，它是用来赞美的。这些声音、方言，都是极度喜乐的表现，是在颂扬、赞美。方言是对神说的。

请留意另外一件事。再来看第二节，"那说方言的，原不是对人说，乃是对神说，因为没有人听出来。"然后看第五节，"我愿意你们都说方言，更愿意你们作先知讲道；因为说方言的，若不翻出来，使教会被造就，那作先知讲道的，就比他强了。"方言需要翻译，好叫人明白。第九节，"你们也是如此，舌头若不说容易明白的话，怎能知道所说的是什么呢？这就是向空说话了。"

关于说方言的恩赐，如今我们有两个重要的原则。第一，方言是对神说的。第二，方言必然是人所不明白的。没有人能明白。外人无法明白。我可以进一步说，连说方言的人自己也不明白。

再来看第十四节。"我若用方言祷告，是我的灵祷告，但我的悟性没有果效。"如果一个人有说方言的恩赐，他能用方言对神说话，但他自己却不明白。他所说的他自己不懂。

使徒接着教导说，方言必须有人翻译；他清楚地说，"那说方言的，就当求着能翻出来。"

为了找出他的中心思想，让我们再看第二十八节。"若没有人翻，就当在会中闭口；只对自己和神说就是了。"

这些集合起来，就形成了一个重要的教训。我们不妨仔细思考。说方言是属灵的恩赐。如果有人问我，为什么如今这种恩赐较少见了，我也不知道。或许某些人仍有说方言的恩赐。但如果他们领受了这恩赐，必须记住简单的原则。第一，方言是对神说的，不是对人说的。第二，听见的人无法明白。事实上，领受这恩赐的人将浸浴在狂喜的状态中，他自己也不明白所说的方言。进一步说，如果在公开场合使用这恩赐，就必须有人翻译。使徒宣告，若没有人能翻译，就不要在人面前使用这恩赐，只需对神说。我坚信这个教训是最简单、清楚不过的了，我们不可忘记。

　　根据我与说方言运动密切接触的结果，我发现他们并未符合这些条件。这些人宣称他们有说方言的恩赐，而且人不可能明白他们所说的。但使徒同时说过，若没有翻方言的人，就不要在公开场合说方言，只可单独对神说。

　　就某方面而言，这一切是相当奥秘的。我们或许会问，那么这恩赐有何价值。毫无疑问的，在最初开始的时候，说方言是给外邦人的一种标记；但即使是对外邦人，也需要有翻译，以传达其中的信息。回到使徒行传第二章的记载。我们发现两三件简单的事。那里记载的神迹是，"各人听见门徒用众人的乡谈说话。"他们听见什么？门徒用他们的乡谈"讲说神的大作为"。换句话说，门徒用话语表达神奇妙的作为，神的伟大，神的荣耀，神的恩慈。

　　我们不禁要问，这些人怎么知道？请注意，五旬节的恩赐集合了两件事，最奇妙的是众人明白他们所说的，但他们听到的话使他们心中生起了疑问。这正是方言的用意。他们听见方言，都惊讶猜疑，彼此说，"这是什么意思呢？"请留意两件事。第一，他们从自己的语言里明白有一群人在赞美神，以炽烈的喜悦赞美至高之神；然后他们也开始发问，这是什么意思？紧接着就有翻译。彼得站起来解释说，"你们当知道……这正是先知约珥所说的。"然后引用约珥的话。他讲道的第二部分这样开头："神藉着拿撒勒人耶稣……将祂证明出来……就把你们所看见所听见的，浇灌下来。"说方言的恩赐是一种神迹，他们听见有人用自己的语言赞美神。方言又产生疑问，因为这个标记使他们困惑，"这是什么意思呢？"彼得就回答他们。他的回答可以用两句简单的话涵盖，"这正是先知约珥所说的。""就……浇灌下来。"五旬节的那一群人不是在讲道。他们也不是在宣讲福音。他们用口赞美神，紧接着有翻译，因此我们看到一幅美丽的画面——众人明白门徒用不同的乡谈，是在称颂神的伟大；当彼得站起来解释时，他是在翻译方言，述说他们喜乐赞美的缘由。

　　请记住另一件事。保罗也有说方言的恩赐。确实，他说过他比别人说方言还多。这是真正的恩赐。我们还记得有一次保罗被提到第三层天，在那里听见隐秘的言语，是人不可说的。那是一种伟大的属灵异象。我相信就在那时,和其他的一些场合,说方言的恩赐临到了他。由于他不能翻译,所以他一直对他所听见的保持沉默。或许今日神仍赐下这恩赐,但目前为止我还未见过。我听见有一些人自称他们领受了这种恩赐,我也看过他们陷在一种狂热的、半歇斯底里的状态下,口里喃喃倾泄出一些没有意义的字句。我只能说,他们明显地违背了使徒的教导,因为保罗说,若没有人翻译就不要使用这恩赐。虽然这是一项确定的恩赐,然而保罗也在本章中明确指出,说方言之能"终必停止"(十三 8)。

在基督教会的历史上,我们看到这种恩赐的运用一再出现,而许多希奇古怪的事也常伴随发生。我们并不否认这恩赐可能仍赐给人,但除非有人有明白和翻译的恩赐,否则不可运用它。这是使用说方言恩赐的一个重要法则。

首先来看本章的头三节。最重要的是,"你们要追求爱。"这里提到三项恩赐:先知,说方言,翻方言;本章从头至尾,都可以看见它们相互的关系。为什么我们想得着这些属灵的恩赐,不管是作先知讲道,或说方言,或翻方言的恩赐?让我们扪心自问,我们追求恩赐的动机何在?若没有爱,一切都是虚浮的。爱是最妙的道。"你们要追求爱。"

使徒再度强调他在第十二章结束时所说的话,你们要切切求那更大的恩赐。然后他将作先知和说方言这两种恩赐作对比。留意他如何在头三节里说到这两种恩赐。说方言可能对其他的人没有什么价值。它可能只对拥有这恩赐的人本身有价值。那种崇高的狂喜经历,或许可以帮助他们灵命的增长,但对别人助益不大。保罗不否认这恩赐的价值,他一方面也指出这恩赐所需要的条件。

至于作先知讲道的,是对人说,要"造就、安慰、劝勉人"。一个人说方言是造就自己,但对周围的人益处不大,因为他们不明白。但人若使用先知的恩赐,就是造就人,而且不只造就,还"安慰"、"劝勉"。这个恩赐看到的是别人。

我们追求恩赐,目的何在?雅各有一段话论到这个题目。"你们求也得不着,是因为你们妄求,要浪费在你们的宴乐中"(雅四 3)。

"宴乐"的古字作"贪欲"。我们向神求，以帮助自己的灵命。这不是真正的原则。追求恩赐的真正原则应该是为了别人的缘故，这就是为什么作先知是更大的恩赐。我们情愿追求作先知讲道的恩赐而不追求说方言的恩赐。虽然神可能仍赐下说方言的恩赐，但我们必须遵照神的指示去运用它。

保罗在本段经文（4～25节）中论到一个重要的主题——爱的律与恩赐之关系；他举出三项恩赐：作先知，说方言，和翻方言。虽然爱的律也与第十二章列出的每一项恩赐有关，但这里只特别提出三种恩赐来探讨。

我们同时也在头三节里看到使徒提出的一般性原则，现在他要进一步说明和运用。本段可分成两部分，第四、第五节是一般的叙述；第六至第二十五节是一些论证，目的在说明及运用前面指出的一般性原则。

他的一般叙述非常简单扼要，其实是在重复头三节的原则，只是如今作了特殊的运用。注意他在这里提到的两项恩赐，说方言和作先知。我们已经看过，说方言的恩赐是出自极大狂喜时的语言，它不是作为向外面世界讲道之用。它是人的属灵经历找到了一个用狂喜言词表达的机会。另一项恩赐是作先知，指对别人说话。这两项都是属灵的恩赐。圣灵给某些人作先知的恩赐，给某些人说方言的恩赐。我们千万不可在思想中低估说方言恩赐的价值。不要忘了，圣灵只有一项神圣的工作。引用主的一句话，"只等真理的圣灵来了……祂不是凭自己说的……祂要将受于我的，告诉你们"，"祂要荣耀我"（约十六13～14）。圣灵的工作就是荣耀基督。我相信神的许多敬虔儿女对此感到困惑。许多人对我说，我正祷告求圣灵进入我生命里。我们若是基督徒，这个祈求就很愚昧，因为我们所以成为基督徒，就是因圣灵已经进入了我们的生命中。但他们又说，他们指的是圣灵充满。这是另一回事。有人说，他们追求圣灵充满，却未得着。如果进一步问他们，圣灵充满的记号是什么，他们就会承认，他们希望有一些确定的经历，生命注入奇妙的能力，能够认识、感觉到圣灵。

圣灵来，不是要让人感觉到祂；祂来，是要人感觉认识基督。使徒在这里说到一个共同的要素,是接受各种恩赐的结果,那就是造就。"说方言的,是造就自己。""作先知讲道的,乃是造就教会。"恩赐是为了建立。恩赐的赐下是为了建立,增长,发展。不论说方言也好,作先知讲道也好,那是他们共同的价值。

但也不可忽略二者的差异。它们虽然有共同性,但"说方言的,是造就自己;作先知讲道的,乃是造就教会"。两项恩赐都没有错,都是好的,都有价值,但必须注意其中的差别。人若有说方言的恩赐,他们发出极狂喜的赞美之词,就像五旬节一样,别人听出他们是在述说神的大作为,颂赞祂治理的荣耀和恩典。五旬节那天最宝贵的是,人们明白门徒所说的;说方言不只是说另一种语言,它有更多的含义。那是心中狂喜的表达,目的在造就。使徒说,人若有这恩赐是好的。他可以去使用,但不要忘记,使用这恩赐时得造就的是他自己,他从热烈的赞美中得到力量。这是一项大的恩赐。

至于作先知讲道,不单使用这恩赐的人蒙福,并且听的人也受造就。这是很大的区别。因此保罗说,作先知是更值得羡慕的恩赐。为什么?因为它能建立身体,造就教会,建立基督的整个器皿,就是祂属灵的身体。说方言固然不错,但说的人必须确定在场有人能翻译。使徒说,"我愿意你们都说方言。"他谨慎地不去贬低这恩赐;但有一项更大的恩赐。"说方言的,若不翻出来……那作先知讲道的,就比他强了。"你若在人面前说方言,一定要能向他们解释你所说的。如果作不到这一点,就当在人前闭口。

我们立刻看见这里在运用爱的律。"你们要切切地求那更大的恩赐,我现今把最妙的道指示你们。"当我们受爱之律管理时,就知道何者最佳;爱绝对不以自己为中心。我们若为了造就自己的生命而追求一项恩赐,这恩赐可能会赐给我们,但它是次要的。恩赐的真正价值在于使别人蒙福。

保罗继续阐明这一点。他的论证分成两部分。第六至十九节,他将作先知讲道的恩赐与说方言的恩赐在教会里的影响作比较,指出前者的强处。第二十至二十五节,他指出先知恩赐的重要在于它对化外之人、不信者的影响。这里有两个重点。

使徒以自己为例。"我到你们那里去，若只说方言。"有趣的是，保罗说过，他说方言比众人都多。毫无疑问的，他遵从了所教导给他们的原则，若没有人翻译，他只在私下说方言。即使他有说方言的恩赐，对聚集的人而言也无多大价值。

然后他用了四个词。"若只说方言，不用启示，或知识，或预言，或教训。"这四个词的含义都很简单清楚。保罗说，他若只说方言，而不作这四件事中的任何一件，那么他到他们中间，对他们来说是一无用处的。说方言或许对使徒有益，但他情愿不在别人面前使用这恩赐。

他又以音乐为例，我们毋需详述。他说到箫、琴、号，以及乐器发出声音的必要。号一定得吹出声响，否则不能召集人预备打仗。保罗强调的是，所发出的声音必须有意义。或许有狂喜的言词，但若无人翻译，它就没有意义，失去了价值。没有翻译的方言是无益处的。所以保罗告诉他们，当求翻方言的恩赐。他们若有说方言的恩赐，就当求翻方言的恩赐。

那么当如何作呢？"我要用灵祷告"，那是指说方言；"也要用悟性祷告"，那是指翻译。"我要用灵歌唱"，那是指说方言；"也要用悟性歌唱"，那是指翻译。因此，你们要求翻译的恩赐。他作结论说，他宁可用悟性说五句教导人的话，强如说万句方言。他情愿说五个字——基督为你死——也强如说一万句方言。

第二十至二十五节的关键在第二十三节。保罗将眼光放远。基督徒聚集敬拜的时候，可能会有不信的人进来，他们对这些事一无所知。因此要记住他们。说方言是造就自己，作先知讲道是造就教会。但这些人怎么办？请留意保罗如何开头。先注意背景。他是写信给哥林多人。他说，不要在心志上作小孩子。但他又说，要作婴孩。这是两个不同的词。婴孩比小孩子还年幼。在心志上要作大人，在恶事上要作婴孩。这里的背景是，有些东西潜入了哥林多的教会，他们以拥有某项恩赐而洋洋自得，结果产生了裂痕和嫉妒。在这方面要作婴孩；但在心志上要作大人，完全成长，充分发展。这就是"大人"一词的含义；要充分地发展。

他继续论到说方言的事。他说,方言是给不信的人作证据。五旬节那天也是如此。但如果不信的人进来,只看到说方言的恩赐,他会作何感想?他会说,你们癫狂了。假设一群人在教会聚集,只说方言,没有讲道,没有翻译,不信的人会以为这些人都发狂了。五旬节那天众人也这么说。他们说使徒喝醉了酒。因此彼得必须站起来讲道,向他们解释他们认为疯狂的事。

保罗实际上是说,要把眼光放在那些不信的人、无知的人身上。如果他周围的人除了方言,不说别的,他不但无法明白,而且要说你们是癫狂了。但是如果你们用先知的恩赐说话,一个接一个向他见证福音的大能,那人就会受责备,知道自己的罪,进而相信,来到神面前,承认神是与你们同在的;你越能在悟性上接近他,你所讲的对他就越实际。这段经文从头至尾强调的是理解力,亦即悟性。有些事我们不能理解,例如说方言的狂喜经历。我怀疑自己有这方面的恩赐。我读到保罗被提到三重天的记载,我一点不能了解,因为我从未有过类似的经历。我有的是不同的经历。当然在我经历的高处,我可以在教会里用口颂赞,毋需翻译,这样作能造就我,却对别人没有益处,特别是不信的人。本段的第二部分尤其吸引我。如果一个不信的人进来,我们应该给他一些东西。因此我们要用作先知讲道的恩赐,带领他相信,使他降服在神脚前。

总结本段经文的教训,我们学到的功课是,恩赐是为服事而设的。圣灵赐的每一项恩赐都是某种形式的装备,为了服事别人。拥有和使用恩赐固然是个人的事,但我们必须用它对别人的影响力来衡估其价值。因此,爱是真正的法则。你们要切切求那更大的恩赐,最妙的道,就是"追求爱"。

虽然这封信是写给神教会的,但本段有很强烈的哥林多教会地域的色彩。或许其中有些不适用于我们,但主要原则还是可以运用在所有教会里。

保罗在末了一段(26～40节)仍然谈论到爱的律。首先我们看到基督徒聚集的一般原则(26节),然后是对这种聚集的特别指示(27～33节),最后再以一般的指示作结束(36～40节)。

使徒此处提到的基督徒聚集不是指公开向外布道、作见证的聚会。他们聚集不是为了向化外人传信息。这里指的是教会的聚会，或者换用我们熟悉的词汇——交通聚会。在这样的聚会中，每个人都可以使用不同的恩赐。有人用诗歌，就是唱诗来赞美神。有人教导，向人解释真理。有人启示，就是宣告某些奥秘的含义。有人说方言，以狂喜的言词涌出赞美。有人翻译方言，通常是在说方言的人说出之后立刻翻译。这些恩赐何等不同！这正是交通的聚会。

我们都对"交通"一词耳熟能详，但有几个人真正明白交通的经历？今日许多教会已不再采用这种形式的聚会了。在交通聚会中，我们可以实现"交通"的真正含义。聚会中没有讲道。肢体聚集是为了交通，各人带来不同的恩赐。我在西敏寺（Westminster）教会牧会时，就有所谓的交通讨论聚会。事前不需要预备，但我们可以感觉圣灵的同在，各人顺服圣灵的带领或说话，或唱诗，或祷告，或发问。这是真正的交通聚会。毫无疑问的，这才是保罗此处所论及的聚会。他所列出的恩赐名单虽不包罗全部恩赐，但从他列出的恩赐可以一窥聚会的情景。我相信教会里没有其他聚会比这样的聚会更生动、更有价值了。

保罗说，"凡事都当造就人。"你若有歌唱的恩赐，就在人面前使用，目的在建立别人。你若有教导、启示、说方言的恩赐，你使用的时候不是为了荣耀自己，向人炫耀你有这些恩赐。不！使用恩赐的目的是为顾及你四周人的益处。这才是交通。交通（fellowship）一词的字源含义是"凡事相同"。在交通聚会里，所作的每件事都是为了全体的益处，"凡事都当造就人。"通过这些恩赐的分享，个人的相交，整个教会和个人就得着建立。这是有关交通的美丽写照。

保罗在以弗所书第四章里，生动、详尽地描述教会，"一主，一信，一洗，一神，就是众人的父，超乎众人之上，贯乎众人之中，也住在众人之内。"他继续说，"我们各人蒙恩，都是照基督所量给各人的恩赐。"每个人都从教会的元首那里领受了一项恩赐。同一章稍后他又说，神赐下恩赐是为"成全圣徒，各尽其职，建立基督的身体；直等到我们众人在真道上同归于一，认识神的儿子，得以长大成人，满有基督长成的身量"。基督长成的身量绝对不可能在任何个人里面成就。只有神的教会得以完全时才能显出那长成的身量。但对某一项恩赐而言,其最终的意义在于成全基督的身体。

这就是保罗此处的心意。哥林多教会与神的众圣徒相比,只是一小群人;但是不管他们在哪里聚集,所有恩赐的真正价值都在于这些恩赐是在圣灵的引领下使用的,而不是出于人的冲动。因此凡事都当造就人,彼此坚固,最后成全教会。

然后保罗在下一段(27～33节)作了特别的运用。他再回到说方言的问题上,显然哥林多教会有不少人说方言,并且产生许多难处。他说,"若有说方言的,只好两个人,至多三个人,且要轮流着说。"这恩赐本身并无不妥,它是一项重要的恩赐,只是看人如何使用。应用的方法很简单,却是至关紧要。他们不可同时说方言,必须轮流说,并且有人翻译。"若没有人翻,就当在会中闭口;只对自己和神说就是了。"

他继续说下去,"至于作先知讲道的,只好两个人,或是三个人。"有人能解释,说出神在这个交通聚会里的心意,就让他们两个人,或三个人说。"其余的就当慎思明辨。"他们不是领受,或相信所说的,而是"慎思明辨"。

"若旁边坐着的得了启示,那先说话的就当闭口不言。"保罗是在安排聚会中的次序。有人使用说方言的恩赐,有人使用翻译的恩赐,有人使用作先知的恩赐;或许坐着的一个人突然之间得了启示,得以洞见真理,就站起来分享。这是绝对合宜的打岔,藉以供应他所得的启示。"因为你们都可以一个一个地作先知讲道,叫众人学道理,叫众人得劝勉。先知的灵,原是顺服先知的;因为神不是叫人混乱,乃是叫人安静。"

显然使徒心中想到的是这些特别的聚会。虽然他这卷书信纠正的部分已在第十一章结束,现在他是论到建立的部分,就是属灵的事,但是他再度看见教会中一些不正确、混乱、分裂的事。所以他谨慎地定下管理这聚会的原则。

下面两节经文被许多人误解和歪曲。请注意这里强调的重点。

"妇女在会中要闭口不言。"许多人认为保罗这句话和他稍早的言论（十一 5）互相矛盾。保罗在那里肯定妇女有权祷告和说预言，他也指示哥林多教会的妇女在祷告和说预言时当如何作。我们若记住哥林多的背景，就明白这中间并无冲突。试读第十一章，显然当时哥林多教会有一些妇女正用愚笨的方式来声明她们的自由，就是祷告或说预言时不蒙头；而在哥林多，不蒙头原是妓女的标记。那些妇女宣称她们要摆脱习俗的束缚，在祷告或说预言时不蒙头。因此保罗指示她们应该蒙头。

今日我们仍要奉行不渝吗？我认为没有必要。那是给哥林多人的指示。但原则还是存在的。我们不可用容易使外人误解的方式来摆脱习俗的束缚。那是第十一章的禁令。本章中这些妇女显然正在使用一种有害的自由，每一件事都必须照保罗说这些话的含义来决定。"妇女在会中要闭口不言……因为不准她们说话。""她们若要学什么，可以在家里问自己的丈夫；因为妇女在会中说话原是可耻的。"

这里的"说话"是什么意思？说预言？我想不是。希腊原文这个动词是"laleo"，在新约圣经这个词出现了不下三百次，有许多不同的用法；若要明白它在一节中的意义，就必须参考它的上下文。它可能指谈话，质询，辩论，抗议，喋喋不休。保罗也可能用同样的语气写给男人。男人在会中要闭口不言，因为不准他们辩论，窃窃私语。他们应当顺服，正如律法所说的，他们可以在家里讨论问题。

保罗警告这些人提防什么？毫无疑问的，在他们的交通聚会里有争论，而妇女在这些辩论、质问、抗议中占有相当确定的部分，她们企图显示自己的自由，但采取的方式却不合宜，以致引起混乱，破坏了教会的和平、安静。或许有人会引用保罗在另一封信里的话，"我不许女人讲道，也不许她辖管男人"（提前二 12）。保罗又一次针对另一个地域的情形写信。他也可以这么写：我不愿意人用僭夺来的权柄去教导别人。这就是这节经文的意思。这里我们看到，交通聚会因着某些妇女坚持的自由而被破坏。使徒说，这种事必须禁止。她们若想明白，或学什么，就该停止这一类的争辩，在家里讨论。让她们问自己的丈夫；这种事不可在聚会中进行。

　　显然哥林多教会里有一些女人喜好争辩,出言草率,这是保罗所禁止的。他当然不是说,妇女不可在教会中祷告或说预言,因为他已经指示妇女当在什么条件下如何在教会里祷告和说预言。不! 有些事已经渗入交通的聚会,某些妇女的态度引起争论、尖锐的言谈。这些人应该闭口,将问题带回家中讨论。

　　保罗接着作一般性的指示。第三十六节非常醒目。我们再度看到哥林多的背景。"神的道理,岂是从你们出来吗? 岂是单临到你们吗?"保罗看出哥林多人傲慢的态度,他们似乎自称是神话语的出口。

　　最后,"若有人以为自己是先知,或是属灵的,就该知道,我所写给你们的是主的命令。"请注意保罗语气的肯定,他所写的一切都是"主的命令"。"若有不知道的,就由他不知道吧。"我喜欢另一种翻译,"若有疏忽的,就忽略他吧!"如果有人不肯接受劝告,不服从教导,就由他去吧!

　　结尾是,"所以我弟兄们,你们要切慕作先知讲道,也不要禁止说方言。凡事都要规规矩矩地按着次序行。"这里有两个重要的词,"规规矩矩"即合情合理;"按着次序行"则是井然有序。教会要避免任何反复无常,只有五分钟热度,而缺乏次序的方法。回到稍早的话,"神不是叫人混乱,乃是叫人安静。"

　　本段是以那不止息的爱之律作结束。第十三章已经对爱有了精彩的阐释。保罗将爱应用在说方言和作先知的恩赐上。虽然此处他不过论到三项恩赐,事实上爱之律可以运用在极广泛的领域里。不论我们个人所领受的恩赐是什么,这恩赐都只能在爱的激励下使用。"爱是永不止息。"如果教会遵守这不止息的爱之律,保罗先前在信中提到的那些败坏道德的事就可以消弭除去。

我们已研讨过两件属灵的事,第一是灵里的合一,目的在纠正纷争;第二是不止息的爱之律,目的在纠正教会里一些不道德的事。现在我们来到属灵的事最后一部分,就是最终的得胜,目的在纠正我们寄居在世这短暂期间所面对的一切难处。

基督教一项可夸耀的特点是,它从未将人在世的生命视作完全的。它总是将目光举向清晨,遥遥望见永恒,知道我们不仅属于今世,也属于永恒。现在使徒要论到复活这伟大的主题。让我们把握复活的完整意义,那是基督最终的胜利,是祂子民最终的得胜;在这样的亮光下,我们现今的一切难处都变得至为短暂了。我两度用到"短暂"一词;确实,最长寿的人若与永恒相较,他的生命也显得微不足道;而靠着基督耶稣的救赎,依照神的心意,人的生命在永恒里才有完整的意义。

本章全部是论到复活的事。请记住哥林多的背景,虽然这封信是写给普世教会的,但它首先送达在哥林多的教会。保罗写本段话的主要原因可在第十二节找到,"怎么在你们中间,有人说没有死人复活的事呢?"请注意,这是一般的叙述。他们不是说,基督没有复活。虽然有这个含义,但他们是针对一般的现象而言。他们说,根本没有死人复活的事。这就是保罗提笔的原因,因他们中间有人否认复活的事,当然,这样作就等于否认基督的复活,以及否认他们自己最终的复活。

保罗开始论到这主题时,他首先用一个中心的、最终的、无与伦比的事实作证据,那就是基督的复活。本章头十一节经文都在讨论这题目。他以最奇妙、精彩的方式论到复活的事。既然他一开头就以基督的复活为证据,我们也不妨由此着手。

　　基督复活的证据是什么?他下面要回答这个问题。一共有三个证据,我们可以很自然地将本段(1～11 节)分成三部分。第一、第二节他指出我们所信的福音就是复活的证据。然后他巧妙地引用圣经的见证(3～4 节)。最后,他举出亲眼看见复活事实的人为见证(5～11 节)。

　　他说,"我如今把先前所传给你们的福音,告诉你们。"注意他用的时态是过去式。"这福音你们也领受了,又靠着站立得住;并且你们若不是徒然相信,能以持守我所传给你们的,就必因这福音得救。"他说,他已把这福音告诉他们。他指的是他从前去哥林多时已将这福音传给他们。

　　我们立刻要问,他是什么意思?福音是什么?接下去的两节经文立刻启示了福音的内容。"我当日所领受又传给你们的",请将它和第一节对照来读,"第一,就是基督照圣经所说,为我们的罪死了,而且埋葬了;又照圣经所说,第三天复活了。"我们暂时将"照圣经所说"搁置一旁,稍后再特别讨论。剩下的部分就是保罗所谓的福音。

　　他传讲的是什么?基督死了,埋葬了,又复活了。这就是福音。我一直对他所用的"埋葬"一词感到惊讶。这个词使得一切认为基督只是暂时失踪、消失的说法无法成立。不,他说他们将祂放在坟墓里。死亡是一个事实,他们确确实实将祂安放在坟墓里。祂被埋葬,然后复活。福音就是祂为我们的罪死了,被埋葬,又从死里复活。这是整个福音的内容。我曾传给你们,现今再度告诉你们。

　　保罗说,我传讲了,你们领受了。他暂停在这里;接下去他说,福音的最高证据乃是在于那些听见、领受、并且相信的人之经历,他们证明主代死的价值,并且说明了主复活的意义。保罗说,"我……传给你们……你们也领受了。"我为约翰福音第一章的那节经文感谢神,它解释了"领受"的意义。有人会问,你所谓接受耶稣基督是什么意思?"祂到自己的地方来,自己的人倒不接待祂。凡接待祂的,就是信祂名的人,祂就赐他们权柄,作神的儿女。"接受耶稣基督,就是信祂的名。保罗传讲福音,说到主的死和复活。他们接受,相信,结果是，"你们……站立得住……就必……得救。"他们的得救和站立得住显明了福音的真理，那就是耶稣不但死了，并且又复活了。

　　我们在这里看见的事实非常重要——不论是圣经的话，或我们的经历，都一再告诉我们，复活的最终证据不是文件，不是证人，而是基督徒所活出的经历。不妨用更广的角度来看。如果今天有人问我，耶稣复活的证据是什么，我会回答说，证据就是基督教会。这是简单明了的事。基督教会的价值不在于祂的教训，祂的神迹，祂的死，而在于祂的复活所说明的一切。祂若没有复活，就没有教会。门徒在祂死后就像糠秕被风吹散。祂的复活又将他们集合在一起。历代以来，一直有这样的一群人，他们领受福音，站立得住，而因福音得救，这是复活最大的证据。

　　再回到我们前面读过的那几节经文。保罗两度用到"照圣经所说"这片语。圣经指的是什么？当时还没有新约圣经，显然他不是指我们现今的新约圣经。他是指他所熟读的经文，也是他属灵儿子提摩太从小所明白的圣经，这圣经使提摩太因信基督而有得救的智慧。保罗指的是旧约圣经，因为当时他没有别的经文。可能那时已有一些福音书流传，只是尚不普遍。他这里说的是他童年就接触的希伯来文经卷，是犹太人的圣经。他常常引用这些经文。从他的书信里发现，他有十四次提到"圣经"，而且每次都是将圣经当作权威来引用，从未丝毫怀疑过圣经的权威性。

　　这引发起我们的想像。我仿佛看到保罗周游外邦各城镇，那些希腊城市都没有圣经，他就引用圣经，根据圣经来传达伟大的信息，因此当他写信给这些人的时候，他就能提到圣经，作为权威。哥林多人一定常常听他讲道，看见他打开写着旧约经文的羊皮卷，解说这经上的话如何在他的主基督身上应验了。他如此引用圣经，向他们提起圣经，实在是一件美事。

　　他说圣经预告了基督的死和复活，这是什么意思？让我们从较广的角度看。圣经中任何一处经文都需要用整本圣经来解释。圣经从头至尾都是为预言作见证。关于基督的死和复活，第一线亮光来自神在伊甸园中对夏娃说的话。由于夏娃中了诡诈仇敌的计，神对她说,女人的后裔要伤蛇的头,蛇要伤女人后裔的脚跟。这句话含义深刻。这古老的应许说,得胜之日终必来临,但必须历经许多苦难。继续读旧约其他作品,如诗篇,先知书,会不断看到对拯救的期望,而在得胜之前必然有苦难。不妨打开诗篇第二十三篇,以赛亚书第五十三章,何西阿书第六章开头几节。每一处我们都可以看见同样的思想。

拿以赛亚书第五十三章为例。那里描述耶和华的仆人将经过苦难,死亡,复活而得胜。保罗说,这就是我所传给你们的福音,是历代圣经作者们共同期待和盼望的。照圣经所说,祂死了。照圣经所说,祂复活了。于是这些经文成了真理和复活的证据;特别从福音的亮光和福音在哥林多人生命中产生的影响来看,圣经是第二个证据。

第三个证据是证人。保罗未一一列名,他只举出几位代表。耶稣基督死了,埋葬了,又复活之后,祂曾实际出现,被人看见。参阅耶稣复活之后出现人前的记载。彼得是最早看见祂的人之一。天使对一批妇女说,"你们可以去告诉祂的门徒和彼得"(可十六7)。彼得去见主,和祂有一段私下的交谈。当那两个往以马忤斯去的门徒回到耶路撒冷,与众门徒聚集时,他们说,"主果然复活,已经现给西门看了"(路二十四34)。保罗提到彼得,这位使徒在其书信(彼得前书)开头这么说,"愿颂赞归与我们主耶稣基督的父神,祂曾照自己的大怜悯,藉耶稣基督从死里复活,重生了我们,叫我们有活泼的盼望"(彼前一3)。

然后保罗再度提到十二使徒。我们都熟悉福音书记载主两次向门徒显现的故事。保罗又说,主"一时显给五百多弟兄看",其中大半的人到那时还在。我们或许要问,福音书对那一次显现是否有记载?我不敢武断,但我个人认为是有记录的。主复活以后曾对一群妇女说,去告诉祂的门徒,往加利利去,在那里祂要与他们见面。这群妇女到加利利还有一段路程,我相信她们一路上去,消息就越传越广,成百的人聚集过来,耶稣的五百个跟随者都看见了祂。那次聚集的场面一定壮观而动人。保罗用这些在主复活之后亲眼看过祂的人作证据,显明主复活的事实。他也提到雅各,只是我们没有这方面的记录。圣经却记载了主向矶法及十二使徒显现的经过。

保罗接着说,"末了也显给我看。"他清楚地宣告,他在耶稣复活之后见过祂。我们都知道那无与伦比的事件。如果说有谁最能证明主的复活,那就非保罗莫属。保罗见过主,虽然这完全出乎他意料之外,是他始料未及的;他不仅因意外的异象而惊讶,并且整个人因异象而改变。这个人的生命因为遇见了复活的主而完全改变了。有趣的是,他到大马色之后,又往阿拉伯,在那里停留了两、三年之久。那段时间里他作些什么? 他在以色列律法的发源地——西奈山——的下面,用基督的复活亮光来沉思整个希伯来制度。然后他回到耶路撒冷作短暂的停留,又下到大数,在他开始讲道,展开那伟大的使徒事工之前,整整在大数停留了十年;就是那一次大马色的显现启发了他日后的服事——"末了也显给我看。"

这次显现为他成就了一件极美的事。耶稣使他对过去产生一种失败、罪恶的感觉。"末了也显给我看;我如同未到产期而生的人一般。我原是使徒中最小的,不配称为使徒,因为我从前逼迫神的教会。"他回顾往日,不禁汗颜! 他曾旁观司提反的殉道,他又带着大祭司的信往大马色去,就在路上耶稣向他显现,他的整个生命为之改变。这句卑微的话——"我从前逼迫神的教会"——后面,紧接着是崇高、得胜的话,"然而我今日成了何等人,是蒙神的恩才成的。"这不仅是说,他欠恩典的债,并且说明他已经偿清他的债,因为他蒙了神的恩。

保罗继续说,我蒙恩不是徒然的。我向主降服,祂的恩典管理我。保罗是谁? 他原本是犹太人,但受希腊教育,他也是罗马公民,"我今日成了何等人,是蒙神的恩才成的。"我今日的光景,就是证明福音的价值和大能之最佳证据,而这一切都是透过最初主向我的显现而来的。不拘这是如何开始的,不拘我是先知,使徒,教师,或传福音的,我们如此传,你们也如此信了。

复活是基督徒信仰和经历的最中心事实。复活的事实是我们信心的基石;它在经历中所产生的影响使我们得救,并站立得住。

有人说,哥林多前书第十五章就某方面而言,是圣经里最深刻、最奥秘的篇章。我们使用"奥秘"一词,是采用新约里这词的意思;它不是指难以明白的事,而是指启示。保罗写这整段(12～34节)的原因见于这段的开头,"既传基督是从死里复活了,怎么在你们中间,有人说没有死人复活的事呢?"显然哥林多教会有些人抱着这种态度,否认复活的事。这里我们必须记住当时哥林多的光景,教会在那样的环境下被神所召,与祂的儿子同工。

哥林多人在当时持有几种不同的哲学和人生观。我们只约略提过,不作详细讨论。哥林多的教师和哲学家持有三种观点:享乐主义,禁欲主义,柏拉图主义。这是三种不同的哲学派别,他们对复活的看法各异。享乐主义的立场纯粹是属物质的,他们否认死亡之后有任何事物存在。禁欲主义认为人死后灵魂与神性联合,人性就消失了。柏拉图主义坚持灵魂不灭,但绝对否认身体复活。

哥林多教会就是位于这样一个充斥着各种教导的城市中,难逃其影响。我们或许可以这么说,哥林多教会里面有一些人采取的不是第一、第二种观点,而是最后一种,就是相信灵魂不灭,否认身体复活。毫无疑问的,保罗此处提到的就是这一派的观点,"怎么在你们中间,有人说没有死人复活的事呢?"

本章前十一节经文里,他已论到了基督的复活。他提出三种证据,带领哥林多信徒面对基督复活的事实。现在他进一步强调基督复活的重要。本段可分成三部分,第一,就我们的救恩而言,基督复活的重要(12～19节);第二,就神的应许而言,基督复活的重要(20～28节);第三,就我们现今的光景而言,基督复活的重要(29～34节)。

先看第一部分。保罗宣告什么? 他说,否认复活的事就是否认基督的复活,这样作就使整个基督徒的信息和经历归于枉然。他提醒他们,基督若没有复活,我们所传的便是枉然。"枉然"一词的含义是无效、空洞,毫无价值、意义、真理可言。

他又说,基督若没有复活,我们传讲福音就是作假见证,说谎话。我们宣称神使基督从死里复活,祂若没有复活,我们所说的就是谎话。

最后,"你们所信的也是枉然。"你们所自称的信心也归于枉然。

如果基督没有复活,整个基督徒的信息和经历都成为乌有。你的信心不过是建立在不真实的基础上。我们看见复活是基督徒信心和信息的基本事实,这也是保罗所教导的。

　　他接着作归纳。我们的信若是枉然,会怎么样?"你们仍在罪里。"这是什么意思?那样,基督的死就是失败。希望化为泡影。基督的应许都落了空,整个基督徒的信心和经历都碎成万片。如果基督没有复活,这一切都成了虚假的。这是保罗在本段提出的第一个论点,证明复活的重要及价值。那在基督里睡了的人也进入灭亡中。我们若只在今生有指望,就算比众人更可怜,因为我们的盼望这么大,这么光明,充满荣耀;它如果落了空,我们就陷在黑暗中,比众人更可怜。我们的信心和盼望一齐被摧毁,意思是说,基督若没有复活,祂一切的计划就无法实现,祂不能对付罪,祂一切的应许都化为碎片,我们就比众人更可怜。

　　他在第二十节说,"但"。前面的一切都是假定的,出于逻辑的推论。保罗说,但是这些都毫无根据。他所说我们传的是枉然的,所信的是枉然的,盼望都落了空,这些都没有根据。"但基督已经从死里复活。"这是一个清楚、荣耀、确定的宣告。所有假设都不成立。它们没有一个站得住脚。基督已经从死里复活。这伟大的宣告是信心的确据,针对着不信者的疑惑和否认复活的哥林多人而发的回应。这是信心的回答,所根据的事实是,哥林多信徒和所有信徒现今所活的光景并不是前面所假设主若没有复活的光景。他们没有留在罪里。希望没有幻灭。他们知道从罪解脱的经历。我们再一次回到基督复活的最终证据——人的经历上。信心不是海市蜃楼,不是空洞虚言,不是绮丽幻想。祂已经复活,第一个证据明明摆在那儿;哥林多信徒和所有的基督徒所活出的光景就是证据。我们不再陷在罪中。希望没有落空。希望永久存在。

　　保罗继续论到这个伟大的事实,指明它与神的计划之关系。他用短短几句话作了一番综览。我们若错失了他的观点所涵盖之范围,就不免损失惨重了。他的眼光扫掠过整个人类的历史。他这种作法已不是第一次。"在亚当里。"他回到人类历史的开端。历史是什么？"在亚当里众人都死了。"这话多么醒目而真实！他们被引导去回顾神的计划，看见这个事实，"你吃的日子必定死"（创二17）。分别善恶的树标明了亚当在神管理之下他的自由之限度，当他违反禁令吃树上果实的那日，他就死了。魔鬼说，这个标记真是愚不可及，神真的说你会死吗？他当时属灵上是死了。他与神的交通为之断绝。死亡是神对罪的审判。保罗在教导、讲道时，那些人是死的。"在亚当里众人都死了。"

他说，但是我们有一个新的开端。这里有一位"末后的亚当"，第二个人。此处用的"亚当"含有一族之首的意思，指这族是由他衍生而来的。神的第二个人是末后的亚当。我们若说第二个亚当，似乎预测可能还有第三个亚当，一族可以由他繁衍。但事实不是如此。只有"首先的亚当"和"末后的亚当"（十五45）。

这与神有何关系？照神的计划，众人在基督里都活了。我们无权将"在基督里"从这句话抽离。我们若不在基督里，就仍在亚当里，最终的结局是死亡。我们若在基督里，就有了生命。

保罗接着追踪过程。各样事都有次序，"初熟的果子是基督。"那是第一个复活，也是最伟大的复活。然后呢？"以后在祂来的时候，是那些属基督的。"指祂的再临。这里包括了两种复活，一是我们主的复活，末后的亚当从坟墓出来，胜过罪，忧伤，和死亡。祂是初熟的果子。

然后保罗再度跨越年代，看到未来的情景，就是末了属祂的人将在神的计划中复活。这是与基督的复活相关连的。基督是初熟的果子，祂是证明，是确据，显示所有属祂的人不仅在属灵的意义上属祂，并且祂来的时候将与祂一同进入那奥秘、奇妙、荣耀的复活之境。

在我看来，保罗似乎对这题目欲罢不能。他再一次向前眺望。他已经回到人类历史的开端，又向前跨越许多世纪，论到最终的复活，但他似乎停不住脚，又继续说，"再后"，在那伟大的复活之后，祂来时，"末期到了。"这一小段经文需要周详的研究，它让我们看到圣经其他处经文所未触及的一个更远的范围。这是超越祂第二次再来的范畴。保罗写下这么一段奇妙的宣告，"再后末期到了，那时基督既将一切执政的，掌权的，有能的，都毁灭了，就把国交与父神。因为基督必要作王，等神把一切仇敌，都放在祂的脚下。"祂必要作王，直到神降伏一切仇敌。不要仅仅以为祂要一直作王下去。祂固然要作王，祂现在就是王。祂作王直等到父神将仇敌放在祂的脚下。当仇敌仍猖狂，恶者的势力仍高涨时，祂在作王。事实是，神给了祂超乎万名之上的名，将祂高举。祂离开世界之前曾说，"天上地下所有的权柄，都赐给我了"（太二十八 18）。这位在神右手边的人子，复活升天的主，是君王。祂今日仍作王。但有一日，祂要交出祂的国度。这是什么意思？只有一个含义，当祂的中保工作完成时，祂要交出这中保的国度；而如今祂的工作尚未完成，因"祂是长远活着，替他们祈求"（来七 25）。祂仍是神与人之间的中保；但有一日将来到，那时中保国度里的一切都将完成，"末期到了"，祂"就把国交与父神……叫神在万物之上"。在那之前，祂必须作王，这真理完全建基于祂的复活上。祂若没有复活，就不会升天。祂若没有升到天上，就不会作王。如果祂像别人一样死了，没有从死里复活，那么到今天祂的遗体仍埋葬在巴勒斯坦某个角落，整个基督教会就是虚假的，空幻的。请原谅我这样假设；保罗在这里就是作同样的猜测。我们看见一个伟大的事实，神为人类所定的整个计划都围绕着这中心，也必须藉这事实得以成就，那就是基督的复活。

于是我们来到最后一段。"不然，那些为死人受洗的，将来怎样呢？"如果保罗所说的都不成立，他又提出了几个问题。那些为死人受洗的会得到什么利益？这里我们面临了一个难处，缺乏最终、绝对的解释。许多人试着解释保罗的意思。有一种解释是，有人死了，另外的人就填补他的空缺，为他受洗，接续他的工作。我个人不同意这种解释。当时必然有某种习俗，保罗用它来作例证，但他没有批评这特殊的习俗是好是坏。当时有一些人为死人受洗。可能他们认为，如果一个人相信了，却未受洗，他死后就有必要由另一个人代替他受洗。我们无法武断地说一定如此，但显然那时是有这一类的习俗。保罗未对这习俗下任何批判之语，他只是提出来，问道：如果没有死人复活的事，那么为死人受洗又有何用？他用这习俗作例子，说明如果没有复活,这种仪式就一无用处。

下面一句话比较容易明白。我们为何要冒险?为何时刻身处险境?保罗天天陷在危险中,"我是天天冒死。"他曾在以弗所与野兽搏斗。如果死人不复活,所冒的险有何价值?接着他引用享乐主义的话,"我们就吃吃喝喝吧;因为明天要死了。"那正是以弗所人的语气。让我们尽量享受人生,纵情宴乐吧!反正明天就要死了。如果根本没有复活的事,我们何妨放弃所冒的险,撇下一切仪式条文,浸淫在物质主义的享受里。

最后保罗说,"你们不要自欺。"并且又作了这醒目的宣告,"滥交是败坏善行。"败坏好的性情,好的思想。你们与不义的人同行,听从错误的教导,这会败坏你的思想和行为。他呼吁他们脱离过去混乱的情况。他说,"你们要醒悟。"离弃从前的滥交。这是一种严厉的责备。"我说这话,是要叫你们羞愧。"他教导说,与不义的人交往是导致思想物质化的主因。他们滥交朋友,以致误听闲言。今日这种情形依然存在。

从本段经文我们看出,对于复活的认识,可以维持我们的灵命,因为这种认识所包括的真理可以解释人的存在不单单只是属物质,并且是持续下去的,人将经过死亡的奥秘进入复活,到达生命后面那一个更广阔、更丰盛的生命中。

　　这是论到复活的伟大篇章之第二部分。前面已提过，保罗写这一段经文的理由见于第十二节，他说，"怎么在你们中间，有人说没有死人复活的事呢？"这个事实促使保罗特别论到复活的主题。显然哥林多教会里面有一些人受到当时各派哲学的影响，那些学派包括享乐主义、禁欲主义和柏拉图主义。

　　使徒在本段中用建设性的解释来纠正他们错误的观点和教导。我们已在第一部分看见他强调主复活的事实，并且收集证据，又指出复活的重要。这卷书信一开头的部分曾宣告这世上的智慧是愚拙的，保罗说，"我们也讲智慧，但不是这世上的智慧。"不是那些哲学家所谓的智慧。然而我们也有哲学，也讲智慧，但不是这世上的智慧。它不受世代的限制，它远远超越这世上的智慧。

　　本段我们将看见，使徒保罗转过来讲智慧，但不是世上的智慧，而是传扬福音，教导主道理的人之智慧。本段很自然地可以分成两个部分。第一部分只是一节经文（35 节），其中包括两个问题。第二部分（36～50 节）则包含对这两个问题的答案。这些回答不是针对两个问题而分开答的，因为在整个回答过程中，他始终将这两个问题同时存在心中。

　　他提出的问题是什么呢？第三十五节清楚地叙述出来，第一，"或有人问，死人怎样复活？"第二，"带着什么身体来呢？"事实上，第二个问题显示问的人也不相信复活的事，等于在说明第一个问题，"死人怎样复活？"我们注意到，这些问题与其说是关心复活的事实，还不如说是关心复活的方式。他们否认事实，是因为对方式不明白。"怎样"复活？"带着什么身体？"这两个问题揭露了他们否认复活的真正原因,简单说,就是由于他们无法了解复活的方法,所以否认复活的可能性。不! 我们不明白它如何发生,因此我们不相信它可能发生。这就是两个问题的含义。

让我们研究一下这两个问题。第一,"怎样?"意思很简单,毋需多作解释。死人如何复活? 用什么方式? 死亡常常被视为身体的崩解。这些人就是如此想。人一死,立刻就可看出崩解的过程开始了;过不了多久,整个身体就会变为尘土,化成元素,四散无踪。这样一个显然会崩解的身体如何重新组合? 这是很自然的问题。今日我们仍听见有人问同样的问题。他们面对新约有关基督复活和属祂之人复活的教导,也提出相同的问题。人怎么复活呢? 纵观世界各地的墓园,想想埋在那里的尸体,它们早就灰飞烟灭了。身体怎么能重新组合呢?

第二个问题是强调第一个问题的困难之处。"带着什么身体来呢?"这是一种感叹,想像死人复活的情景。他们是什么样子? 带着怎样的身体来呢? 如何变成那个样子呢? 我们已看见他们的身体化成灰烬,无影无踪了。把那些灰又组合在一起,会是什么样子? 可见问这问题的人,对复活本身存着很大的问号。不会有复活的事。崩解了的身体不可能再组合起来。人无法想像身体复活的结果,所以有人说,没有复活的事。

保罗接下去要回答这两个问题。请注意他的第一句话,"无知的人哪!"这种翻译已经软化了原先的语气。旧的译本是,"你这愚昧人!"我并不打算争论何种译法较佳,但保罗确实对这些提出问题和疑难的人心存不屑。"无知的人哪!"显示他轻视他们的想法。然后他开始取自然界的例子来一并回答这两个问题(36~38 节)。他说,"不过是子粒。"指麦子或其他谷类的子粒,是不带壳的、纯粹的子粒。保罗说,取一子粒放在你的手中,仔细观察一番。你将它种在地里,它死了,又长出新的子粒,它有一种新的形体,和原先你种下的子粒不一样。更新奇、奥秘的是,你所看见的新形体是从那旧的形体衍生出来的。旧的子粒被埋在土里,又长出新的子粒;死亡的结果只有加速新生命的滋生。子粒若不透过死亡,就无法再生出来,并且经过死亡,将子粒埋在地里的行动就产生了一连串的奥秘结果。

我听人说过,只拿春季为例子有失公平,因为只有春天的时候可以看见种下的子粒先冒出青叶,然后成穗,最后整个玉米显露出来;用它来比喻作复活的典型例子不够周到。但这正是保罗在这里采用的。他要求我们观察大自然,事实上,人类身体复活的奥秘并不大过子粒再生的奥秘。他说,你们这无知的人,你们若说因我不明白这奥秘,所以我不相信复活的事,你们就等于在说,因我不明白子粒生长的过程,所以我不相信子粒种下会有收成。我愿意在这里用神话语的权柄宣告,没有再比种下子粒不久长出新生命更大的奥秘了;身体复活的奥秘并不比子粒死后又长出新形体的奥秘更大。

你或许会说,这样还是未解决难题。对,但至少让我们面对奥秘的事实。这比喻指出在神所管理的领域中是有一致性的。任何时候我们都可以看见将一子粒种下后所产的结果,那都是出于神的工。

如今保罗说,“神随自己的意思,给他一个形体,并叫各等子粒,各有自己的形体。”如今这奥秘向我们展开了;但奥秘仍然存在,而事实却昭然若揭。请将目光集中在子粒上。看看现今种在土里的子粒,不久再看看收成的谷物。留意那子粒如何回来,并且带回新的生命;无限的奥秘使旧的子粒有了新的形体。我们当如何看待这奥秘?将神放在奥秘的后面。“神……给他一个形体。”我们将小小的子粒种到土里,见它枯萎,死去。死了?且慢!不久我们将会看到青绿的叶子,然后是绽放的花朵,新的生命出现了。这些是怎么形成的?“神给他一个形体。”因此世界各地辽阔的禾场,都是神作为的永恒证据。祂掌管死亡,将死亡转换成生命,赋予子粒新的、不同的形体。这是奥秘的揭晓。“死人怎样复活?”“神给他一个形体。”除了那些看见复活所彰显的结果之人,又有谁能道出它的真正含义呢?

我们还未见到那结果。哦,是的,我们见过,就是“初熟的果子”,基督自己。这主题立刻向我们展开了一个新的领域。纵观新约圣经,细心默想耶稣复活以后的记载,请特别注意那新的形体。在某种意义上说,祂的身体还是原先的那一个,但它是完全崭新的,不再受到从前神为实现祂在世上的旨意而为祂爱子预备的那个身体的限制。这里我们看见，保罗采用了一个最简单、自然的例子；他实际上这么说，相信人身体复活并不见得比相信种在地里的子粒复活更困难。在那复生的子粒和人类新的形体后面，有一位神。"神给他一个形体。"

这使保罗转过去注意到神的工作是何等无限量。请记住前面的话，"神给他一个形体。"保罗看见肉体有各种不同的形式。在地上的人是一个样，兽是一个样，鸟是一个样，鱼又是一个样。这是创造的形体，而不是复活的形体。环顾四周，就能发现神的工作之多样性。

然后他作较广泛的区别。有天上的形体，也有地上的形体。不论他指的是人、兽、鸟、鱼的形体，现今的形体，或未来的形体，我相信两者都是真实的。

他接着攀上星际太空，直接提到日、月、星，它们各有自己的荣光，这一切都是神的工作。祂赋予人、兽、鸟、鱼、日、月、星不同的形体。形体往往是一种媒介，用来启示一些比它本身更超越，并且存在它里面、藉它照射出来的事物。这媒介可以是人、兽、鸟、鱼，也可以是日、月、星宿。最重要的是，神已经作成了这一切。不要限制神。我们问，什么样的身体？纵目四顾宇宙万象，这一切都是神手所作的工；纵使我们无法想像复活的身体，只要我们记住那是神的工作，我们就能相信复活的事实。

保罗接下去将这些实际应用出来。死人复活"也是这样"。下面的经文何等宝贵！"所种的是必朽坏的，复活的是不朽坏的；所种的是羞辱的，复活的是荣耀的；所种的是软弱的，复活的是强壮的。"当我们站在所爱之人的墓旁时，就从这几句话中看到了一切。他日我们重访这坟墓时将看见什么？朽坏？那是每一个人体的必然结果。死亡带来朽坏，羞辱；不管葬礼如何隆重，葬礼一完我们就得匆忙将尸体运走。这是羞辱的例子。软弱？当然如此。朽坏的意思就是腐烂，凋谢。软弱是指脆弱不堪一击。保罗说，这是放入土里的形体之光景，但这身体要复活，以焕然一新的样式出现。首先，它是不朽坏的，是一个不会腐烂、不朽的身体。我们埋在土里的是羞辱的，但复活的身体是荣耀的，尊贵的。所埋下的是绝对软弱，没有能力的，但复活的是强壮的，有能力的。

保罗又说，"所种的是血气的身体，复活的是灵性的身体。"血气和灵性，这是什么意思？属血气的身体是天然的身体，被魂所管理，受人生命的要素所控制。灵性的身体是由灵管理的身体，不再被这世上物质的生命控制。一个真正被灵管理的身体，必须是复活的身体。保罗在这里强调，"若有血气的身体，也必有灵性的身体。"

观察主复活以后的记载，祂出现在园中，与门徒同往以马忤斯去，出现在门徒聚集的楼上；从这些记载我们来看耶稣；请容许我仍用祂为人的名字"耶稣"称呼祂，因为祂仍是同一个人。但祂已完全不同了，祂属人的生命已有了改变。请记住，到那时为止，还没有真正的复活出现。旧约里无例可循。拉撒路并不是复活，他只是复生。他的灵重新回到同一个身体里面，但这身体仍然在属世的律管理之下。"头一个人是出于地，乃属土。"拉撒路只被带回到这个人。但我们的主超越了这个界限。祂已经拥有了属天的身体；所以不必打开门，祂就可以进来；主虽然在人身边，人却看不到祂。这一切奥秘、美妙的记载都是在启示那属天的、属灵的身体，它不再受属血气的身体所管理；它不再是属心灵的，而是属灵的；不再被魂辖制，而是受灵管理，那就是复活。

保罗再度回顾历史，指出它是如何发生的。第一个亚当被造成有灵的活人。是的，创世记记载，"耶和华神……将生气吹在他鼻孔里，他就成了有灵的活人"（创二7）。然而末后的亚当却不一样，祂复活的方式不同。祂不仅自己是活人，并且是"叫人活的灵"。保罗这里指出，我们最初的关系是对自然的，就是从亚当来的属人之生命。如果我们是基督徒，在属世的生命后面还有属天的生命，那是在复活里才完全实现的充满荣耀之生命。

他用新的条件作结论。"血肉之体不能承受神的国。"只有属灵之体，就是神在复活里所预备的身体，才能承受神的国。

本段是在说明复活的合理性。请记住子粒的例子。当我们看出这宇宙是以神为中心，并且人类的生命与神密切相关时，复活就是再合理不过的事了。所有难处顿时化为乌有。当然还有一些事是超过我们理解范围的。我们还可能问,人怎样复活呢?带着什么身体?我们若相信神,那么对这问题只有一个完整、最终、满意的回答,"神随自己的意思,给他一个形体。"

从第五十一节到五十七节,是整段论到复活的经文最高潮的部分。

前面保罗说到基督是"初熟的果子","在祂来的时候,是那些属基督的。"这句子在应用的时候往往被分开来,这种作法至少有一千九百多年,我不知道还要延续多久。整个复活的事实都包含在这句话里,"初熟的果子是基督;以后在祂来的时候,是那些属基督的。"基督来,基督复活。基督来,圣徒复活。这是我们基督徒信心、经历、盼望、生活的界线。正如保罗在他所写的教牧书信其中一卷里写到,"神……的恩典,已经显明出来"(多二11)。那是开端,神的显现;他说,荣耀也将显明出来。基督徒的世代、经历、运动,都受这些事的限制——即祂第一次和第二次的来临。第一次来临是在基督从死里复活的那一刻完成的;第二次来临则是在众圣徒复活时完成。本章稍早部分我们已看到这一点。从头到尾,他一直在强调第一个事实——基督的复活。

在这一段简短却精彩的经文里,保罗向前展望最终的结局,就是主第二次再来时众圣徒要在祂面前复活。我们的注意力被导向那最终的结局。保罗已经强调基督的复活,祂是初熟的果子;现在他要论及众圣徒的复活,那是收成。初熟的果子,是复活的基督;收成,是众圣徒的复活。本段可分成三部分。关于复活的事,是到第五十七节结束。第一部分是确据(51~54节);然后是随之而来的挑战,即向死亡的挑战(55~57节)。最后一节是整卷书信末了的呼吁,不单单依据复活的教训,并且更进一步回到这卷书信中其他的教训里。

首先来看确据。请留意保罗如何用一种醒目的方式来介绍。"看啊!"(译注:中文圣经无此二字)这是一句挑战的话,意思是现在好好想想,观察,沉思。保罗说,我现在要告诉你们一些事,你们要全神贯注地听。"我如今把一件奥秘的事告诉你们。"新约圣经的奥秘,基督徒的信心和教训里的奥秘，都不是指不可能明白的事。它总是指靠着人的知识无法明白的事，但它启示出来，是人可以明白的。保罗说，"我如今把一件奥秘的事告诉你们。"我告诉你们一件单靠理智的过程无法明白的事。那是一项奥秘，但我要告诉你们。这里用的是强调语气——我要宣告、诉说出来。

这奥秘是什么？乃是"我们……都要改变"。那本身就是奥秘。我们都要改变。本章前面部分已讨论到复活。我们看见子粒如何改变，我们的身体也将如何改变。这是伟大、奇妙的奥秘。保罗说，我要将这奥秘告诉你们。我向你们宣告，我们现今的生命不是永远这样持续下去。我们都要改变。有一些存在于我们里面的东西将改变。我们仍然活下去，但和以前不一样了。"我们……都要改变。"这句话确定了复活的整个事实。保罗说，我们不是都要睡觉，乃是都要改变。他向前看到将要发生的事件。那时有些人仍然活着，但许多人已经在主里睡了。改变将在极寻常的事情中发生。我们可以发挥一下想像力，那时许多人仍活着，有人在大都会里，有人在乡下，或高速公路上，或扬帆海上，各人正从事日常的工作，过着寻常的生活。"我们……都要改变。"

然后是描述改变的方法。"就在一霎时，眨眼之间，号筒末次吹响的时候，因号筒要响，死人要复活。"保罗未告诉我们在何时。新约也从未透露这事将在何时发生。我们随时都活在这事件的边缘上。可能今日未过去之前它就临到了。但愿主帮助我们存心忍耐，等候祂的再来，不要心浮气躁。我们是否也想过，如果祂今天来，会是怎样的结果？在神的制度、旨意和计划中最适当的那一刻，复活就发生了。圣经未载明时间，但已阐明事实；它会突然临到。

我们很自然会联想到保罗在他的另一卷书信——帖撒罗尼迦书——里所写的一段话。我相信这卷书信是写在哥林多书信之前，可能他下笔写哥林多前书第十五章这段话的时候，心中也想到帖撒罗尼迦前书的那一段话：

"论到睡了的人，我们不愿意弟兄们不知道，恐怕你们忧伤，像那些没有指望的人一样。我们若信耶稣死而复活了，那已经在耶稣里睡了的人，神也必将他们与耶稣一同带来。我们现在照主的话告诉你们一件事：我们这活着还存留到主降临的人，断不能在那已经睡了的人之先；因为主必亲自从天降临，有呼叫的声音，和天使长的声音，又有神的号吹响；那在基督里死了的人必先复活。以后我们这活着还存留的人，必和他们一同被提到云里，在空中与主相遇；这样我们就要和主永远同在。所以你们当用这些话彼此劝慰。"（帖前四 13～18）

比较一下这段话和我们现在研读的这段经文多么类似！

"我们不是都要睡觉，乃是都要改变，就在一霎时，眨眼之间，号筒末次吹响的时候；因号筒要响，死人要复活，成为不朽坏的，我们也要改变。这必朽坏的总要变成不朽坏的；这必死的总要变成不死的。"

这是得胜。我们都要改变，从朽坏中改变。"朽坏"一词听来并不顺耳。但我们知道即使现今我们仍在朽坏的过程中，我们活着的同时也正在死亡。不要认为这种说法太过悲观，这是事实。或许有人不相信，我也不怪你。你也许不觉得自己正迈向死亡，但我却有这种感觉。钉子已经松了，帐棚正在拆除，精力即将耗尽。死亡，朽坏，是必然的过程，无药可救。然而，必朽坏的要变成不朽坏的。不再有失败，腐坏。在那伟大光辉的一刻，死亡被吞灭了。那一刻是死亡的终点。我们的主复活的那一刻，死亡就终止了。我愿意再度引用保罗的话，因为那和此处的思想相辅相成。他在罗马书里说，"因为知道基督既从死里复活，就不再死，死也不再作祂的主了。祂死是向罪死了，只有一次；祂活是向神活着"（罗六 9～10）。那是基督的复活，也是我们复活的写照。我们不再死。我们将改变，进入生命新的次序里；我们将活在神为我们预备的新的、超自然的、超越世界的身体里。那是保罗在这里的展望，基督不再死；既然如此，我们也不再有死亡。

于是保罗声明，"这必朽坏的既变成不朽坏的，这必死的既变成不死的，那时经上所记，死被得胜吞灭的话就应验了。"那是对死亡完全的夸胜。最终复活的一刻，死亡就被吞灭了。

他又接着说，"死啊，你得胜的权势在哪里？死啊，你的毒钩在哪里？"这是修正本的译法，旧的译本作："死啊，你的毒钩在哪里？坟墓啊，你的胜利在哪里？"修正译本两度使用"死啊"，显然是比较某些不同的希腊版本而决定的。我个人认为原先一般所接受的版本才是正确的。这句话的希腊文实际上是，"死啊，你的毒钩在哪里？地狱啊，你的胜利在哪里？"这是双重的挑战。地狱当然可以指死亡，但它是指死的整个领域，死亡之地，离世灵魂所在之处，就是人们所谓的阴间。我相信使徒此处是用这词。他向死亡本身，以及死亡的领域和阴影（就是地狱）提出挑战。我们看到的是双重挑战，是针对死亡本身，以及阴间、即死去之人所在的地方发出的。

保罗首先问，死的毒钩在哪里？又问，坟墓的胜利在哪里？今天问题仍是，在哪里？

他接着告诉我们，死的毒钩是罪。从古至今都是如此。若没有罪，对死亡的恐惧就不存在。那使人心充满惧怕战兢的毒钩是罪。接下去的宣告更为惊人：罪的权势就是律法；因为这样，我们一生都受其限制。保罗未停留在这一点上，他发出挑战和嘲笑。"死啊，你的毒钩在哪里？坟墓啊，你的胜利在哪里？"不！死啊，得胜不在你那里，坟墓啊，得胜不在你那边！"感谢神，使我们藉着我们的主耶稣基督得胜。"这是何等荣耀、大胆的挑战！

我们很容易对死亡存着某种既定的观点。对死亡的观点应该总是向长远看，看到复活。如果我们看见最终的结局不是死亡，而是复活，那么这条路上就充满了亮光和荣耀。我每次读到这里，就会很自然地想到泰勒主教（Bishop Taylor）的小诗。我喜爱诗里的挑战，他似乎把握了使徒的挑战之真谛：

"死啊，你这毒蛇之子，
　　和你的先祖一样，你也曾有毒钩，
带来阴间和永远焚烧的火焰；
　　然而幽暗日子已逝，
在救主的伤痕中，

你愚昧、狠毒的钩已被掩埋；
如今你挫败下来，无力为害，
我不再对你心存畏惧，
我听见得胜的神对你施惩，
因你在十字架上对祂所行的，
祂将地狱的钥匙从你手中夺过来，
你只能站在生命之门外为差役。"

这是基督徒对死亡的正确观点，而这观点的顶峰，就是死亡后面的复活。

第十五章最后一节开头的"所以"颇为醒目,暗示使徒现在要讲的是他前面提到那些事的结果。他替复活的主题作了结论之后,现在他写道,"所以。"

至于这个"所以"指的是前面的哪些事,各方意见分歧。一般的看法是,它指有关复活的真理。我不怀疑这论点,但我相信还不止如此。毫无疑问的,使徒心中确实存着复活的事实。他向死的毒钩、坟墓的得胜提出挑战,并且宣告神已经使我们得胜了,他接着立刻说,"所以,我亲爱的弟兄们,你们务要坚固,不可摇动,常常竭力,多作主工,因为知道你们的劳苦,在主里面不是徒然的。"你们的劳苦并不徒然,有一日庄稼要收割。复活的那一刻,你们将得着一切劳苦的奖赏。

但我不认为这是全部的真理。为了找出这个"所以"指的是什么,我们必须一直回溯到这卷书信的第一章第九节。在研读哥林多前书时,我们不时提到这一节经文,因为它是基本的保证,全书都建立在它上面。保罗对哥林多的教会和普世教会说,"神是信实的,你们原是被祂所召,好与祂儿子,我们的主耶稣基督一同得份。"这节经文至关紧要,因为它启示了教会的蒙召和功用。教会被召与耶稣一同得份,就是在事工上、爱心上互相交通。保罗写完了整卷书信,包括纠正失败的部分,和建设的部分,指示他们成功和得力的秘诀之后,如今他说,"所以",指他前面说过的一切,包括关于教会的失败、属肉体,也包括得力的秘诀等教导。

将这两节经文放在一起,就能看出其中密切的关连,这是何等有趣,令人惊叹!"神是信实的,你们原是被祂所召,好与祂儿子,我们的主耶稣基督一同得份。""所以,我亲爱的弟兄们,你们务要坚固,不可摇动,常常竭力,多作主工。"我们被召与祂的儿子一同得份,参与祂的使命和事工;保罗一开始就提醒他们,不论谁跌倒,神却不失败,神是信实的。现在,结束一切论证、教训之际,他说,因为神是信实的,因为神召我们与祂儿子一同得份,所以你们要忠实。他没有用"信实"或"忠实"一词,但意思却相同,"你们务要坚固,不可摇动,常常竭力,多作主工。"

我们花点时间来探讨这节经文与整卷书信的关连。这封信哥林多人读过了,历代许多教会也读过了。在纠正和建设的言辞中,保罗有两件重要的事要宣告。第一,神已呼召教会与祂儿子一同得份。第二,基于第一个事实,教会有一个责任,那是什么?"务要坚固,不可摇动,常常竭力,多作主工。"

这里是一件原则性的事。保罗告诉我们作什么?他提出呼吁,"你们务要。"暂时把中间描写的部分省略,虽然它们也很重要;那么剩下的叙述部分是什么?"你们务要……作主工。"神召我们与祂儿子一同得份,所以"你们务要……作主工"。我们与祂一同得份,就是与祂一同作工,是祂工作上的合伙人。务要尽你的职责。神藉祂的恩典和救赎的大能使你与耶稣基督一同得份,你就当作神要你作的事。"你们务要……作主工。"

这就引出一个问题来,我们当作什么?保罗是否说,你们这些属于教会的人必须竭尽己力帮助神,或者说,你们务要找出当为祂作些什么?不!这是教会所犯的错误之一。教会总是苦苦思索要寻找一些事来为神作。不!进入神自己的工作里,与你的主相交;活在与主交通所带来的能力中。

主的工作是什么?答案可能很广泛。我们只需回到新约圣经,看看祂早年的事工。聆听祂所说的。我们从祂的话语中将发现主的工是什么。"人子来,为要寻找、拯救失丧的人"(路十九10)。"你们务要……作主工"。祂"来本不是召义人悔改,乃是召罪人悔改"(路五32)。"你们务要……作主工"。批评祂的人说,看哪,祂与罪人来往。祂没有指望了,祂竟与税吏和罪人同席吃饭!耶稣用三重的比喻回答他们,都记载在路加福音第十五章。那是主的工作。第一,牧人寻找羊;第二,妇人打扫屋子,直到找着遗失的钱币;第三,浪子的父亲在儿子回头后欢喜快乐。这就是主的工。

我们不妨拿这三个例子自问,我们在主的工上作了多少?我们对翻山越岭寻找亡羊的工作知道多少?"坚固,不可摇动,常常竭力。"这并不是同样的意思重复了三次。每一个词都有它的含义。

"坚固"指个人的忠实,坚持到底。这个词并不堂皇富丽,但本质却很高贵。一个人要忠心耿耿,不屈不挠。下一个词是不是意义相仿?不!"不可摇动"是指面临反对而忠实。有些人无法坚守下去,他们不能屹立不摇。这一类人是靠不住的。"坚固"指总是在那儿。这是一个伟大的理想,我们作主工的时候不可能不遭遇冲突。保罗在下一章里说,反对的人也多。是的,我们有对头。你不但要自己里面忠实,并且不要摇动。尽管仇敌环伺,仍要坚立在那里。使徒又加上一句,"常常竭力。"竭力?是的,作超过所要求的份,摒弃衡量的计算尺,竭尽己力而为。福音书记载耶稣喂饱众人,门徒收拾剩余的零碎时,用的也是同一个希腊字,指过剩。这正是使徒的意思。个人要忠实,面临反对仍忠心不摇动,常常竭力,作多余的工。

最后一句话是,"因为知道你们的劳苦,在主里面不是徒然的。"不仅仅是你们的工作,并且是你们的劳苦,那种劳苦隐含着牺牲的鲜血,使人日益被耗尽。然而这一切在主里不是徒然的。

再来看第十六章。本书信的最后这部分格外富有趣味和价值。它和本书其他部分有许多不同之处。保罗已经完成了纠正和指示的部分,他在第十五章最后一节也提出了伟大的呼吁,现在他来到最后一章。历来解经家们对本章的解释不一。有一位作家说本章纯粹是论及私人事务。另一位说它包含了各种实际的指示。二者都正确,但本章涵括的尚不止于此。它的价值不仅仅是属于个人的。我们仔细研读,会看见教会,在耶路撒冷的教会,哥林多的教会,加拉太和马其顿的众教会,她们都是地方教会,但联合起来就成了彼此密切相关的一个整体教会。我们看到的是整个教会。

本章中我们看到全书从头至尾所贯彻的原则再一次得到说明。

我只举二例,一是基本的保证,一是最后的呼吁。基本的保证是交通,与主一同得份,与他人一同得份;本章中这个保证有了基本、最终、实际的运用。我们看见教会的肢体,不管是耶路撒冷,哥林多,或其他地方的教会,这些肢体彼此联合,交通;先是与主相交,然后彼此相交;因此若一个人受苦,全体就受苦;一个人欢喜,全体就欢喜。一个平凡生命的脉动,可以震撼基督的整个身子。本章对此提出了例证。

至于最后呼召人作主工的呼吁,在这里我们看见有一群人,他们与这工作有关,与整个教会一同得份。这里的名单很详细,包括保罗,提摩太,亚波罗,司提反一家,福徒拿都,亚该古,亚居拉,百基拉。他们被一一提名,他们都是教会的肢体,与教会的事工有关。这是全章最荣耀、美丽之处。

当时光景如何?这里提到耶路撒冷的教会,显然当时他们中间没有富人。他们非常贫穷。保罗在罗马书里提到同样的事实,"耶路撒冷圣徒中的穷人"(罗十五26)。"穷人"是最强烈的措词,指一贫如洗的人。毫无疑问的,当时耶路撒冷教会里有一群人就今世的财富而言是贫乏的。显而易见的是,耶路撒冷教会的财务状况相当拮据。似乎他们中间没有富足人。我相信如果有的话,保罗一定会对他们说出强烈的话。不,他只说到穷人,教会中必定没有什么富人。

耶路撒冷教会的整个历史相当有趣。这教会曾完全堕落、失败。主吩咐他们从耶路撒冷开始作见证,然后是犹太全地,撒玛利亚,直到地极。这个使命记载在使徒行传开头的部分。他们一直没有去遵守,直到他们受逼迫被驱逐到各地。他们以自己的小圈子为荣,以所享有的权利沾沾自喜,却丧失了真正属灵的能力,直到逼迫临头,他们被赶逐出去,在逼迫和苦难的压力下,他们才走遍犹太,撒玛利亚,直到地极。使徒行传记载了他们出去的经过。那时他们大部分人都被赶了出去,剩下的就是一群穷人。教会的光景很艰难。他们中间没有富人,都是一些急需帮助的人。

这与哥林多有何关系?与加拉太的众教会有何关系?与保罗和其他使徒在各地设立的教会有何关系?显然关系密切,这些教会有责任操练团契生活,接济耶路撒冷受困的圣徒。我们在这里看见这个理想的美丽之处,以及基督教会的合一,信徒的慷慨。保罗针对捐项的事有所指示。

必须指出一点:保罗的指示毫无疑问是针对当时教会的光景,但其中所包含的原则仍值得我们深思。他们打算施舍,将捐项送去帮助穷人。他们对耶路撒冷兄弟姊妹的痛苦感同身受,因此要想法济助他们。保罗如何指示他们?

第一,每逢七日的第一日,就是安息日以后的第一日,他们要照各人的进项抽出一部分钱来。第二,教会里每一份子在七日的第一日要单独前去。捐钱是个人的事。他们应当私下个别作这事。"各人……抽出来留着。"是单独的行动,各人将捐项存起来。

然后保罗谨慎地指出,他们的捐项不可妨碍属灵的事。各人照自己的收入,虔敬地拿出一部分来。七日的第一日,他们将钱带到教会,存留起来,这样使徒来的时候就不会耽误他要作的事。请留意保罗的用心。他要他们定期地、单独地、确定地将捐项带到教会,免得他来的时候现凑。保罗来的目的是什么? 要在属灵的事上帮助他们;他盼望属物质的事都已事先处理好了,不至于妨碍属灵的事。他不要他们到时候再四处收捐项。"免得我来的时候现凑。"

他不希望他们是由于他的出现而不得不现凑出捐项。我知道这种情况在教会中屡见不鲜,有些传道人、先知、牧师,几乎是迫使会众捐钱。这是不光采的。保罗在哥林多后书里说,"*我想不得不求那几位弟兄,先到你们那里去,把从前所应许的捐资预备妥当,就显出你们所捐的,是出于乐意,不是出于勉强*"(林后九5)。多么美妙的教导!

他接着小心指出,这些捐项应该交给教会所指定的人处理。他说如果他也去耶路撒冷,他们可以和他一同去。但每一件事都必须由教会举荐的人按着适当的步骤去办。

这是论到捐项的一小段经文。虽然是使徒对当地教会的指示,但有关交通的原则还是历久弥新的。今日世界各地还有许多教会陷于极大的需要中,有待神的整个教会分担他们的痛苦,并进而伸出援手帮助他们。我们应该运用同样的原则。

今日我们不可运用这原则来为自己谋利。教会常常安排一些讲员、传道人、牧师来访,目的在趁机募一笔款项。我在英、美两国巡回讲道时就常常看到这种现象。我一再感觉,这些访问的价值不是属灵的,而是属物质的。哦!我为保罗的这一段话感谢,下次我应邀出去时也要遵照保罗的指示——你们在我去之前先将捐项收集妥当我才来!

第十六章大体上是用来作解释的。固然有人说它代表保罗最后一番训诲和问候,但若只是看到这些,就错过了许多精彩的意义。事实上,使徒著作中所强调的每一件事都可在这一章中看到运用的痕迹。这是说明性的一章,它解释了教会在主的事工上一同得份的意义。

我们已在本章头四节里看到教会相互交通的实际例子。耶路撒冷教会处境艰难,它的肢体一贫如洗,于是保罗旅行途中所经过各地区的教会就捐钱,用来资助耶路撒冷的教会。保罗写信给哥林多教会,论到他们的责任,以及他们当如何行。虽然是技术性的问题,但我们看见这件事启示了教会的合一,教会如何彼此相关,若一个肢体受苦,全体就受苦;一个肢体快乐,全体就快乐。整个教会享有同一个生命,这生命是与主一同得份,也彼此一同得份,所以一旦耶路撒冷教会陷入困境,其他教会就纷纷解囊相助。

现在来到第五至十二节,看到一小群个人。请注意,这种教会在工作上相交的思想始终贯彻全段。保罗在第十节提到提摩太,"他劳力作主的工。"第十六节他提到司提反一家时也说,"一切同工同劳的人。"我们看到的是教会的工作和服事。另外也看到他在对付捐钱给圣徒的事。他说明在神的教会中这事当如何进行。一直到本章结束,"工作"一词未再出现,但事实俱在。保罗,亚波罗,福徒拿都,亚该古,百基拉,亚居拉,他们都在工作,保罗提到他们的时候,总是与他们在主里的工作和服事有关。第五到十二节提到三个人:保罗,提摩太,亚波罗。

保罗无意中,在第五节至第九节替我们描绘出一个画面。尽管他是如何想要隐退自己，他却无意中将自己呈现在读者面前，以至于我们对他的认识程度超过了早代其他的使徒。他在腓立比书中有一大段论到自己的身世，他在别的书信中也提过他的服事和所受的苦。本段里他无意间提到了自己，是很有趣的。他是在众人中事奉的工人，是蒙召与神儿子一同得份的教会之一份子。我们在这儿看到的保罗是一个工人。

首先我们被他的举棋不定所吸引，从里面我们得到不少安慰：

"我要从马其顿经过，既经过了，就要到你们那里去。或者和你们同住几时，或者也过冬；无论我往哪里去，你们就可以给我送行。我如今不愿意路过见你们；主若许我，我就指望和你们同住几时。"

这种不确定是光荣的。我们都喜爱计划，对不对？我知道自己怎样受计划的奴役；我花了好几年功夫才挣脱这奴役。我发觉自己无法照着计划按部就班地作。我精心设计了一个计划，而圣灵往往为了更大的目的而击碎我的安排。保罗在这里似乎犹豫不决。但他对某些事很肯定。他将经过马其顿，他想去哥林多。如果他去了，他愿意多停留一阵子，甚至在那里过冬，然而他没有说他一定会去。这一切还在未定之数。他若与他们一起过冬，他愿意他们稍后给他送行。保罗的"不确定"非常明显，这是主工人的荣耀。

然而这一切的不确定都因一句话而成为合理的了，那就是"主若许我"。可能是马其顿，可能是哥林多，可能只在哥林多略事停留，可能在那儿过了冬再继续前行。他还要往哪里去？他自己也不知道，"无论我往哪里去。"但确定的是，他是在主的命令管理之下。"主若许我。"这是一幅美丽的画面，使徒不断往前行，心中却没有既定的计划。

另一个同样的例子见于保罗写给提摩太的信，他说，"我指望快到你那里去，所以先将这些事写给你；倘若我耽延日久"（提前三14～15）。他不敢确定。他盼望能下去看提摩太，当时提摩太可能在以弗所；但他不知道，他不愿意提摩太等候他的指示，因为他对自己的行止没有把握。

拥有计划，事事照着程序作，知道何去何往，这实在吸引人！但我们必须预留空间,让神作主。"主若许我。""许"是一个伟大的字,希腊文是"epitrepho",意思是主若要我转身而行,我就掉转回头;主若要我往前走,我就继续前行。这是保罗的写照。他是听命于主的工人。有各种可能性:马其顿,哥林多,"无论我往哪里去。"或者偏远的地域,他不知道要在何处停留;但他知道一件事,他的一生都服在他主的权柄之下。"所以,我亲爱的弟兄们,你们务要坚固,不可摇动,常常竭力,多作主工。"保罗在这里实践了他对哥林多人的教导。第一小段显示他"常常竭力",马其顿,哥林多,主若许我,无论在哪里,我都竭力多作主工,这是永恒的原则。

保罗也确知,现今他不能动身,他必须停留一阵子。他在第八节说,"但我要仍旧住在以弗所,直等到五旬节。"他为这事提出两个理由。第一,"因为有宽大又有功效的门,为我开了。"第二,"并且反对的人也多。"这两个理由使他十分确定,他现今不能去马其顿或哥林多,他暂时无法继续旅程,必须在以弗所住一阵子。事实上,他在以弗所停留了三年,这对保罗而言是相当长的。他在那里牧养教会。

他为什么如此确定他必须停留在以弗所? 第一,敞开的门,"宽大又有功效的门。"从保罗的描述和路加的记载,我们可以认识这宽大又有功效的门是什么。以弗所是当时最大的城市之一,有戴安娜女神(Diana)或亚底米神(Artemis)的庙,那是世界奇观之一;这个异教城市的生活都是围绕着神庙,以其为中心的。各种商贾行市林立。神的教会就是在这样的城市中。保罗看见其中的契机,"有宽大又有功效的门。"他暂时不能离开,他必须留在那里,这是第一个原因。再回到他最后的呼吁,他不仅"常常竭力",并且"坚固",忠心地站在敞开的门旁边;他是在"作主工"。

第二个原因,"反对的人也多。"这里我们看见他的"不摇动"。门打开了,我必须留在这里,这是"坚固"。反对的人也吓不倒我,这是"不可摇动"。我必须留在这里。短短几句话,就替这位伟大的使徒勾勒出一幅动人的图画。门正大开着,机会无穷;并且恶者正倾全力攻击着他的主和福音。"反对的人也多。"不要忘了这是你停留的理由。你此刻若四周一无反对的人,你最好动身,去到反对的人那里。

如果我们看不见任何反对的力量冲着我们而来,那么我们就没有什么机会服事。

保罗在第十、十一节两度提到提摩太。"若是提摩太来到,你们要留心,叫他在你们那里无所惧怕。"他是说,你们要好好接待他,使他无所惧怕? 或者指,你们不要惧怕? 我不知道保罗的本意,也不敢遽下断语。我想他是指应使提摩太没有惧怕,因为他说,"他劳力作主的工,像我一样;所以无论谁都不可藐视他;只要送他平安前行,叫他到我这里来;因我指望他和弟兄们同来。"保罗在这卷书信中已经提过提摩太,他说,"我已打发提摩太到你们那里去,他在主里面,是我所亲爱、有忠心的儿子"(林前四 17)。毫无疑问的,提摩太与保罗相当亲近、贴心,由保罗写给他的两封信可见一斑。当时提摩太在以弗所,保罗以年长者对年轻人的口气给他写信。历来有许多不同的推论,有人说提摩太是一个软弱的人,需要保罗不断给他打气、鼓励。我不同意这种说法,因它根本缺乏证据。提摩太是一个最杰出的年轻人。他从小在母亲和祖母的教导下熟识圣经,就是那使人得救的智慧。我相信保罗旅行传道经过路司得时(他曾在那里被打得半死),提摩太初次听见保罗传讲信息,看见这福音如何应验了他母亲、祖母的教训中一切的启示和盼望,于是他成了基督徒。可能因这缘故,保罗称提摩太为他的儿子。他们当如何接待他? 使他无所惧怕。这些哥林多人是一群奇怪的人,他们围绕着保罗、矶法、亚波罗形成许多小团体,彼此纷争不休。保罗知道他们可能用怀疑的眼光看提摩太,因此他吩咐他们不要威吓提摩太,使他胆怯。更进一步,他们不可藐视他,只要送他平安前行。

保罗对哥林多人说,不可藐视提摩太;他在提摩太前书中则对提摩太说,"不可叫人小看你年轻,总要在言语、行为、爱心、信心、清洁上,都作信徒的榜样"(提前四 12)。对哥林多人而言,不可小看他。对提摩太而言,不可叫人小看他。最重要的是,要谨慎你的工作和生活,好叫你在言语、行为、爱心、信心、清洁上作人的榜样。"不可叫人小看你年轻。"这似乎是提摩太常常面临的难处。

无论如何,保罗提醒哥林多人,不可藐视提摩太。在哥林多的这些人多富学识,他们挟各派学说以自重。他们是一群自视颇高的知识分子。这位年轻人来到他们中间。为什么他们不可藐视他? 因为"他劳力作主的工"。这幅画面显示教会对神的工人和使者应有的态度。保罗说,他也是作主工的。"他劳力作主的工,像我一样。"保罗不是因提摩太的财富或地位而差派他去哥林多。他只有一个资格。他是作主工的,是主的工人,这使得他们必须用正确的态度对待他。

下一节论到亚波罗。"至于兄弟亚波罗,我再三地劝他,同弟兄们到你们那里去;但这时他决不愿意去;几时有了机会他必去。"我极喜爱这节经文,因为它涵意深刻。第一,保罗只用短短几句话提及亚波罗,但却非常吸引人。亚波罗是哥林多人拥护的对象之一,他们中间有的人说,"我是属亚波罗的。"保罗现在要这人下到哥林多。请注意他的描述,"兄弟亚波罗。"显示尽管哥林多人因他们两人而纷争结党,但他们彼此之间仍有完美的交通。保罗说,我们彼此了解。他是我的兄弟。

接下来的话很有意思。他们两人中间有不同的意见。保罗希望亚波罗去哥林多;确实,他说他再三劝亚波罗去。为什么保罗这么急切要他去哥林多呢? 很可能是因为哥林多人的纷争,或许保罗感觉,如果亚波罗下去,亚波罗可以轻易向哥林多人显明他自己和保罗之间并没有真正的分别。但亚波罗并不想去,保罗说,"这时他决不愿意去。"为什么他拒绝前去? 可能理由和保罗要他去的理由一样,只是由另一面来看。我承认这样说纯属猜测。或许亚波罗认为他的出现只有使纷争更表面化,他不如置身事外为妙。

这是另一个间接的例子,让我们认识保罗。有人说保罗生性武断,特别是他谈到妇女的时候。这得视情形而定。是的,有时他相当武断,但只限于某些事情;这里我们看见他任凭亚波罗作决定,并且写信告诉哥林多人,亚波罗不愿意去;保罗没有坚持己见,他若坚持自己的决定,或许他会一怒之下与亚波罗绝交。然而他表现得多么谦和! 保罗说,兄弟亚波罗,我盼望他到你们中间,但他现在不愿意去,改天有了机会他会去的。我们在这两个杰出的使者和教师身上,看见爱之律在运行,他们同作主工,允许有分歧的意见并存,而仍然以爱相待。这是一幅美丽的画面。

这个例子说明了教会作主工的原则。这是极美的篇章,启示了教会的全貌,个别的肢体,相互的责任,和服事,工作上的交通。早代教会的成功即在于"常常竭力,多作主工"。即使歧见出现,我们也从这些工人身上看到爱的律。一旦教会最关心的是主的工,就没有余地让懒惰和纷争滋生。

最后一段(13～24节)表现出整卷书信的风格,并继续将它的教训作总结。保罗着重的仍是教会与主的交通,以及教会彼此的交通。

本小段很自然可分成三部分。第一,是一组结尾的训诫(13～14节);其次提及个人的事,并由这些人衍生出对哥林多人的一番叮咛(15～18节);最后是问安(19～24节)。

先来看训诫:"你们务要警醒,在真道上站立得稳,要作大丈夫,要刚强。凡你们所作的,都要凭爱心而作。"显然使徒心中意识到潜伏在教会四周的隐忧。他已经在信中纠正他们,并告诉他们教会得能力的秘诀。如今他结束了所有纠正和指示,而用几句简短、扼要、有力的话作总结。"你们务要警醒。"他觉得有必要这么说。"在真道上站立得稳。"回到前面部分,可以看出他们在哪些地方跌倒。"要作大丈夫。"书信开始部分他曾说,他不能待他们像成人,而是把他们当作婴孩。"要刚强",或者更确切地说,"要得力"。最后是,"凡你们所作的,都要凭爱心而作。"这使我们回想到稍早保罗纠正他们的那些光景,以及向他们陈述的爱之律。此处他用警句的形式将他必要说的和已经说过的事归纳起来。

这里有四个短句是针对个人的,一句是相对的。前者是,"你们务要警醒,在真道上站立得稳,要作大丈夫,要刚强。"最后一句则总括他们彼此的关系,"凡你们所作的,都要凭爱心而作。"

事实上,头四句话是两组句子。第一,"你们务要警醒,在真道上站立得稳。"它本身是一个完整的句子。第二组是,"要作大丈夫,要刚强。"请注意这些警句如何将他在第十五章末了的训诲和呼吁连贯起来,"所以我亲爱的弟兄们,你们务要坚固,不可摇动,常常竭力,多作主工。"那里有两个词特别突出。他盼咐他们"务要坚固","不可摇动"。此处的第一组警句，即是在解释、重申第一个词，"务要坚固。"第二组警句则在强调、说明第二个词，"不可摇动。""要作大丈夫，要刚强。"

这几句话简单明了，却极富威力。务要坚固，我们如何坚固？乃是要警醒，换句话说，就是要保持清醒，不可打瞌睡，或掉以轻心。我并不反对休假，休假对我是非常必要的。但我们绝对不可在教会神圣的事工上休假。要随时警醒，不可打盹。

然后是站立得稳，并且是在真道上站立得稳。这句话暗示，我们的自由是有限制的，"务要坚固"的惟一方法是保持自己在真道里。要警醒，在真道上站立得稳，不可须臾疏忽。

接下去是"不可摇动"，"要作大丈夫"。"作"这字照字面解释是长大，不再作小孩，婴儿，而是顶天立地的站起来。在灵命上要成熟，长大，"作大丈夫"，这样才不容易摇动，反对的势力丝毫不能影响你的责任和忠心。"要坚强"，意思是积极向前，不以现状自满；套用彼得的话说，"你们却要在我们主救主耶稣基督的恩典和知识上有长进"（彼后三18）。从前面这些句子中，我们看见保罗对哥林多信徒及所有信徒的吩咐，这些应有的态度可以影响他们整个对生活的观念。

保罗用概括的一句话作总结，"凡你们所作的，都要凭爱心而作。"这句话很简单，也适用于个人。它包括前面所吩咐的警醒和坚固。不论你警醒也好，奋斗也好，让爱成为一切的因由。"凡你们所作的，都要凭爱心而作。"第十三章将爱之律描述得淋漓透彻，那是一切交通、团契的条件。这里有一群人，保罗对每一个人说同样的话，"你们务要警醒，在真道上站立得稳，要作大丈夫，要刚强。"在你继续成长的过程中，不论是警醒或争战，都要被爱所管理。教会若能作到这一点，肢体彼此之间的关系就会正常。

保罗提到个人的部分相当有趣。他有一些访客，他们的名字被一一列出，司提反，福徒拿都、亚该古。这些人是谁？我们所知有限。我们惟一对司提反一家的认识，就是保罗曾给他们施洗。第一章第十六节说，"我也给司提反家施过洗；此外给别人施洗没有，我却记不清。"显然司提反家在属灵上蒙受保罗不少的恩惠。司提反和福徒拿都、亚该古一同前去探望保罗。关于福徒拿都，除了此处的记载之外，就是革利免（保罗在腓立比书第四章第三节里提到的同工）曾说，哥林多书信是保罗交由福徒拿都带去给哥林多教会的。这个说法缺乏有力的证据，但仍不失有趣和可能性。至于亚该古，我们对他的认识只限于这里的记载。他和另外两个人一起去看保罗，从此处经文得知，由于他们这次访问对保罗的帮助，保罗嘱咐哥林多人要敬重他们。他说，他们叫我和你们心里都快活。保罗要哥林多人敬重他们的原因是他们服事了保罗和其他人。这里我们看见教会的肢体兴起，他们作了奇妙的工，以爱心服事其他肢体，并前去探访保罗，如今他们显然要往哥林多去。

最后是问安（19～24 节）。我们立刻被带入普世教会、整体教会的气氛中。我们最终看见的是整个教会与哥林多教会的关系。散居在各处的信徒，他们都是这个教会的一部分，都关心哥林多的教会。所以保罗说，"亚细亚的众教会问你们安。"我们不能假设保罗从亚细亚众教会得到什么特别的信息，但他知道他们，了解他们的态度。有些人已经用爱心的捐项证明了他们的态度，保罗也据此呼吁哥林多教会用爱心供给耶路撒冷的教会。这就是合一，这些人与其他人息息相关。他在结束这封信的时候说，"亚细亚的众教会问你们安。"我们从短短一句话里呼吸到了那荣耀的合一气氛。

保罗概括地代表亚细亚众教会问安之后，又特别提到两个人的名字——亚居拉和百基拉。只有两个人，但他们"并在他们家里的教会，因主多多地问你们安"。我们又一次在圣经中看到有关这两人的记载。使徒行传第十八章第二节记载，他们因为信仰的缘故被驱逐离开罗马，流亡到哥林多。同一章又记载，保罗去以弗所，他们伴他同行。他们在以弗所停留了一阵子。有趣的是，亚波罗因亚居拉和百基拉的帮助，而对神的道有了更详细的认识。毫无疑问的，亚波罗是一个伟大的人，保罗曾称呼他"兄弟"，他为保罗所敬爱，并且在哥林多作了许多奇妙的工。我们从圣经得知，他来到以弗所，亚居拉和百基拉发现他并未完全明白福音的全部内容。他单单晓得先锋约翰所揭明的教训。这就是为什么保罗到了以弗所，发现有一群信徒，他们似乎缺乏了一些东西。保罗问,"你们信的时候,受了圣灵没有?"(徒十九2)。他们说所受的是"约翰的洗"。这是保罗的所见所闻。于是有一天,这一对织帐棚的夫妇找到了亚波罗,打开他的眼睛,让他看见福音完全的荣耀。从罗马书第十六章第三节得知,他们最后又回到了罗马,就是他们最初被驱逐出来的地方。保罗如今提到他们的名字,说他们并在他们家里的教会,因主多多地问候哥林多人。

我们由此得以一瞥整个教会,亚细亚的众教会,两个人,一个在家中的地方教会;而从头至尾贯穿的是同一个爱的原则。

现在来到最后一段。通常保罗写信是向速记员口述,由后者代笔记下,但显然他讲到这里时,就从速记员的手中拿过笔来,自己写了几个字。我们记得他在加拉太书里说,"请看我亲手写给你们的字,是何等的大呢"(加六11)。那里的语气带着几分幽默。如果关于他有眼疾的推测是正确的,那么我们可以看见他在这里低着头,写下了几个字,"我保罗亲笔问安。"他要亲笔写一些话来结束、总结整封信。他说什么?"若有人不爱主,这人可诅可咒。主必要来。愿主耶稣基督的恩,常与你们众人同在。我在基督耶稣里的爱,与你们众人同在。阿们。"多么美丽的一段经文!

他说什么?"若有人不爱主,这人可诅可咒。主必要来。"可诅可咒(Anathema)是一个希腊字。保罗写了"若有人不爱主,这人可诅可咒"之后,他突然改用亚兰文。接下去的"主必要来"(Maran Atha)不是希腊文,而是亚兰文。这两个字是独立的,但与前面所说的有关连。那是出于使徒内心深处的呐喊,他年轻时最惯用的语言——亚兰文——不禁脱口而出。

"Anathema"这个希腊字在新约里并不多见,它总是被译成"可诅可咒"或类似的词。它总共在新约出现六次。第一次出现在使徒行传第二十三章第十四节,那里记载保罗的敌人起了一个大誓,要取他的性命。他们起誓若不杀保罗就不吃什么。然后是罗马书第九章第三节,在这一段充满力量和感情的经文里,保罗说,"为我弟兄,我骨肉之亲,就是自己被咒诅,与基督分离,我也愿意。"这是从人的笔下所写出的最伟大、超然的字句,表达了他与基督那完全的交通。哥林多前书第十二章第三节说，"被神的灵感动的，没有说耶稣是可咒诅的。"这里不是指真正的咒诅之言。它道出一个不可避免的事实。一个人若不爱祂，这人就无药可救，他的结局必然是灭亡、被咒诅。保罗用一句醒目的话归纳他的心意。这里的"爱"是指人的情爱。若有人不爱主，不带着情感到祂那里去，他就无所指望。他是失丧的人，将被毁灭。这一句显明主最终荣美的话，引出了下面的亚兰文。

"主必要来"原文是两个亚兰字，"Maran"和"Atha"。"Maran"是指主。"Atha"是一个动词，是"将要来"的一部分。历来学者花了不少时间来研究这个动词，我不打算在此评断谁对谁错，只是采用一部分的说法。有人说"Atha"的意思是"将要来"。也有人说这是现在时态，指"来"。更有人主张它是过去时态，指"已来"。大多数知名的学者都采取第一种说法。不论如何解释，"已来"，"来"，或"将要来"，最重要的是"主"，祂的主权。这就是我喜欢同时采用这三种说法的原因。它可能是指主已经显现，已经来临。或者指主一直在来临。它也可能指主将要来。至高无上的主临到了人的生命中。这是出自保罗内心深处的伟大呼喊，显示他相信主确实已经来到，祂正在来，而且祂将要来。这是无可动摇的伟大事实。

最后一句话是，"愿主耶稣基督的恩，常与你们众人同在。"救主耶稣基督一直与你们同在。这包括了一切的福分。然后加上他个人的致意，"我在基督耶稣里的爱，与你们众人同在。"还有哪一卷书信的结尾，比这句话更荣耀、更美丽呢？

　　哥林多后书显然是前书产生的结果。提多（或者加上提摩太）已将哥林多教会收到第一封信以后的情形告诉保罗。他们所提到的事使保罗深感不安，于是他又提笔写这一封信。

　　在哥林多前书里，保罗用纠正和建设的话，预备教会去作主工。哥林多后书则可以说是使徒个人的写照，这幅画面描绘了使徒在神给他的权柄之下，用爱心，劳苦，勤作主工。有人说，使徒在这卷书信中充分地显露了他的本性；这卷书信从头至尾都含有浓厚的个人色彩，他始终为自己的事奉辩护。在前书里，我们看见的是教会；在后书里，保罗则用自己作例证，说明教会里面的事工。

　　要分析哥林多后书并非易事。这卷书信似乎缺乏系统。第一章前十一节是导言。然后保罗论到事工（一 12～七 16）。他在那里为自己的使徒事工提出解释和辩护，并论到基督徒一般的事工。接下去的两章（第八、九章）自成一段落，纯粹是当地的色彩，但仍包含了有关为圣徒收捐项的永恒原则。这引出了有关事奉的第二层之辩论，并涉及保罗再度往哥林多的事（十 1～十三 10）。这里我们看到使徒自己的写照，非常宝贵。最后则是结论（十三 11～14）。

　　导言部分的头十一节经文透露当时有人反对保罗。这个事实益发衬托出他的问候是多么温和。他从提多处（或者也从提摩太那里）得知，哥林多教会里有一些人否认他的使徒权柄，怀疑他是否真是基督的使者。他知道这会损坏他传给他们的真理，因此他必须将他们的批评之背景铭记于心。

　　他以极大的爱心问候他们，然后提到过去他所受的苦。在论到这些事时，他谨慎地指出受苦的经历本身具有无上的价值。他说这一切,最后是为了表达他们的供应和馈赠如何使他受益。

他在第一节就触及权柄的问题,"奉神旨意,作基督耶稣使徒的保罗。"这话是在宣告他的权柄。他声称他是奉神旨意作使徒的。没有任何人能有比这更高的权柄。他触及了稍后他所说一切话的关键,"奉神旨意。"

他的对象也包括亚该亚。他不是单单写给哥林多人,并且也写给亚该亚的众圣徒。亚该亚是一个一般性的地理名词。可能在那一带信徒不多,但保罗仍将他们包括进来。这种作法含有一点技巧的成分。不只是哥林多人,也包括亚该亚的众圣徒。

然后是问候,"愿恩惠平安,从神我们的父和主耶稣基督归与你们。"恩惠平安!不久之后他就要提出抱怨,指责他们;他竟然还这么说。他问候他们,用极温柔美丽的话问安,告诉他们这一切的源头。"从神我们的父和主耶稣基督。"神是源头;主耶稣基督是流通的管道;愿恩惠平安归与你们。

他又转而谢恩。第三节到第七节这一段经文非常突出,主题是安慰,苦难中所得的安慰。他首先说到这经历的价值,然后是经历本身。他只在描述了经历的影响之后,才向他们述说他的经历。这是他使用方法的一部分。如果他们能领会其中的价值,那么他们再读到所描述的经历时就会感到讶异。

价值是什么?第一,"愿颂赞归与我们的主耶稣基督的父神。""颂赞"就是赞美。这是强烈地表达敬拜和尊崇。"愿颂赞归与我们的主耶稣基督的父神,就是发慈悲的父,赐各样安慰的神。"祂是发慈悲的父,赐安慰的神,一切恩惠都是从祂那里来的。

"赞美真神,万福源头。"或者说一切慈悲的源头;我们可以这样歌唱。如果有慈悲,神就是慈悲的父;祂又是赐安慰的神。"安慰"是一个关键词。在这里的五节经文中,它就以不同的形式出现了至少十次。"赐各样安慰的神。"

何谓"安慰"?我们想到安慰一词时,总是偏向于较柔弱、感性的一面。这个词字面上的意思是加强,支持。它和圣灵的另一个名字"保惠师"是同源字。我们可以用圣灵的工作来解释"安慰",并且说圣灵就是安慰者。耶稣说，祂不撇下我们为孤儿，祂要另差一位保惠师来。保惠师不仅仅是安慰者。有人建议用慰藉一词来翻译圣灵的别名。但保惠师不单单提供慰藉，并且还支持、供应。祂来到人的身旁，解除他一切的寂寞和困难——安慰，"赐各样安慰的神。"使徒说，神已经安慰了他。

神同样藉着祂的安慰，使他经历之后有能力去安慰别人。这是此处的中心思想和教训。

"安慰"另有一个含义，就是指人能在基督的受苦和安慰中与祂相交。那也是众圣徒的相交。我记得有一次我的好友查维克公开说，圣灵最恰当的名字是训慰师，而不是辩护师。我告诉他我不同意。他说，他的律师是他的辩护师，却不能称其为训慰师。我说，我却能。对法律的事，我是门外汉，我把问题交到律师手中，留给他处理。他是我的辩护师，也是我的训慰师。他不仅提供慰藉，并且站在我这边支持我，为我打气。"安慰"是一个伟大的词，它意谓从神来的支持力量。

使徒于是告诉他们，带来这些安慰的行动和经历之环境。那是什么？死亡的黑暗。保罗此处指的是什么？有许多不同的猜测。他并没有明确说明。有人认为他是指在以弗所发生的事，他曾说过他在那里与野兽搏斗。可能如此。也可能是指他生过一场重病。不论如何，这事件相当严重威胁到他的生命，以致"自己心里也断定是必死的"，然而就在毫无指望时，他发现神的安慰是他惟一的倚靠。"自己心里也断定是必死的"，好叫我们不靠自己。他已接受了死，但他的指望在神那里，祂能替死亡注入生命，祂是赐安慰的神。在这样的时刻，死亡并没有结束一切。值得安慰的是，死亡后面还有生命。神是复活的神。保罗在痛苦的经历中，神如此向他低语，这是毫无疑问的。

稍后他将在这卷书信中提到肉体上的一根刺。我不知道此处他是否指这根刺。毫无疑问的，他提到地点是在亚细亚，他在那里病得几乎丧命。他感到软弱至极，抬眼望向未来，却一无所见。他断定自己必死无疑，然而神安慰他，向他保证，祂将替死亡带来生命；透过祂,死亡不再是最终的结局。他或许会死,但他说,他所经历的这一切已教导他,神是复活的神,能带来救恩,解救他。

是的,他得了安慰,因为神是复活的神。祂能使死者复生;保罗得安慰的另一个原因是,他断定自己是必死的,结果他安然度过危险。如今他回顾往事,看见那永远的膀臂在支持他,神始终在他身旁;而这一切经历都是为了叫他能用神的安慰去安慰、帮助其他的人。

这里可以看见基督徒的重要原则。神安慰我们,是为了叫我们也能去安慰别人。这是基督教的真谛。每一样领受,都是带着托付。你我从神领受的每一样东西都是为别人领受的——神的安慰,神的加力,神的支持,神启示祂能叫人脱离死亡,带给人救恩——这些都是我们代表别人领受的。我们的指望在乎神。

这一段导言的要旨是,它与全卷书信中的个人色彩有关。保罗现今写信给哥林多人,他描述过去的经历,并述说这段经历对他个人以及对他们众人的价值。“安慰”是一个伟大的词,从神来的安慰,给别人的安慰。他先用一段温柔的话来预备不久之后他将道出的责备。他呼召他们与他一同受苦楚,这样他们就要一同从神得安慰。一切安慰都是从神来的,祂是赐安慰的神。

保罗现在论到他的事工这个主题,因为哥林多教会里有一些人的态度威胁到他作工的权柄。他首先作一番个人的辩白(一 12～二 11),然后以一段美妙的经文论到他的事工(二 12～五 21);最后他以一项呼吁作结束(第六、七章)。在这一章里我们将探讨他个人的辩白。

这里我们看到原则的辩护(一 12～22);对他那导致难处的行动之解释(一 23～二 4);以及一段插入的话,是关于教会过去的行止(二 5～11)。

首先我们来比较两处经文。哥林多前书第十六章第五节,保罗写道,"我要从马其顿经过,既经过了,就要到你们那里去。"如今他并未实践他在第一封信中所说的这事,于是有人批评他出尔反尔,说话不算数。这种控诉严重吗? 必须视情况而定。显然保罗认为这是很严重的,因为这种指控似乎暗示他不能维持他所宣告的权柄,因而使人对他的事工存疑。当然哥林多有些人正是如此。他们甚至说,他不是使徒。他们说他无权自称使徒,他们所持的理由是他反复不定。

如今保罗出面为自己辩护。他主要是为了维护原则。请留意他如此花费心血辩解。他要指明,表面上他似乎反复不定,但在最高的层次上他是始终如一的。他首先声明他有自己的良心为见证。这一段经文相当引人注目:

"我们所夸的,是自己的良心,见证我们凭着神的圣洁和诚实,在世为人,不靠人的聪明,乃靠神的恩惠,向你们更是这样。我们现在写给你们的话,并不外乎你们所念的,所认识的,我也盼望你们到底还是要认识。"

　　保罗温和地提出辩解,他声明自己是本着清洁的良心,以圣洁和诚实行事。这是一个人所能作的最崇高的声明。

　　他继续下去,要求他们正视他的反复不定。他问了他们一个问题,然后提供他们一个永恒的原则作答案。

　　"我指着信实的神说,我们向你们所传的道,并没有是而又非的。因为我和西拉并提摩太,在你们中间所传神的儿子耶稣基督,总没有是而又非的,在他只有一是。神的应许,不论有多少,在基督都是是的;所以藉着祂也都是实的,叫神因我们得荣耀。那在基督里坚固我们和你们,并且膏我们的,就是神;祂又用印印了我们,并赐圣灵在我们心里作凭据。"

　　请注意三件事,信实的神,坚固的主,内住的圣灵。保罗宣告神的旨意已藉着基督的主权,圣灵的解释,向他显明。这三样是他行动的准则。他没有去哥林多,反而往另一方向去,也是因着这缘故。他声称圣灵的指引,主的主权,和神的信实,是他行动的指针。在耶稣都是是的,都是阿们的。也就是说,祂是那说"是"的一位,这位永远不改变的主用"阿们"来批准各样事情。他们说他反复无常。他说,不,这一切里面是有含义的。我没有到哥林多是基于双重事实,第一,神的信实;第二,经由圣灵向我阐明的基督之主权。整段都充满着个人的色彩。

　　他继续解释他的行动。他说他有一个严肃的见证人,就是神自己,他的不能前来是有理由的。他没有来,是为了叫他们的信心可以自由行动。请注意这一点。如果他去了,而不是写下前一封信,他可能早已向他们申明他的权柄。如今他将自己交付权柄,声称他自己一直在服从权柄。他要他们凭信心站立得住,但不是在他的辖管之下,而是在神的管理之下。这是一个非常崇高的立场,也是基督耶稣的使者应持守的立场。正如彼得所说,"也不是辖制所托付你们的"(彼前五 3),或作"神的产业"。"产业"(见诗三十三 12)一词就是"传道人",在新约里只出现过这么一次。在那里它不是指传福音的事工,而是指一般的人。我们今日称为传道人的那些人不应该辖管神的真正仆人。这正是保罗写完第一封信以后未能前来的原因。

我们最好记住他在第一封信里所说的话。我有时候会想，如果我们没有读过这一段经文（林后二 1～4），最好不要研读哥林多前书。

"我自己定了主意，再到你们那里去，必须大家没有忧愁。倘若我叫你们忧愁，除了我叫那忧愁的人以外，谁能叫我快乐呢？我曾把这事写给你们，恐怕我到的时候，应该叫我快乐的那些人，反倒叫我忧愁；我也深信，你们众人都以我的快乐为自己的快乐。我先前心里难过痛苦，多多地流泪，写信给你们。"

这段话说明了他写上一封信的理由、动机和方法。"不是叫你们忧愁，乃是叫你们知道我格外地疼爱你们。"

我们记得哥林多前书可分成两部分——纠正和建设，两者都是基于一项主要的宣告，即神是信实的，祂召我们与祂的儿子耶稣基督一同得份；第十五章第五十八节是最高峰，"所以，我亲爱的弟兄们，你们务要坚固，不可摇动，常常竭力，多作主工。"他在信中首先纠正教会的软弱，然后建设性地指示教会得力的方法。这里我们看见他如何作到这些。他心里难过痛苦，多多流泪写信给他们，不是要叫他们忧愁，而是要叫他们领会他的爱。那封信是在爱的激励下写成的。同样的，如今他没有到他们中间，是因为他的到来可能会使他们误以为他要用权柄辖管他们。他说，不，你们必须凭信心而活，凭信心行动。我未前去探望你们，是要叫你们的信心得到坚固，得以站立。这是个人的辩护。

然后他来到这一段的结论部分（5～11 节）。"若有叫人忧愁的，他不但叫我忧愁，也是叫你们众人有几分忧愁，我说几分，恐怕说得太重。这样的人受了众人的责罚，也就够了。"研读哥林多书信的人必须知道，他上封信曾提到哥林多教会里的一个失败例子，就是有人犯了乱伦的罪；他并且告诉他们，要施行管教。显然他们照作了，已将那个犯了不寻常罪的人逐出教会。保罗曾说，这人必须被赶逐出去，他们一定要施行管教，以维护教会的纯洁。教会无权容忍任何肢体不忠于他们的主。

现在保罗又一次提到这个人。他知道他们已施行管教，拒绝那人参与教会的敬拜；但保罗看到一个新的可能性。那人可能忧愁太重，以致沉沦。他们如今当作的是赦免他，再度接纳他。这里显露出我们的主真正的灵和心意。我们记得主关于犯罪的弟兄所说的一番话。他们应该单独去见那弟兄。他若不听，再另外找两三个人同去。他若仍旧不听，才告诉教会。请注意主接下去所说的。如果那人仍不听，"就看他像外邦人和税吏一样"（太十八17）。我们如何解释这句话？祂的声调是什么样的？如果说是严厉的，那纯粹是古罗马的遗风。谁是外邦人和税吏？就是基督舍身的对象。祂为这些人而死。要这样看待那犯罪的弟兄。去寻找他，正如人子寻找拯救失丧的人一样。用保罗在加拉太书所说的"温柔的心"（加六1）去挽回他。他吩咐哥林多人，现今他们有一项新的责任，就是去恢复那个犯罪的人。

他用一个理由来结束这段话，"免得撒但趁着机会胜过我们；因我们并非不晓得他的诡计。"魔鬼的诡计是什么？不妨从这例子来看。第一，他用情欲来试探那人。如今他又告诉那人，他永不会得到赦免。于是那人陷入忧愁，被压过重。保罗说，要恢复他，赦免他，爱他，带他回来，免得他忧愁太过；并且将他挽回，以免撒但诡计得逞。撒但已经成功地使这人在情欲的事上跌倒。不要再叫这人因忧愁太过而沉沦，以致使撒但二度夸胜。要帮助他恢复，"用温柔的心"安慰他，"免得他忧愁太过，甚至沉沦了。"

不要轻忽撒但的诡计，试探；他会引诱我们感觉没有指望，以致灵魂陷入绝望中。"我们并非不晓得他的诡计。"

然后是撒但在教会里的诡计，那是什么？第一，容许罪恶。前封信保罗告诉他们，不可姑息罪恶。第二个诡计是过分的严厉，以致跌倒的人被责太重而陷入绝望。这个例子说明了保罗的心意，以及圣灵的工作。教会里若有人犯罪，可以除去他的权利，将他赶逐出去。但如果他悔改，你就得着了你的弟兄，应该接纳他回来。

在这一段经文里，我们看到保罗为他的使徒权柄，以及他的反复不定辩护，并在最后插入的一段中解释他的行动，他根据的理由是，为了他的事工，"免得这职分被人毁谤"（林后六3）。他关心的不是他个人的权柄，而是真理的权柄，永生神的权柄，以及信实的神、不变的主、解释的圣灵之权柄。

　　现在我们讨论的主题是一般的事工，这个题目占了相当长的篇幅——从第二章第十二节，一直到第五章为止。或许新约里再也找不到这么详细论及事工的经文了。本章将讨论导言部分（二 12～13），以及事工的能力（二 14～四 6）。下一章则接续讨论本大段剩余的部分，以及使徒关于基督徒事工的苦难、盼望、激励、目标之教导（四 7～五 21）。

　　首先来看导言的两节经文。保罗提到他的行动，他没有立刻往哥林多去。有人批评他反复不定，因为他说他要去哥林多，结果却未去。"我从前为基督的福音到了特罗亚，主也给我开了门。那时因为没有遇见兄弟提多，我心里不安，便辞别那里的人，往马其顿去了。"这两节经文的意思就是，他到了特罗亚，看见往哥林多的门敞开了，但他没有进去。他反而另取道往马其顿去。他因没有遇见提多而不安，就改变计划，往马其顿去。他们批评他反复不定，他指出这是因他忠于神的引领；如今他又提到这一点。

　　下一段是关于基督徒事工的能力（二 14～四 6）。此处我们看见能力的宣告（二 14～17），能力的荐信（三 1～3），能力的本质（三 4～18），能力的操练（四 1～6）。

　　在第十四节里，我们看到能力的秘诀。毫无疑问的，这里保罗是采用罗马军队凯旋的比喻。这节经文在解释上产生不少难处。罗马军队凯旋的过程中，最引人注目的是胜利者和战败者。胜利者策马昂首前进，战败者常常被铁链锁在战车的轮子上蹒跚而行；而整个游行的行列都伴随着袅袅上升的香气。我不愿意太过武断，但我相信保罗这里是将作主工的人视为得胜者，他们的工作就像凯旋的游行，他们所征服的对象也在行列中。我认为这个比喻的寓意即在此。

再来看说到能力的彰显之经文（15～16 节）。这是一个非比寻常的画面，我们必须再度记着罗马人的凯旋，一路燃烧着香气，战胜者和战败者交织出现在行列中。香是为着战败者而燃烧的，不久之后这批战俘不是被囚，就是被杀。对他们而言，香气意味着由死亡进入死亡。对那些得到自由、胜利的人而言，香气则意味着由生命进入生命。香气道出了胜利，和随之而来的美好事物。

请留意保罗的问题，"这事谁能当得起呢？"这是一个分开的问题。他将前面讲的作了一个终结，转而论到使徒和传道人的工作。本卷书信里他最初用复数人称，然后转为单数，再从单数转回复数，如此重复数次。他提到提多和提摩太，想到整个事工；他说，"我们在神面前……都有基督馨香之气。"然后他喊道，"这事谁能当得起呢？"他目前不回答，稍后他将会自己回答。他暂时搁下这问题，他看到的是基督徒事工的理想，那是一个迈向胜利的过程。"神常率领我们在各处夸胜。"这是另一种译本的译法。

他继续说下去。香气袅袅上升，是死的香气，也是活的香气，因为他说，"我们不像那许多人，为利混乱神的道；乃是由于诚实，由于神，在神面前凭着基督讲道。"这正是前面那问题的答案。"这事谁能当得起呢？"能当得起的人，就是那些不混乱神的道、不乱用神的道，而心存诚实，在神面前凭着基督讲道的人。

这是基督徒事工的整个策略。不是混乱、败坏神的道，而是用诚实在神面前讲话。

下一段触及能力的荐信，也就是指事奉的能力（三 1～3）。这是一种称赞。"我们……岂像别人，用人的荐信给你们？"使徒说，你们这些在哥林多的信徒就是我们的荐信。他用最特别的方式表达这观念。写荐信的人就是基督，祂所用的笔是保罗，墨水是圣灵。换句话说，基督徒是事工的能力最好之明证。"你们就是我们的荐信。"不是用墨水写在石版上，而是用圣灵写在心版上。"被众人所知道、所念诵的。"也就是说，基督徒事工的能力之证据和荐信，乃在于基督徒。

他接下去用相当长的篇幅说到能力的本质（三 4～18）。首先请注意这里有三重的对比：新约与旧约的对比（4～6 节），职事的对比（7～11 节），勇气的对比（12～18 节）。

约的对比是，"字句是叫人死。"也就是说，字句是用来启示的，因此它也可以定罪。"精意是叫人活。"精意是用来实践的，它能将所启示的理想实现出来。

然后是定罪的职事和属灵的职事。这一段相当有意思，提到摩西揭去面上的帕子。他为什么要以帕子遮面？不是为了遮住脸上的荣光。还记得他从山上下来的时候，历史告诉我们，他面容放光，但他用帕子遮面并不是要盖住荣光。他遮面是因为他的荣光正逐渐消失。他不要众人看见他的荣光正在退去。这就是对比。基督不需要帕子，因为祂的荣光永不消退。

本章后面的部分仍可见到同样的对比。保罗已告诉我们，为什么摩西必须用帕子遮面。他也启示我们，为什么基督不需要遮面。他又说，"主就是那灵，主的灵在哪里，那里就得以自由。我们众人既然敞着脸，得以看见主的荣光，好像从镜子里返照。"我比较喜欢英王钦定译本的翻译，"好像从镜子里看见。"不是由返照而改变，乃是观看，直到改变，为了是要返照。"我们……好像从镜子里看见主的荣光，就变成主的形状，荣上加荣，如同从主的灵变成的。"因此我们是在启示主的荣光，这是基督徒事工的结果。

第四章第一至六节，保罗说到事工的能力。"我们既然蒙怜悯，受了这职分，就不丧胆。"为什么不丧胆？"乃将那些暗昧可耻的事弃绝了，不行诡诈，不谬讲神的道理。"这正是不丧胆的原因。我们不谬讲神的道理。我们不是行在诡诈中，"只将真理表明出来，好在神面前把自己荐与各人的良心。"

"如果我们的福音蒙蔽，就是蒙蔽在灭亡的人身上。"这是能力的操练。我们不丧胆。我们已将暗昧可耻的事弃绝了，我们传讲的是主基督。这是中心事实。使徒提到了负面的结果。福音是向灭亡的人蒙蔽。为什么蒙蔽？因为这世界的神，或者更正确地说，这世代的神，弄瞎了他们的眼睛。为什么弄瞎他们的眼睛？因他们不信。这与主解释祂为什么使用比喻的那段话很类似。有人说，主使用比喻

是为了隐藏真理。祂并未这样作。祂采用比喻是因他们瞎了眼。祂
对他们讲述故事，然后用能引起他们兴趣的方式解释。然而他们仍
然瞎眼，好像如今许多人仍瞎眼一样。

　　这世代的神为什么有能力使他们眼瞎？因为他们不信。希伯来
书的整个教训都是论到这个主题。导致人最终沉沦的罪，就是不信
的罪。不信就是拒绝基督，拒绝福音，拒绝接受神所赐的。更坦白一
点说，如果一个人沉沦，原因何在？因为他们犯罪吗？不！不是因为
他们犯罪，而是因他们拒绝耶稣基督。"如果我们的福音蒙蔽，就是
蒙蔽在灭亡的人身上。"这些人是谁？是拒绝福音，被这世代之神弄
瞎了眼睛的人。拒绝相信，这正是人被弄瞎眼的原因。有人说，我们
信什么是无关紧要的。不！这中间关系大了！我们信什么，和我们
信或不信，都是攸关重大的事。

　　我们已约略看过这段经文，它勾勒出一幅美丽的画面，虽然这画
面尚未完全。保罗还要论到事工的苦难和盼望，他也将论及事工的
激励和目标，这些我们将在下一讲中讨论。这里我们看到的基督徒
事工是一个得胜的行列，神率领祂的工人在各处夸胜。证明他们权
柄的，就是那些他们所赢回的人，以及信徒在脸上和生命中所闪耀的
耶稣基督的荣光。这是保罗的荐信，也是哥林多教会带给他的喜乐。
他提醒他们，他不得不指出他们的失败，但这是最基本的观念，他的
事工包括得胜的过程，那些以诚实和真理宣讲基督的荣耀和神道理
的人，被引领在各处得胜；他们的胜利包括领人归主，以及他们的改
变，他们将看见、知道转变的力量，并返照出主的荣耀。

我们已讨论过事工的能力(二 14～四 6)，现在来到事工的苦难、盼望、激励、目标，这些都包括在眼前的这一段中(四 7～五 21)。

首先看苦难(四 7～12)。全段潜伏着一股暗流，暗示保罗意识到他自己肉体上的软弱。他在哥林多后书开头的部分已说过，有极大的试炼临到他，他甚至连活命的指望都断绝了。我相信那是指他身体的软弱。他一直在谈到身体领域内的软弱，将它和属灵范畴的能力作对比。这正是本段的基础。

他已经论到事工的能力和权柄，那充满了基督耶稣的胜利。然而能力必须在苦难中操练。瓦器里有压力，这些瓦器承受着各样的苦难。这里启示了有效事工的原则。瓦器必须破碎，才有光照射出来，照亮别人的道路。我们想到基甸的故事，他和跟随的人打破了瓶子，就有光发出来。另外还有一个真理：神的能力是如此强大，以至于瓦器上的一切压力都不足以摧毁它。软弱的器皿是让莫大的能力来使用，那能力可以保守器皿，使它变得坚不可摧。下面一句话表达了惊人的力量。"四面受敌，却不被困住。"我们看见从外面来的压力，但它无法伤及瓦器本身。它不能困住瓦器。"心里作难，却不至失望；遭逼迫，却不被丢弃；打倒了，却不至死亡；身上常带着耶稣的死，使耶稣的生，也显明在我们身上。"整段经文里他想到的都是身体的软弱，而不是心灵的软弱；对我们今日仍然适用。有些人可能身体强壮，精力充沛地服事主；要为此感谢神，但不可太过于倚靠自己的强健，不要对自己的健康太自信。我们将会发现，我们什么时候软弱，什么时候就刚强。使徒在另一个地方说过，"因我什么时候软弱，什么时候就刚强了"(林后十二 10)。稍后我们将再讨论到这节经文。

"我们这活着的人,是常为耶稣被交于死地,使耶稣的生在我们这必死的身上显明出来。这样看来,死是在我们身上发动,生却在你们身上发动。"透过软弱,麻痹,无力,我们就将生命传达给别人。

请容许我举个人的例子说明。有一个年轻人,加入服事的行列,他的事工相当成功,大蒙祝福。虽然他大学才毕业不久,已经是名闻遐迩的传道人。有一次他到我牧养的教会讲道,散会以后我回到家对内子说,"他讲得真不错啊!"她平静地回答,"是的,但如果他受过苦,就会讲得更好。"果如其然,那年轻人后来经历许多苦难,他讲的道比以前更深刻,更造就人。在人极大的软弱中,神的能力就显得完全。

接下来的一段(四13~五10)是论到事工的盼望。第十三节包含一个原则:信心产生见证。我们相信,所以我们传讲。那是基督徒事工得力、成功的秘诀。如果你不相信,最好就免开尊口。这是给年轻传道人的金科玉律。

第十四节到第十八节,他看到复活之日的收成和奖赏。他没有片刻同意基督徒事工是受时间限制的说法。这事工是生生不息的。保罗抬起双目,遥遥看见那一日,那时人日渐毁坏的外体要更新,被一个属灵的、复活的身体所取代。使徒看到的是复活,"那叫主耶稣复活的,也必叫我们与耶稣一同复活,并且叫我们与你们一同站在祂面前。"这是对未来的一瞥,当那一日,这必朽坏的总要变成不朽坏的,"那时经上所记,死被得胜吞灭的话就应验了"(林前十五54)。我们就要站在主的面前。

"所以我们不丧胆;外体虽然毁坏,内心却一天新似一天。我们这至暂至轻的苦楚——"让我们暂时回到这封信开头的部分,他在那里提到他连活命的指望都断绝了;如今他竟然称此为至暂至轻的苦楚——"我们这至暂至轻的苦楚,要为我们成就极重无比永远的荣耀。"这至轻的苦楚是暂时的,会过去的,不是永远的。但请留意,这是怎么回事呢? 何时会变得这样?"我们不是顾念",它取决于我们所顾念的是什么。"我们不是顾念所见的,乃是顾念所不见的;因为所见的是暂时的,所不见的是永远的。"这是保罗的展望。"顾念",

这是一个引人注目的词。你若顾念所见的,就没有这样的自信和盼望。但你若顾念所不见的,那是什么? 就是我们内住的属灵力量,它能使我们胜过一切压力,勇往直前。

保罗接下去宣告,"我们原知道,我们这地上的帐棚若拆毁了,必得神所造,不是人手所造,在天上永存的房屋。"帐棚是客旅住的,房屋则是用来定居的。抬起你的双眼望向天上,以永恒的观点来衡量现今。"我们在这帐棚里叹息,深想得那从天上来的房屋,好像穿上衣服。"我们也可能到天上时两手空空,没有任何在世上作见证的成果,就如同赤身的人一样。

请读第四节至第十节,并将基督的审判台与白色大宝座区别开来。本段指的不是白色大宝座,而是基督的审判台。出现在那里的都是祂自己的儿女,也就是跟从祂的人。

请再注意,保罗所望向的是那看不见的、永远的事物。还有什么比"与主同住"更美好的呢? 我们在身内与主相离,这是指身体的同在,而不是指属灵的看见。但最后当我们跨越生命之际,就将"与主同住"。我们都明白身在家里的感觉。每一个人在世上都有属于自己的一个空间——家,在那里他可以无拘无束,不必装腔作势;他可以享受完全的安宁,自适。克蕾克太太(Mrs. Craik)对友谊有过精辟的描述:"哦! 那是一种难以言喻的舒服、安全之感觉,你不必斟酌字句,步步为营,你可以尽情地吐露心中的垒块,因为你知道有一只可靠的手会过滤你所吐出的字句,将值得保留的留下,然后将剩余的话用一口气吹得无影无踪。"

这正是在家里的写照,"与主同住!"我相信这也是主说"我去原是为你们预备地方去……我在那里,叫你们也在那里"(约十四3)的意思。我不认为祂有必要去装饰华厦。不! 祂说,我先你们一步去,所以你们来的时候就不会觉得陌生,因为你们认识我。与主同住!这使我们有盼望,并为之勇气倍增。当我们顾念这些事时,就不再丧胆。

帐棚的比喻非常美丽。我前面已说过,帐棚是客旅住的。我们可以随时拆掉帐棚,继续行程。住在帐棚里的人有福了! 这句话的含义必须从属灵方面来了解。如果我们住在帐棚里，并且随时预备好迁移，被搅动，我们的心就不会纷扰不安。心灵不被搅扰的秘诀在于随时预备好被主搅动。正如我们唱的那首诗歌说："我们每夜扎下帐棚，一日日更接近天家。"

渐渐的，它不再是一个帐棚，而将是"永存的房屋"。主说，"在我父的家里有许多住处"（约十四2），正是同样含义。我将去为你预备地方，我在那里，你也在那里。这是对未来生命的美丽描述。有那样的生命，吾愿足矣！我渴望与祂同在，同住，像在家中一样悠闲自在。不再需要认罪，也不再犯罪，只是与主同住。这幅画面值得我们深思。它是何等美丽动人！我们服事的盼望就是以未来的生命为中心。在那里，主的荣光将永远照耀；我们就是在这样的荣光激励、启示下生活，服事，忍受苦难。

接着是事工的激励（五11～19）。"我们既知道主是可畏的，所以劝人。"这话是什么意思？主有何可畏？老式的解释是，我敬畏主，怕祂会伤害我。现今是这样解释：我敬畏主，是怕我伤了祂，使祂忧愁，叫圣灵担忧。"我们既知道主是可畏的，所以劝人。"第一段（11～15节）包含了两个动机，畏与爱。"基督的爱激励我们。"不要弄错，我们事奉不是因为我们爱基督，乃是因基督的爱在我们里面作工，管理我们，鞭策我们，激励我们，"神的爱浇灌在我们心里"（罗五5）。畏与爱是相连的。我们畏惧，免得我们伤害了爱。而完成这个义务的惟一方法就是服事。

"我们在神面前是显明的，盼望在你们的良心里，也是显明的。"这是保罗的心愿。最重要的是，神如何看我们？"我们不是向你们再举荐自己，乃是叫你们因我们有可夸之处，好对那凭外貌不凭内心夸口的人，有言可答。"再一次看到爱与畏的关系。

然后是新的观点。"所以我们从今以后，不凭着外貌认人了；虽然凭着外貌认过基督，如今却不再这样认祂了。"这句话相当令人惊讶。我们凭外貌认人的时候，看到的就是他们的财富，或贫穷。

但保罗说，从今以后我们不再凭外貌认人了。这是什么意思？回到他的生平史。他凭外貌认基督时，就将祂当作一个新教派的领袖，这教派严重威胁到他神圣的宗教。但他说，我们不再这样看待基督了。如今我们在圣灵里面，透过圣灵来认识袖。我们知道基督不是凭世界的、肉体的标准来决定袖要拯救谁，为谁受死。我们从更高的标准来看人和救主，那个立场就是神的旨意。"神在基督里，叫世人与自己和好。"神不是去与世界和好，我想这中间是有区别的。求和的不是神，是世界去与神和好。神从未转背离弃这世界，是世人悖逆了神。因此回转过来有所改变的不是神。袖不会这样作。袖是亘古不变的。必须改变的是人；神在基督里，叫世人有所改变，与神和好，恢复人应享有的王权，和神的宠爱。我不是说，神一度停止了袖对人的爱，但人自己拒绝进入爱的一切丰盛里，迄今仍是如此。然而"神在基督里，叫世人与自己和好，不将他们的过犯归到他们身上；并且将这和好的道理托付了我们"。

请注意这句话。"所以我们作基督的使者，就好像神藉我们劝你们一般。"多令人惊讶！我们是"基督的使者"。使者是什么？是王的代表，他们站在人类良知的殿堂上，代表王的权柄。使者也是服事的。"我们作基督的使者，就好像神藉我们劝你们一般；我们替基督求你们与神和好。神使那无罪的，替我们成为罪，好叫我们在袖里面成为神的义。"这就是目标。

不要就此打住，应该接下去读，"我们与神同工的，也劝你们。"但这已属于我们下一章研讨的范围。我们在本章中讨论过基督徒事工的苦难、盼望和目标。使徒是从一个属神的，但也相当合乎人性的立场来看这些事。他知道自己的软弱，他也知道有一强大的能力在支持、保守着他以及一切作主工的人，因为他使用了复数的"我们"。因此基督徒事工的能力是经由患难、盼望显明出来，它的目标是传达神的信息，宣讲神的旨意，好将世界领回来；尽管世界充满罪恶，公义必有得胜的一日。

　　这两章是接续下来的呼吁。

　　保罗已清楚说明了基督徒事工的真正目标,那就是领人归向基督,好叫他们能活出基督的生命。与基督建立正确关系的方法是,藉着基督与神和好。那是基督徒事工的整个主题。如果我们视自己为基督耶稣的执事,整个教会就直接与我们合作,共同朝着这目标前进。

　　如今使徒呼吁哥林多人用一种方法来辨明他自己和他的同工,那就是凡事不叫人有妨碍。众圣徒要不断用他们的生活来证明他们所受的劳苦之价值。我们前面已讨论过这些。为了作到这一点,保罗鼓励他们与一切反对基督的势力分别,这是他呼吁的重点。

　　本段是一个三重性质的呼吁;第一,坚固不摇(六 1～10);第二,奉献(六 11～七 1);第三,持续的交通(七 2～16)。

　　首先是呼吁他们坚持下去。第一节即包含了这个呼吁。余下的经文(2～10 节)则是为这呼吁所提出的论证。第一节的"与神同工"和前一章的最后一节密切相关。"我们作基督的使者……与神同工。"第二节是加插进来的,保罗引用了一段以赛亚书的话。因此他自己的叙述实际上是这样的:"我们与神同工……凡事都不叫人有妨碍,免得这职分被人毁谤,反倒在各样的事上,表明自己是神的用人。"

　　第一节的呼吁是,"我们与神同工的,也劝你们,不可徒受祂的恩典。"这呼吁与保罗这封书信的语气相互一致。我们一再看见他如此说。他实际上是说,你们是与神和好的。他在另一处地方说,你们要脱下旧人。他不断提醒他们一个事实,就是他们的身份。期望他们符合其标准,好叫他们的行为与身份相称。这是他说这句话的意思,"也劝你们,不可徒受祂的恩典。"你们已受了神的恩典。他在书信开头提到,以后又不断强调这一点。如今他说,不可徒受祂的恩典。不要让恩典白费。让它成为一个满有力量的事实。"不可徒受祂的恩典。"请留意这两个原则的关连性。"同工","凡事都不叫人有妨碍。"这与那些未领受神恩典的人无关。它与使徒的事工紧密相连。"我们与神同工的,也劝你们。"为了强调我们所劝勉的,我们必须凡事不叫人有妨碍,不叫我们的职分被人毁谤,在各样的事上表明自己是神的用人。这是对神的用人之工作最好之描述。他与神同工,又劝人与神和好,好像神藉着他劝人一般。他呼吁那些与神和好的人不可徒受神的恩典;他又进一步指示基督的工人当如何操练恩赐,工作,不叫人受亏损,"表明自己是神的用人。"

接下来的一段,保罗似乎穷尽心力描述服事主的人如何向他被呼召去服事的人,显明他是神的用人。对这一段,有许多不同的分析。我无意武断,但我喜欢将这段分成三部分。他首先说到身体,然后是心理,最后是属灵方面的操练。"在许多的忍耐,患难,穷乏,困苦,鞭打,监禁,扰乱,勤劳,警醒,不食"——这些都是身体方面的。"不食"包含的范围有多广?我想它就是指新约里的含义,在某种环境下禁绝一切,不仅仅是食物,也包括一切妨碍我们工作的事物。有人是在某些特别的节期或时间禁食。许多人则在整个封斋期禁食。我很尊重这些人,但我并不认为非要在这段期间禁食不可。在封斋期禁食可能是妥当的,但我个人并没有严守不渝。每一个真正用灵服事主的人都应该明白禁食的意义。

接下来的几节经文是说到心理方面的操练,"廉洁,知识,恒忍,恩慈。"

然后是一切事工后面那属灵能力的要素:"圣灵的感化,无伪的爱心,真实的道理,神的大能;仁义的兵器在左在右;荣耀,羞辱,恶名,美名;似乎是诱惑人的,却是诚实的;似乎不为人所知,却是人所共知的;似乎要死,却是活着的;似乎受责罚,却是不至丧命的;似乎忧愁,却是常常快乐的;似乎贫穷,却是叫许多人富足的;似乎一无所有,却是样样都有的。"

让我们在独处时跪下深思这些属灵能力的要素。它们和保罗前面论到事工的话相当接近,"四面受敌,却不被困住;心里作难,却不至失望。"这里是对他的呼吁提出论证。愿神帮助我们,好叫我们完成所托付的事工。帮助我们,好叫我们以及这事工都不被毁谤。帮助我们,好叫我们凡事不使人有妨碍,并且叫我们在各样事上表明自己。这是保罗的第一个呼吁,要我们坚固不摇动。

然后是奉献的呼吁(六11～七1)。这段开头非常温和。"哥林多人哪,我们向你们,口是张开的,心是宽宏的。你们狭窄,原不在乎我们,是在乎自己的心肠狭窄。"你们对我们的爱,并不等量于我们对你们的爱。"你们也要照样用宽宏的心报答我,我这话正像对自己的孩子说的。"但愿你们的爱多而又多。不要限制你们的爱。你们中间纷争迭起的原因即在此——你们的爱心不够。所以这个温柔的感叹实际上也具有呼吁的性质。

他的呼吁是什么?有三句话。"你们和不信的原不相配,不要同负一轭。"这是第一点。然后是,"你们务要从他们中间出来,与他们分别。"第三个呼吁是,"我们……就当洁净自己。"接下去就是对这种完全分别的态度之论证。不要与不信的人同负一轭,要与他们分别出来,洁净自己,脱离身体、灵魂一切的污秽。灵魂的污秽与肉体的污秽不同。灵魂可以在许多方面被玷污。我有时想,灵魂的罪比肉体的罪可怕得多。因此使徒说,"就当洁净自己,除去身体、灵魂一切的污秽。"他的论证包括一组问题,和一组应许。

他的问题是,"义和不义有什么相交呢?"意思是正直与邪恶有什么共通处呢?"光明和黑暗有什么相通呢?基督和彼列有什么相和呢?信主的和不信主的有什么相干呢?神的殿和偶像有什么相同呢?因为我们是永生神的殿。"这些问题都是无法回答的。义和不义,正直和邪恶,光明和黑暗,基督和彼列,其间毫无共通之处。他们不能彼此相交。若有人尝试这么作,那么受苦的一定是崇高、真实、高贵的一方,而不是虚假、低鄙的一方。

保罗的呼吁是根据什么?他期望什么?乃是期望那些伟大而恩

慈的应许。"我要在他们中间居住,在他们中间来往;我要作他们的神,他们要作我的子民。"

"我就收纳你们。
我要作你们的父,
你们要作我的儿女。
这是全能的主说的。"

这是神伟大的应许,其丰盛的荣耀远非我们所能理解。因此袖要我们从反对的人中间出来,完全与他们分别。

最后,保罗呼吁哥林多人要继续彼此的交通(七 2～16)。第二节的旁注说,"为我们留一个地方。"他说,"我们未曾亏负谁,未曾败坏谁,未曾占谁的便宜。"这个声明相当真实。他对他们说,请敞开心怀接纳我们。他前面刚说过,他们的心肠狭窄。要宽宏你们的心,开放你们的胸襟,为我们留一空间。"我大大地放胆,向你们说话;我因你们多多夸口,满得安慰,我们在一切患难中分外地快乐。"为什么? 因他想到他们。虽然整封信里他不断地在纠正他们,他纠正他们中间某些人的态度;但对于整个教会,他非常有信心,他相信他们会遵照他的吩咐而行。这就是他因他们欢喜的原因。

这些呼吁所根据的原则,可以归纳为一,充满了急切和情感:"你们要心地宽大收纳我们。"

保罗用当地的景况来述说他的经历,以及他以他们为喜乐的原因。"我们从前就是到了马其顿的时候,身体也不得安宁,周围遭患难,外有争战,内有惧怕。"这是什么意思? 他当然是想到他们,想到教会里面的失败。他到马其顿时,他曾说过他要去哥林多,谁知却转道而行,他在思想的范畴内饱经患难,为哥林多人担心忧惧。

"但那安慰丧气之人的神,藉着提多来安慰了我们。"这封信一开头就提到,神是赐各样安慰的神。现在保罗再度回到这个思想,"藉着提多来安慰了我们。"这话多么充满人性! 他到达马其顿时,没有找到提多,但稍后提多来了,而且带来消息,是关于保罗前一封信产生的效果。这整段（7～9节）都洋溢着人性。从其中我们得以洞察使徒的心思。他原先因前一封信心生忧愁。他的灵魂、肉体都得不到安息，因为他里面在与自己争辩，"外有争战，内有惧怕。"但提多来了，他携来有关第一封信产生的效果之消息。保罗如今说，我确实曾懊悔写第一封信，但我现在再也不懊悔了。他原先认为写那封信是错误的，然而如今因着所听到的后果，他反而高兴他写了那封信。他为何欢喜？因为哥林多教会产生了一些果效。那封信产生了忧愁，并且生出懊悔，是"没有后悔的懊悔"；他们心思改变，紧接着行为也有了改变。显然他们已照他所吩咐的一切去行了。他原先的心是何等战兢、惧怕。如今他满有欢喜，因为他的信有了直接的果效，教会从忧愁生出懊悔。懊悔不是单单忧愁，虽然它会伴随着忧愁，但许多时候它不带着忧愁。这是罗马天主教和基督教神学家最主要的差异。前者坚持懊悔必须包含忧愁的要素，但更正教的神学家说，不，不一定是忧愁，而是心思的转变；当时不一定伴随忧愁，但忧愁可能随后而来，是为过去忧愁；而最重要的是心思的改变。保罗说，如果忧愁导致你们心思的改变，我就为我写了这封信而感谢。

　　他不仅因为提多告诉他的话欢喜，并且因为教会接纳提多而得了安慰（13～15节）。他们达到了他对他们的期许，因此他甚得安慰。

　　最后一节带着崇高的盼望语气，"我如今欢喜，能在凡事上为你们放心。"这是他的呼吁之尾声，也结束了他对哥林多信徒论到事工的主题这一整段经文。他不是悄悄收场，而是欢喜、荣耀地告一段落。他用充满盼望的语气鼓励他们，结束他对他们的呼吁。

　　这两章是论到为圣徒乐捐的事。本段具有极浓厚的地方色彩，但仍值得我们研究，因为即使地方的色彩淡褪了，它所含的原则依然存在。我们现在就要来探讨这原则。

　　当时耶路撒冷的教会饱受贫穷之苦，本段的主题即在论为他们捐款的事。前一封书信里，保罗已经明确指示当如何收集款项（林前十六 1～4）。那与我们现今的情况大相径庭。现在的教会往往是为了收捐项而差派我们出去。我个人比较喜欢使徒的方法。我一向反对利用某一个人作为捐钱的工具。

　　本段的主要价值在启示永恒的原则，而使徒一再地重复使用"恩惠"（grace）一词来描述整个行动。这词在第八章出现七次，第九章出现三次。"神……的恩"（八 1）。"供给圣徒的恩情"（4 节）。"这慈惠的事"（6 节）。"在这慈惠的事上"（7 节）。"主耶稣基督的恩典"（9 节）。"多谢神"（16 节）。译成"多谢"的那个字在保罗的书信中和"恩惠"是同一字。"恩惠归与神。"毫无疑问的，翻译者觉得很难将这短句译得流畅达意，所以译成"多谢神"，这样译并无不妥，仍然能表达原来的思想，只是我们必须知道，原来的句子是"恩惠归与神"，然后是"和我们在这恩惠的事工上同行"（19 节）（译注：中文圣经无"在这恩惠的事工上"数字）。第八章一共出现七次之多。至于第九章则有三处："各样的恩惠"（九 8）。"神极大的恩赐"（14 节）。"感谢神"（15 节），这句话原意同样是"恩惠归与神"。

　　如此"圣徒交通"这主题被提升到崇高的领域里，而被视为一种恩惠的行动。让我们来看"恩惠"一词，它的希腊文是"charis"。在希腊语言及文学里，这字的含义曾有过一些改变，或者说有不同的运用。到新约作者使用它的时候，已经有了新的含义。它最初是指一切美的事物，以与丑恶相对；一切强壮的，以与软弱相对；一切健康的，以与残疾相对；一切可爱的，以与可憎相对。这整个令人喜爱的领域——美丽，荣耀，健康，力量，崇高——就是恩惠，"charis"。

稍后的著作里，这个字有了新的含义，指想要将这些事物与别人分享。我是指希腊文的作品。然后新约作者将它提升到一个更高的领域，这个字代表了去将这些强健、美丽、荣耀的事物分享给别人的行动。

神的恩惠是一切恩惠之首，在神里面一切都是强健、荣美的。神渴望将它分赐给人。这恩惠终于藉着祂的儿子和十字架彰显出来，神儿子的行动使人可以有份于祂一切的荣美。

这里的原则相当明显。教会只有一个，神将祂的恩惠临到教会。保罗在前一封信和本封信的开头都说，"愿恩惠平安，从神我们的父。"神的恩惠就是：祂为了回应祂心里的渴望——将健康、力量、美丽、荣耀赐给缺乏的人——而采取的作为。

现在，整个为众圣徒乐捐的主题在本段里都被视为恩惠的行动。教会是一体的，每个教会之间有相互的责任和权利。其中最重要的是"交通"（koinonia）。这个字的字源意思是凡物共享。使徒行传中说到信徒凡物公用时用的就是同一个字。因此教会本是一体的。保罗已经在前一封信论教会是基督的身子时提出这一点。他说，"若一个肢体受苦，所有的肢体就一同受苦；若一个肢体得荣耀，所有的肢体就一同快乐。"这是崇高的理想。教会中一个肢体所受的痛苦，就蔓延到全体，被所有的人分担。一个肢体所享受的快乐，就流经整个教会，大家都感染到其快乐。教会既然是一体的，为周济众圣徒所作的募捐自然就被看成一种恩惠的行动。

综览整段经文，我们可以看到保罗如何应用这原则。他首先举出马其顿人为例（八1～5）。然后他论到那些被打发将捐资送去耶路撒冷的人（八6～九5）。接着他指出这个恩惠的行动将产生的后果（九6～15）。

先来看马其顿人的例子。那是什么？第一，他们行动的源头是神的恩惠,而行动的原则是喜乐和自由。这些记载在第八章前四节经文里。

然后是这恩惠的行动所采用之方法,记载在第五节。这里我们看到一项原则,"先把自己献给主。"常有人误解或误用这句话。有人说,他们先把自己给主,然后才把财物给主。不,他们先把自己献给主,然后"照神的旨意……又归附了我们"。他们的方法是,第一,把自己献给主;第二,献身于使徒,以及教会的事工。整个的交通都包含在内了。这句话也包括奉献自己的财物,并且解释了他们奉献的原因。首先把自己献给主,这是原则。请谨慎这一点,不然你会献得心不甘情不愿。稍后我们还会论及此。先献给主的意思是把自己最丰富的给主,然后将自己任由在耶稣基督里的使者和领袖使用。这是奉献的态度和方法。

保罗论到差派代表的这一段,开始时先叙述教会的权利(6~12节);为了满足别人,必须先倒空自己,而且"是照他所有的,并不是照他所无的"。意思是,我们在奉献的事上不可拘泥形式。正如保罗在前一封书信里所说,各人要照自己的进项奉献。这种说法超越了十一奉献的教导。十一奉献固然很好,但那是最低的数额。一个年收入十万的人,他的十一奉献是一万元。但这只是最低额。我们无法硬性规定。"是照他所有的,并不是照他所无的。"因此使徒在前一封信里订下一个原则,"每逢七日的第一日,各人要照自己的进项抽出来留着。"这是最健康的态度。他在这封信里再次印证他的教导,"是照他所有的,并不是照他所无的。"我们若尚未遵守,就是不负责任。这可以指每周第一日都在神面前考虑,这一周的收入会有多少?上周的收入是否比以前多? 保罗的训示对你的奉献产生任何影响吗? 哦! 我们可能都作得不够。但愿我们在主面前切实遵行这里的教导。这是非常重要的原则,你我都当好好思想,并照着去作。

基督徒均平的方法是什么?"你们的富余……补他们的不足。""他们的富余……补你们的不足。"耶路撒冷教会有何富余之处? 他们在属灵的能力上是富余的。保罗所建立的每一个教会都曾承受耶路撒冷教会的帮助。福音是从耶路撒冷传出的。属灵的富余是起源自耶路撒冷。或许有人会说,耶路撒冷曾经跌倒,未能完成她的使命。主曾吩咐他们要出去,将福音传到地极,但他们多年来始终恋栈耶路撒冷不肯离开,直到逼迫来临,将他们驱散。但是他们从此走遍各地,到处传讲神的道,这就是从耶路撒冷来的富余。

本段(16～24节)启示两个原则。关于奉献和收集捐项,我们必须留意两件事。第一,必须"可以荣耀主";第二,是"在人面前"。这就是保罗打发提多和另一位得众教会称赞的弟兄前去的原因。我不知道那位弟兄是谁。他和提多先被差出去,好在保罗到达之前,先将哥林多人的捐项送去。保罗也打算去耶路撒冷,如有必要,他会与他们同行。为什么?"可以荣耀主。"另外,也使教会不致对所收的捐项起疑心,"在人面前。"这里他强调教会中财务的重要性。我们可以将这两个原则运用在今日教会里。我记得救世军刚成立时,有许多人批评它的创办人卜威廉(William Booth),说他将一切财产纳入他的名下,他可以随时占为己有。卜威廉非常谨慎,他从一开始就将所有账目公开。几年之后,批评之声终于沉寂下来。如今我们再也听不到有人批评救世军账目不清,或者藉着事工之名中饱私囊。"在人面前"一切事都要正直,清白。这是教会应秉守的原则。

第九章开头,保罗提出另一个呼吁,但与他们的捐项无关。他知道他们乐意捐钱。使徒乃是呼吁他们要预备妥当,好显出他们所作的是出于乐意,不是出于勉强。"捐得乐意的人,是神所喜爱的。""乐意"一词希腊文可以译成"高兴"。"神喜悦高高兴兴捐献的人。"这话是否使我们讶异?但这是事实,它真正的意思就是指喜笑,歌唱,欢乐。主喜爱捐得乐意的人。那是从内心发出的喜乐,是从心里给的,因为你喜爱施与,而不是因你不得不给,勉强捐献。"捐得乐意的人,是神所喜爱的。"但愿这正是我们的写照。

保罗用一个醒目的挑战和吩咐来结束本段。"感谢神,因祂有说不尽的恩赐。"那就是说,你给的时候要记住神给你的恩赐,祂的恩典已在十字架上阐明了。祂原是富足的,但为了我们的缘故成为贫穷,祂的恩典即在此显明了。"贫穷"这个希腊文在新约里只出现这么一次。它的本义是如乞丐一贫如洗。祂在世上成了乞丐,好叫我们在祂的恩典里成为富足。记住了这一点，你的爱心、你的奉献性质就会和祂的一样。爱是一切的原动力。你牺牲的越多，别人就越多从你蒙福。

在我们看来，这些原则似乎是为当时的情况设定的。马其顿众教会捐出一笔款项，用来帮助耶路撒冷贫苦的圣徒。但这也可运用到今日。有多少教会仍在挣扎？受苦？所有教会都应该尽己之力帮助他们。捐款给有需要的教会，这种施予应该有相当的品质，正如那些教会用他们的勇气，和不顾患难、痛苦仍坚持下去的毅力，供应了我们属灵的需要一样。他们的行动何等可贵，尊荣！他们捐献了他们的富足，是信心、爱心和勇气上的富足。

比较起来，捐献的事似乎微不足道，然而保罗还是提出了两件事，那就是我们应该照自己所有的，供应信徒所不足的，好叫众信徒可以均平。

保罗在本书信最后一部分,为他的权柄辩护,其论证集中在他计划的哥林多之行,以及众人对他的批评。本章他论到他的权柄。下一部分(十一 1～十二 18)他论到他的使徒身份;最后是他的计划(十二19～十三 10)。

他首先请求他们,不要叫他改变他在他们中间时用的方法。为了回答那些自称是属基督之人的批评,他也宣称他是属基督的,必要时他能够使用他的权柄。最后他宣告,他的这种权柄是直接从主来的。

保罗稍早在本书信中论到服事的权柄时,对象主要是忠信的大多数。如今显然他是针对那少数反对他的人说话。一切的反对可能是出自一个人。因为保罗说,"倘若有人自信是属基督的,他要再想想,他如何属基督,我们也是如何属基督的。"这话在某方面而言相当个人性,所以我相信他是指来自一个人的反对。从保罗的回答里我们可以为这反对的性质找出一些蛛丝马迹。他清楚揭示了反对的背景。他们否认他的权柄,用不敬的话谈论他。他们说,他在他们中间的时候表现软弱。他的信虽然严厉,及至见面时他又无法应用他的权柄。虽然这些批评不足为道,但保罗觉得有必要讨论、对付这些批评。他特地用一整段的篇幅来述及这事。前面他论到权柄的那一段是以喜乐的字句作结束,"我如今欢喜,能在凡事上为你们放心。"并从此论到财务的事。至于论及财务那段的结尾也充满感谢,"感谢神,因祂有说不尽的恩赐。"这些提供了一个基础,使他能接着开始讨论有关少数人反对他的这不愉快之主题。

第一节至第六节,他向他们呼吁,"我保罗,就是与你们见面的时候是谦卑的……如今亲自藉着基督的温柔和平劝你们。"这正是他们所说的,他在信中很严厉,及至见面却一点也不严厉。"我……与你们见面的时候是谦卑的,不在你们那里的时候向你们是勇敢的。"第四节是写在括弧里的,所以第三节和第五节可以连在一起读。"因为我们虽然在血气中行事,却不凭着血气争战。……将各样的计谋,各样拦阻人认识神的那些自高之事,一概攻破了,又将人所有的心意夺回,使他都顺服基督。"这是很醒目的经文,启示了权柄的基础:第一,属于个人的,"我保罗。"第二,用"基督的温柔和平"来解释他的"谦卑"。他们说的不错,我是谦卑的,但我也是勇敢的。

他的请求是什么?"有人以为我是凭着血气行事,我也以为必须用勇敢待这等人,求你们不要叫我在你们那里的时候,有这样的勇敢。"他请求他们,不要叫他改变态度。他有能力这样作。他可以在他们中间勇敢行事。他可以对待他们严厉。但他情愿用一贯的态度,就是基督的温柔和平待他们。耶稣说,"我心里柔和谦卑"(太十一 29)。这是保罗的请求。

下一节描述他的属灵权柄,并替这权柄所包含的事物下定义。他的权柄不是"凭血气"的。意思是,不凭人的个性,聪明;根本不凭人的行动。属灵的权柄包含了积极与消极两面,二者并不冲突。消极的是"将各样的计谋,各样拦阻人认识神的那些自高之事,一概攻破了"。这是消极的一面,"攻破。"他与他们见面时,他一切的教导都移向这个方向,"将各样的计谋……攻破了。"或者说,"将各样的理智……攻破了。"那是指与神的知识相对的思想。我们的主说,"认识你独一的真神……这就是永生"(约十七 3)。任何与对基督所启示的神之认识相反的思想,都要被攻破。这是属灵权柄消极的一面。

积极的一面是,"将人所有的心意夺回,使他都顺服基督。"这是新约里最引人注目的句子之一。让我们深思,并且省察自己的心思意念。特别是作主工的人。我们的心意是否都已被夺回,顺服基督?我们是否服在基督的权柄下?是否已在万事上顺服祂?因为这是作祂门徒的第一个条件。我们在去任何地方,作任何事,订任何计划之前,是否先问,这是主的旨意吗?我们固然必须拟订计划,但我们是否将计划顺服在祂面前？这是属灵权柄的秘诀。一个人除非将各样的计谋和拦阻人认识神的自高之事攻破了，并且将他的心意夺回，顺服基督，他就不能得着权柄。这里我们看见有一个人，他的权柄被疑为是属血气的。他说，是的，那不是在我们所生活、事奉、思想、计划的范畴内。我们是在属灵的能力中思想、计划、工作；其目标在攻破一切计谋、理智、聪明，和一切拦阻人认识神的知识；只有藉着基督，人才能认识神。我们当将每一样心思夺回，顺服基督。

他如今针对这些批评提出回答。首先指出他们的错误（7～10节），然后警告他们（11节）。保罗在第七和第十节纠正他们错误观念。"你们是看眼前的吗？"你们只看近在眼前的东西。你们只凭外表下判断，这是任何时候、任何环境下最错误的事。"倘若有人自信是属基督的，他要再想想，他如何属基督，我们也是如何属基督的。"请注意，他没有说那人不属基督，但他反对那人的宣告。他反对那人将别人排出属基督的行列。他说，我们都是属基督的，正如他属基督一样。那个自称属基督的人事实上是在否认使徒从基督来的权柄，否认他与基督的关系。保罗说，这人应该记住，我们也是属基督的。

接着看第十节，"因为有人说，他的信又沉重，又厉害；及至见面，却是气貌不扬、言语粗俗的。"说这话的人当记住，我们的态度是前后一致的，他们只是凭外貌判断。人的外表是会改变的。他们说，见了面以后发现保罗气貌不扬。他的言语也软弱无力。这是由于他在他们中间时表现温柔，他前一封信里亦提过。现在他用第八、第九节来纠正他们错误的想法。他们错误的观点是肇因于他们凭外貌判断人，轻视保罗的外表，并且否认他的权柄。他已经说过，他的权柄是将人所有的心意夺回，使其顺服基督，并且攻破各样拦阻人认识神的计谋和自高之事。这是他的权柄。他们却从人的眼光来看他。

他并为自己宣告（12～18节）。从这段醒目的经文里，我们看见保罗意识到自己的限制。这些限制都是出于神的旨意。"界限"一词出现了三次，是指神所设定的界限。反对他的人在那里自吹自擂。他自己却不敢夸口；他要夸的只是神所指定的事工，包括已作成的，和将要完成的工。这是他夸口的主题，也是他的权柄之主题。这里讲到的每一件事都可以回溯到他本封信一开头揭橥的观念。那里说,他是"奉神旨意"作使徒的,神已为他拟定计划,他只是行在这计划中。本处经文中说,他不是跨越到别人的界限,他乃是在神量给他的界限内工作。本段最严肃的教训是,工作的正确考验不在于人的意见。别人或许会说,作得不错,成绩斐然。但这本身没有多大价值。我们很容易把自己和别人比较,然后沾沾自喜。这种考验是靠不住的。只有一个真正的考验,就是主的称许。主是否称许我?祂是否赞成我所摆上的?这是惟一的考验。此处保罗显示了他绝对超然于别人的意见和别人对他的看法之外。每件事都交与他的主来仲裁。这是惟一值得他在乎的。

属灵能力的秘诀在于攻破一切拦阻人认识神的自高之事,将心意夺回,顺服基督。这正是保罗的写照。他将万事顺服在主的主权之下。他作工的界限是神设定的。他不跨越到别人的界限之内。神将哥林多城标明出来给他,他到了他们那里,并且盼望继续前进。他的界限延伸出去,超过了哥林多,但他的整个事工是由他的主的意见、想法和标准来衡量。

但愿我们每晚歇息时,将生命交给祂,听祂的称许之语,那是最高的奖赏。我情愿让祂而不是让别人来评判我。祂更有耐心,更了解我。我完全相信,祂不但洞察我的行为,也洞察我的欲望;祂不但用我的成就,也用我的动机来判断我。

本章里保罗为他的权柄辩护,那是从他的主而来的权柄,就是攻破一切拦阻人认识神的自高之事。任何反对人认识神的事物都必须被攻破,被毁灭,好夺回人的心意,使其归向基督。

保罗现在论到了他的使徒身份(十一 1～十二 13)。整段中我们听到使徒的夸口:首先他为自己的夸口道歉(十一 1～4);然后是他的夸口(十一 5～十二 10);最后是他的道歉(十二 11～13)。

他一开始就为自己的夸口道歉,然后提出理由。他首先陈述夸口的愚昧,接着告诉哥林多人他为何这样作。他说,"但愿你们宽容我这一点愚妄。"前一章的结尾这么说,"因为蒙悦纳的,不是自己称许的,乃是主所称许的。"他在那里指出他不在乎人的意见;他并且警告哥林多人,从人来的称许不足为据,没有价值。惟一有价值的是主的称许。"但愿你们宽容我这一点愚妄。"有趣的是,这种想法一直贯穿这整段经文。保罗一而再、再而三地提起。"愚妄"是什么?希腊文中这字的意思是粗心大意。但这样翻译又不大适合。我们姑且用另外的词,例如愚昧,愚钝,自负。保罗说,请宽容我的一点儿愚钝,自负。他不屑于他将要作的事,但他仍要去作。这是毫无问题的。从他自己的观点,他对自己不得不作的事评价甚低。整段从头到尾都贯穿着他这种自认愚昧的感觉,只是分别用不同的形式、字句或同源字表达在本章和第十二章里。

他为什么要作这些?原因有二:"我……愤恨。""我只怕。"这两个短句记录了他心里的活动,声明他作这些愚妄事的原因。"我为你们起的愤恨,原是神那样的愤恨,因为我曾把你们许配一个丈夫,要把你们如同贞洁的童女,献给基督。"有什么比这里对基督徒生命和地位的描述更美丽的呢?许配给一个丈夫,这话的含义远超过今日我们的领悟。今天一个女子许配给男子,没有多大意义。两个人订婚,并没有什么约束力。其实它应该有深远的意义才对,完全看当事人对生命的观点。对希伯来人，对犹太人，对保罗而言，许配就相当于结婚。"我曾把你们许配一个丈夫。"那就是他的本意——许配给一个丈夫，而不是未婚夫。我已将你们许配一个丈夫，如同贞洁的童女献给基督。我们看见这话所发出的光芒，它指出了人与祂的关系。

"我只怕你们的心或偏于邪，失去那向基督所存纯一清洁的心。"让我们回忆一下夏娃的故事。蛇如何迷惑夏娃？他毁谤神。他告诉夏娃，神说的话不一定算数。正如主自己说的，撒但"从起初……是说谎的"。事实上，他的谎言中有一部分真理存在。我们都记得田利生(Tennyson)的名句："全部的谎言还容易应付，反驳；半真半假的谎言却叫人无从对抗。"

"神岂是真说，不许你们吃园中所有树上的果子吗？"(创三 1)，不，神没有说。祂只限制他们不可吃其中一棵树上的果子。"我只怕你们的心或偏于邪，失去那向基督所存纯一清洁的心，就像蛇用诡诈诱惑了夏娃一样。"我将你们献给基督，献给一位丈夫，但我怕你们的心堕落。酵可以导致腐坏。我们的主也曾警告门徒，要防备假冒为善之人的酵，就是戴假面具、说谎言、使人信以为真的酵。

保罗为什么怕？"假如有人来，另传一个耶稣，不是我们所传过的，或者你们另受一个灵，不是你们所受过的；……你们容让他也就罢了。"有人认为这话是带着讽刺，但我不这么想。我认为使徒的意思是，如果一个教师带着不同的信息前来，不妨容忍他，包涵他。但保罗心中想到的是那些带着信息前来，质疑保罗的权柄，向他信息的权柄发出挑战之人。

现在他开始夸口。"但我想，我一点不在那些最大的使徒以下。"他开始了他的"愚妄"，夸口。不要被我用的词汇搞糊涂了。请记住"愚妄"一词在希腊文里的意思，并且接受它的本意：自大、吹牛。保罗说过，他将要自夸；首先他论到权柄。"我想，我一点不在那些最大的使徒以下。"有人说，他是在拿自己与假教师比较。我不同意。我相信他想到的是真正的使徒；他自称与他们是同等的，因为他是主所差派的使徒。他提到这个事实——他也是神呼召的，他的使徒职分是神设立的。

　　下一段（6～15 节）他显示他的权柄，并为这权柄的样式、方法和动机辩护。

　　第六节，"我的言语虽然粗俗，我的知识却不粗俗；这是我们在凡事上，向你们众人显明出来的。""言语粗俗！"显然他是在引用他们对他的批评。他说，或许我的言语粗俗，但我说的事却不粗俗；我教导你们的诸事，都带着神权柄的印记。这是他的样式；言语粗俗，知识却不粗俗。

　　然后是他的方法。这里含有地方的色彩。他白白传福音给他们，难道就有罪吗？他的需要是由马其顿的弟兄供给。他没有从哥林多人支取分文，如今他以此夸口。他靠自己的双手供应生活所需，若有不足之处，也由别人，而不是他们补足了。他此处用的语气相当强烈，他甚至说，他是从别的教会取了工价来服事哥林多人。

　　接着他指出自己的动机（11～15 节）。那是什么？"为什么呢？"为何他没有向他们取供应呢？"是因我不爱你们吗？"这是一句问话。"这有神知道。"他听命于他的主人。一个人若明白这一点，就可以不在乎别人的意见。你们说，我不爱你们，这有神知道。"我现在所作的，后来还要作，为要断绝那些寻机会人的机会，使他们在所夸的事上，也不过与我们一样。"这是什么意思？他是说，他希望这些批评他的人也必须去工作谋生，好叫他们"与我们一样"，不从人受供给。

　　"那等人是假使徒，行事诡诈，装作基督使徒的模样。这也不足为怪；因为连撒但也装作光明的天使。所以他的差役若装作仁义的差役，也不算希奇；他们的结局，必然照着他们的行为。"

　　留意这段话的要旨。如今他是将自己与那些假教师作比较，他描述他们是假使徒，诡诈的工人，并说他们装作基督使徒的模样。他们没有被差派、按立，不是按着神旨意作使徒的。他们"装作"使徒。这是很严厉的批评。他说，这也不足为怪。连撒但也装作光明的天使。所以撒但的差役效法其主人的样式，装作基督的使徒，成为假使徒，又有什么奇怪呢？

　　再回到伊甸园的例子。魔鬼在那里也装得正大光明。他以蛇的样子出现，本身就暗藏诡诈的意思。夏娃完全被耀眼的外表、谎言，和对神的毁谤弄得目眩心摇。使徒说,这些假教师被人接纳;保罗对他们事工的描述,其措词之强烈、严肃,是前所未见的。

　　然后使徒拿自己和他们比较。首先是肉体的层次。"他们是希伯来人吗?我也是。他们是以色列人吗?我也是。他们是亚伯拉罕的后裔吗?我也是。"接着是最高的层次,他以基督的仆人自居,与他们相比。"他们是基督的仆人吗?(我说句狂话),我更是。"接下去的一段显示,他不仅在肉体的层次上,同时也在属灵的权柄上,足以和他们一争长短。读这段的时候惟一当作的是试着为使徒描绘出一幅画像。"受劳苦……下监……受鞭打……冒死。"至于个人所受的苦,包括"被鞭打……被石头打……船坏……一昼一夜在深海里。"请注意他如何叙述自己的遭遇。"江河的危险……盗贼……同族……外邦人……城里……旷野……海中……假弟兄的危险。受劳碌,受困苦,多次不得睡,又饥又渴,多次不得食,受寒冷,赤身露体。"这是整个画面。他向他们提出他使徒权柄的证据,和别人比较之下,证明他有教导的权柄,传讲真理的权柄,和将他们无瑕无疵献给基督的权柄。这一切都是他的证据。

　　最后他说,"除了这外面的事,还有为众教会挂心的事,天天压在我身上。"重点在"众教会"。保罗指的包括他所建立的教会,和别人所建立的教会。他一天天更加为众教会挂心,可能他对他们的挂心正是他对哥林多人的挂心,怕他们偏向邪路,失去那向基督所存纯一清洁的心。

　　是的,如果这是愚妄的,也不能算作愚笨,只能说是夸口。那是一个人认识到神是他的证人而作的夸口。他说,"那永远可称颂之主耶稣的父神,知道我不说谎。"他知道其中的安慰和力量。"神知道",这是每一个蒙召服事主的人最大的安慰和力量。祂知道什么?知道使徒所遭受的一切苦难,试炼,和他前面提到的一切事实;神已率领他在基督里夸胜。"神知道。"那是他最大的夸口。

　　本章最后两节又开启了一个新的段落,在那一段中,他的语气更具个人性。至于本段给我们的印象是,他在夸口,这是毫无疑问的。他站在更高的层次上夸口,说他有权柄作见证,宣讲真理,而在他经历各样的苦难、孤独、隔绝、危险时,"神知道。"

>"祂知道,祂爱,祂关心,
>这真理永不褪色。
>祂将祂最好的,
>赐给那肯将自己摆上的人。"

保罗在本段(十二 1～13)论到他的使徒身份。我们在前一章(第十一章)里已看见,他采用了一个新的方法,就是夸口。"我若必须自夸,就夸那关乎我软弱的事。"接下去的一节格外严肃,也具有无比的价值,在那一节里他说,神可以证明他没有说谎。

紧接着他就叙述他逃离大马色的事。这和他接下去要提出的论证有非常密切的关系。我们必须留意这一点。还有什么比他在筐子里从大马色城墙上被人缒下去的那一幕更卑微的呢?我们还能想出什么比这事件更能剥夺一个人的尊严呢?"在大马色亚哩达王手下的提督,把守大马色城要捉拿我;我就从窗户中,在筐子里从城墙上被人缒下去,脱离了他的手。"这事件导致了接下去他生命和事工中发生的诸事。在那最软弱的一刻,他发现了日后服事的大能。

我们来审视这事件的来龙去脉。路加在使徒行传里未记录这事件。事实上,使徒行传第九章第十九节的记载还有相当大的出入。那里说他"吃过饭就健壮了"。那是指他初抵大马色的时候。路加接下去记载,"扫罗和大马色的门徒同住了些日子,就在各会堂里宣传耶稣"(徒九 19～20)。如果不注意到修正译本的人在这两节当中留了间隔,我们很容易会以为第二十节是紧接着上一节发生的。其实完全不是这么回事。这中间隔了两、三年之久,那段时间保罗是在阿拉伯度过的。翻到加拉太书第一章,那里说,"施恩召我的神,既然乐意将祂儿子启示在我心里,叫我把祂传在外邦人中,我就没有与属血气的人商量,也没有上耶路撒冷去,见那些比我先作使徒的;惟独往阿拉伯去;后又回到大马色"(加一 15～17)。路加在使徒行传第九章第十九节以及接下去的那段经文中所说的,是保罗从阿拉伯返回大马色以后的事。保罗已经离开大马色两、三年了。这是值得思考的问题。保罗在往大马色的路上被主得着之后,就被差往大马色。在那里有一位门徒从主得到指示,知道他将前来,就去接待他,欢迎他,给他食物,使他吃了强壮起来。然后保罗离开大马色,到阿拉伯去。那段隐退、沉思的岁月对他非常重要。他在西奈山的阴影下,可以细细回味大马色路上的经历;没有一个地方比那里更适合了,因为那儿是他所热心追求的希伯来律法颁布之地。他在大马色被困,所以他亟需离开大马色,到一个安静的处所好好沉思。

回到大马色之后,如路加所言,他进入会堂,传讲耶稣是基督,这是他在阿拉伯长思的结果。人们大惊失色,门徒顿生疑惧。他们说,这不是迫害教会的那人吗?他现在又要来下我们在监里吗?于是他离开了。我不知道他在大马色停留多久,相信不会太长。他去哪里?毫无疑问,是去耶路撒冷,最后又到大数。巴拿巴在耶路撒冷遇见他,并将他引介给门徒,但耶路撒冷的人仍对他疑心重重,所以他就前往大数去了。在巴拿巴前往大数寻找他,并请他担任巴拿巴的助手之前,他在大数待了多久?显然至少有十年。后来他成为巴拿巴的助手,两人一同作工,直到更大的呼召临到他。

为什么我要这样不惮其烦地细数往事?因为这段历史可以标明保罗在哥林多后书第十二章提到的事件之年代。他写道:"前十四年。"往前推算,他指的是在大数停留的那十年。他回顾十四年前的往事。时间的推移可以阐释许多事物。他在回顾十四年前的事时,又再度夸口。

留意他的方法,是非常有趣的。他在前一章已说过,现在又重复一遍,"我自夸固然无益,但我是不得已的;如今我要说到主的显现和启示。"然后他开始用第三人称,似乎在讲述别人的事,"我认得一个在基督里的人。"我们一直读到第七节,才会发现原来他写的是自己。"又恐怕我因所得的启示甚大,就过于自高。"哦!保罗,原来你就是那人,我们终于发现是你!是的,他尝试着用置身事外的态度叙述这件事,但却无法贯彻始终。他在第七节终于泄露了自己的身份。

他所说的是怎样的一个故事?那是一段双重的经历,先是崇高的启示,继之是深沉的孤寂。保罗在夸口。他曾被提到三重天,被提到乐园,"听见隐秘的言语。"这异象如此希奇,以至于他描述为"所得的启示甚大"。

还记得我在美国的时候,有人问我,你相信这故事吗? 保罗的意思真是他的身体被提,抑或只是他的灵? 我的回答很清楚。我亲爱的朋友! 既然保罗两度说他自己都不知道,我怎么可能知道?"或在身内,我不知道;或在身外,我也不知道;只有神知道。"那确实是一次奇妙的被提。他被提到三重天。这是希伯来式的用语,相当于后面的那句"被提到乐园"。在希伯来人的思想中,三重天是众圣徒和天使所在之处,就是我们所谓的天堂。第一重天是大气层,第二重天是星际太空,第三重天是在这一重之上、之外的地方。三重天是神彰显、临在之处,神的儿子曾从那里降到世上,那里住着被成全的众圣徒,以及天使,天使长,基路伯,撒拉弗——那就是乐园。保罗称其为甚大的启示。他说他"听见隐秘的言语,是人不可说的"。他也从未道出所听到的是什么。有人问我可曾有过类似的经历,不! 从来没有。你想其他人会有过这种经历吗? 这是毫无疑问的。我确信诸如此类的经历一定只是在某种环境下,赐给某些人的,而且往往带着特定的目的。这是非常有趣的经历。常常有人迫不及待地要告诉我他们所看见的异象。我总是对此存疑。如果一个人真得着这类的异象,他会保持缄默的。十四年过去了,保罗只字未提;即使现在,他也绝口不说他看见了什么。这是不可言喻的,非人口所能描述。何等崇高的经历!

然而接下去的经历却是一种深沉的黑暗。它可分成三方面。第一是肉体上的。"一根刺加在我肉体上。"译成"刺"不大妥当,原来的意思是一根桩子,这字的含义相当于钉十字架,但它是在肉体里面。第二是属于心灵上的。"撒但的差役要攻击我。"第三是属灵上的,他的祈求未蒙应允。极大的黑暗、孤寂紧随着先前被高举的经历临到了他。他肉体中有一根木桩,形同被钉十字架。没有其他的字句比这更能描述人肉体所受的折磨。然后是撒但差役的攻击。对于这攻击,我们多少能领会一些。当我们肉体软弱、饱受折磨时,撒但就乘机来攻击我们的心灵。我可以想像他说,神既是良善的,为何允许这些事临到你？第三方面是,"为这事,我三次求过主。"这里不是指真的有三次。希伯来文里,"三次"是形容词,指不断的、连续的,一而再、再而三的。"我三次求过主。"但木桩仍在,撒但的差役没有离去,显然他的祷告未蒙垂听。让我用另一种方式说,神用拒绝回答了他的祈求。神拒绝让他脱离肉体中的木桩和撒但差役的攻击。神确实回答了他,答案是——不！

下一句是,"祂对我说。"似乎神是当时、当地对他说的,但我并不如此认为。我相信是在他饱受痛苦,想逃避却又逃不掉之后,神才对他说的。"祂对我说,我的恩典够你用的。"保罗明白一切苦难的目的。那是什么？"免得我过于自高。"这话他重复了两次。

崇高的属灵经历最大的危险是带来骄傲。我认识一些人,他们去参加培灵奋兴会并大大蒙福；问题在于他们回来之后,就开始自高自大,轻看教会其他的肢体。保罗看清了苦难的目的,"免得我过于自高。"

他也看到使他免于自高的方法。"所以有一根木桩加在我肉体上。"加给他的？木桩是恩赐？撒但差役的攻击是恩赐？祷告未蒙允许是恩赐？这些都是加给他的。我不知道他当时是否把这些当成恩赐？当然不是,因为他求神叫这些离开他。如今十四个年头过去了,他有足够的时间领会神的作为。这些事是十四年前发生的,如今主对他说,"我的恩典够你用的。"

请留意他对苦难的态度改变了。我们读下面一段话时,都会不自禁地颤抖起来。"所以我更喜欢夸自己的软弱,好叫基督的能力覆庇我；我为基督的缘故,就以软弱、凌辱、急难、逼迫、困苦,为可喜乐的；因我什么时候软弱,什么时候就刚强了。"这不是对神的安排盲目服从,而是一个人明白了他所想要逃避的事原与他的灵魂有益之后,所发出的心声。"免得我过于自高。"这个理由是否太薄弱了？一点也不。没有什么比自大、骄傲的基督徒更妨碍神的工作了。"免得我过于自高。"他为了神拒绝他的祈求而感谢。他发现那是出于无限爱的拒绝。

我的老朋友 Oliver Huckell 曾写过这样的一首小诗：

"我感谢你，因祷告未蒙应允，
你只温柔仁慈地回答我——不！
在那艰难的时刻，
这字沉重地敲击着我的心。

我渴望喜乐，然而你知道
忧伤是我最需要的恩赐，
在那奥秘的深海里，
我学会了去注视圣灵。

我渴望健康，你却赐我
痛苦的秘密宝库。
在呻吟中，我的心
再度找到基督。

我渴望财富，你却常给我
贫穷的财宝，
你教导我拥有金心，
那是天堂最宝贵之物。

我感谢你，因祷告未蒙应允，
你只温柔仁慈地回答我——不！
在那蒙福的时刻，
你的保留减轻了我一切的重担。"

这是保罗所谓有一根刺"加在"我肉体上的意思。

　　我们不妨略事停留在这节宝贵的经文上，"祂对我说，我的恩典够你用的。"十四年过去了。这句话是否逐渐向他展露清晰？我相信是的。这句话是什么意思？神的丰盛之领域，就是能力的领域，是为了成全祂的旨意。神是充足的。"够"这个字的意思是"提起"，"忍受"，"承担"。"我的恩典够你用的。"这话在保罗的领受是，你知道你是在我的恩典之中，这就够了。你的一生是有意义的。圣经中还可以找到一些奇妙的例证。尼希米的时代，当百姓悲哀哭泣之际，他对他们说，"因靠耶和华而得的喜乐是你们的力量"（尼八10）。意思是，那讨耶和华喜乐的，就是你们的力量。

以赛亚书最突出的句子之一是，"耶和华却喜悦将祂压伤"（赛五十三10）。基督一切的痛苦，患难，都被放在神恩典之处。那是神的目的，神的旨意。我们知道神为何如此作。为了我们人类，为了我们得救恩，神"却喜悦将祂压伤"。祂的心以此为满足。

如今保罗说，刺是神的"恩典"。这是能力的内在秘诀。它启示了一切经历的价值。"我的恩典够你用的。"这话的含义可能比我们一般的了解更丰富。我们通常的领会固然没有错。我知道你在困苦中，我必扶持你。但这句话的含义不止如此。患难本身是过程的一部分。我们的主离开世界之前曾对门徒说，"你们的忧愁要变为喜乐"（约十六20）。不是说你们要在苦中作乐，而是你们的忧愁要转换为喜乐。从忧愁中滋生出喜乐。在受苦中生出能力。这是保罗说"祂对我说"的意思。有一度我曾被许多事困扰，我试着替这些事找出一个解释，我也很想逃避其中某些事，却痛苦地发现我根本无路可逃。但在整个过程中，我发现一切事原来都是出于神的旨意，最安全的地方就是那能讨神喜悦的地方，不论在那里是受苦也好，喜乐也好；被高举也好，被隔离也好。正如保罗在另一卷书信中所说的，"在指望中要喜乐，在患难中要忍耐"（罗十二12）。

这是奇妙的篇章，记载着奇妙的事迹。结尾部分保罗再度重申他与众使徒是平等的，他不在那些最大的使徒之下。神也透过他行了神迹，奇事，异能，他知道自己的使徒权柄，并且为其辩护。如果他一定要夸口，就夸他的软弱，以及在他的软弱里所彰显的基督之荣耀。

首先请留意保罗在这里所说的，"如今我打算第三次到你们那里去。"到了第十三章开头，他似乎已打定了主意。"这是我第三次要到你们那里去。"我已预备妥当，即将动身前去。这句话颇难解释。有人认为他的意思是，这是他第三次打算前去。我的领会不同，因为不久之后他提到，"正如我第二次见你们的时候。"我相信保罗此处是指他有意实际去探望他们。他一面考虑前去，一面在这封信结束的地方很谨慎地表明他写这封信的态度。他不太在乎他们是否赞同他的举动，他在乎的是他们是否得到神的称许。这是他写哥林多前、后书的主要目的。因此他所传达的信息是出于他对神的一种责任感，以及他对此责任之权柄的认识。最后他宣告他第三次前去所用的方法，那就是严厉的审查。

第十四节到第十八节的叙述已触及这个主题。他在这一段经文里介绍了最后几件事。他明白指出他不要累着他们。他下次再来的时候，仍要使用先前的方法。他们必须记住，他没有成为他们的重担；他与他们之间没有任何金钱上的关系。他作工未得工价或奖赏。下次他再来的时候也是一样。"罢了，我自己并没有累着你们，……我是诡诈，用心计牢笼你们。"这话引起许多不同的解释。他是什么意思呢？他指他们是诡诈的，所以他将以其人之道还治其人？或者他认为自己是诡诈的？或者他是在开玩笑？我想都不是。我想保罗的意思是，有别人说他是诡诈的。有人说我是诡诈，是用心计牢笼你们。但紧接下去的一句话则是完全相反的观点，"我……占过你们的便宜吗？"

我们已说过，保罗写这封信的时候，心中想到一些反对他、批评他、否认他权柄的人。其中有些人说他是诡诈的。他没有从他们那里直接得到过任何资助,即使有也是间接的。这是他说这番话的背景。他否认他们的批评,"罢了,我自己并没有累着你们……我……占过你们的便宜吗?"他们暗示他在金钱上受惠于他们,或者透过他所差派的人占他们的便宜。对这些指控,他一律否认。他用问话的方式表现他和他所差去的人都未占过他们的便宜。"提多占过你们的便宜吗? 我们行事,不同是一个心灵吗? 不同是一个脚踪吗?"他声明在圣灵的引领下,任何人都不可能以诡诈、欺哄行事。

他写此信的目的见诸第十九至二十节。他们误以为他在为自己分诉。这点他们完全错了。他告诉他们事实。他是"在基督里""当神面前"说话,而他的目的是在造就、建立他们。这里再一次启示基督工人应有的态度,那就是始终以建立、造就他们传信息的对象,作为他们的首要目标。

他两度重复了两件事。"怕我再来的时候","又怕"他们不合他所想望的。这正是他写此信的原因。我相信他的意向是很严肃的。"又怕有纷争、嫉妒、恼怒、结党、毁谤、谗言、狂傲、混乱的事。"免得这些事发生。我们必须回到第一封信,去找出他说这句话的意思。那里提到,教会里有纷争,他不得不写信告诉他们,他们在基督里原为一,应该在生活、行动上有合一的心。此处他反过来,列出一个单子,说明他们若不合一会有什么结果。"且怕我来的时候,我的神叫我在你们面前惭愧;又因许多人从前犯罪,行污秽、奸淫、邪荡的事,不肯悔改,我就忧愁。"他写这封信,就是因为看见他们邪荡,悖逆,不肯悔改。

第十三章的前四节,他告诉他们他将前来的过程。他要严严地审问他们。有两三个人将出面作见证,他们的证词将被接纳,而他也"不宽容"他们。

因此他提出最后的呼吁(5～10节)。他鼓励他们在他去之前立刻采取行动,这样他就不必以严厉的态度,而可以存着温柔的心前去。他不在乎别人怎么看待他,虽然他们有些人看他是可弃绝的。保罗的祈祷是,求神叫他们一件恶事也不作,好叫他们不被弃绝。

　　下一句话很醒目，"我们凡事不能敌挡真理，只能扶助真理。"它奇妙地道出了真理最终的胜利。我们凡事不能敌挡真理。真理自行运作，最终必得胜。这话的含义即使到了今日我们仍应铭记于心。我们无法敌挡真理，只能扶助真理。"即使我们软弱，你们刚强，我们也欢喜；并且我们所求的，就是你们作完全人。所以我不在你们那里的时候，把这话写给你们，好叫我见你们的时候，不用照主所给我的权柄，严厉地待你们；这权柄原是为造就人，并不是为败坏人。"他在这封信结尾的地方呼吁他们省察自己，试验自己，行得端正，这样他来的时候就可以宽容他们，用温柔的态度对待他们，而不必用尖锐的话严厉地责备他们。他已准备妥当，必要的时候他会用主给他的权柄严厉地待他们。

　　于是我们来到这封信最末了的一段。"还有末了的话，愿弟兄们都喜乐；要作完全人，要受安慰，要同心合意。"这使我们想到前一封信。"要彼此和睦。"而和睦的先决条件是圣洁。神的次序总是圣洁第一，然后是和睦。"仁爱和平的神，必常与你们同在。"

　　然后是两句问安。"你们亲嘴问安……众圣徒都问你们安。"

　　除了加拉太书以外，此卷书信可以说是保罗写成的最严厉的信，但它的结尾却充满祝福。"愿主耶稣基督的恩惠，神的慈爱，圣灵的感动，常与你们众人同在。"主耶稣基督的恩惠。主，这字标明祂的神性；耶稣，显然是表达祂的人性；基督，是在指出祂的弥赛亚身份。恩典透过主耶稣基督彰显出来。保罗写给提多的信上说，"神……的恩慈……显明"（多三4）。我喜欢将"显明"这个希腊词意译出来。如果我建立一所教会，要替她命名的话，我会称其为"显明教会"，所根据的就是提多书里的那一句话。神的恩典已经显明，将救恩带给一切人，教导我们，盼望着荣耀的显现。恩典透过我们的主耶稣基督已经显明，其荣耀将照射出来，完全彰显出来。

　　"神的慈爱"，是那深邃的泉源之头，从那里流出无穷的恩典；神爱世人，甚至将祂的独生子赐给他们。

　　"圣灵的感动。"圣灵的合一与交通"常与你们同在"，藉着圣灵我们可以进入与基督、与神的关系中，藉着圣灵的作为，基督更深奥的事可以向我们阐明。这是伟大的祝福，是使徒奇妙的祝祷。有些人在祝祷时更动这节经文的字句，实在非常遗憾。我一向反对在这祝祷后面再唱其他诗歌，因为我喜欢祝祷放在敬拜的最末了。至于祝祷以前唱诗我则不介意。这是使徒伟大的祝祷。保罗用它来结束全书。它包含了三重能力——主耶稣基督的恩惠，神的慈爱，圣灵的感动——这能力可以使众圣徒同心合意，作完全人。藉着这伟大祝祷所包含的一切，人才可能成为圣洁，完全。

本书信到此结束。这卷书信要一一仔细研读并不容易，但它确是一卷伟大的书信，是另一卷书信的延续。保罗所以提笔，是因为有些人不听从他前一封信的教导，批评保罗的权柄。他并不是顾念自己，他关心的是这权柄的神圣性，以及这权柄对他由信心所生的儿女所具有之意义。

——哥林多书信完——

图书在版编目(CIP)数据

哥林多书信/(英)摩根(Campbell Morgan)著;钟越娜译. 一上
海:上海三联书店,2011.1(2025.8 重印)
(摩根解经丛卷)
ISBN 978 - 7 - 5426 - 3425 - 2

Ⅰ.①哥… Ⅱ.①摩…②钟… Ⅲ.①圣经一解释
Ⅳ.①B971.2

中国版本图书馆 CIP 数据核字(2010)第 254339 号

哥林多书信

著　　者／坎伯·摩根
译　　者／钟越娜
责任编辑／邱　红
装帧设计／范峤青
监　　制／姚　军
责任校对／张大伟

出版发行／上海三联书店
　　　　　(200041)中国上海市静安区威海路 755 号 30 楼
邮　　箱／sdxsanlian@sina. com
联系电话／编辑部：021 - 22895517
　　　　　发行部：021 - 22895559
印　　刷／上海惠敦印务科技有限公司

版　　次／2011 年 1 月第 1 版
印　　次／2025 年 8 月第 15 次印刷
开　　本／890mm×1240mm　1/32
字　　数／208 千字
印　　张／7.5
书　　号／ISBN 978 - 7 - 5426 - 3425 - 2/B · 220
定　　价／25.00 元

敬启读者,如发现本书有印装质量问题,请与印刷厂联系 13917066329